スポーツの
資金と財務

武藤泰明・著
Muto Yasuaki

大修館書店

目　　次

序　章 ……………………………………………………………… 11
　1．はじめに　11
　　⑴成功と停滞　11
　　⑵マクロ、メゾ、ミクロ　14
　2．本書が取り扱う範囲　16

第Ⅰ章　プロスポーツのファイナンスの特性 ………………… 19
　第1節　プロスポーツチームの資金の流れ ………………… 20
　　1．収入の多様性　21
　　　●マイクロ・コングロマリット　22
　　2．非営利性？　23
　　　●営利とは何か　23　　●非営利的な株式会社　23
　　　●スポーツは非営利でよいか　24
　　3．収支構造の問題点　24
　　　●収支均衡　25　　●財務管理の難易度の高さ　25
　　　●支出の硬直性　25
　　　[TOPIC] リーグ戦型ビジネスモデル、ゴルフトーナメント型ビジネスモデル　27

　第2節　情報開示 ……………………………………………… 28
　　1．競技別の開示状況　28
　　2．情報開示の目的　29
　　　●Jリーグのチーム経営情報開示　29　　●仲間を増やす　30
　　　●企業スポーツの問題点　32

　第3節　株　　主 ……………………………………………… 33
　　1．株主構成　33
　　　●自己資本比率と負債　33　　●スポーツの特殊性　34
　　　●株主の「数」と「類型」　35

2．オーナーシップと財務行動　36
　●企業スポーツのオーナーシップ　36　●プロチームのオーナーシップ　37
　●Voice or Exit　38　●非営利性の問題点　39

第Ⅱ章　プロスポーツと株式上場………………………………… 41

第1節　イングランド各チームの上場の経緯……………………… 42
　●放送権料の高騰　42　●チームの価値をスポンサーが決める　43
1．ヒルズボロの悲劇とスタジアム改修　43
　[TOPIC] インフレとチケット価格　44
2．BスカイBによる放送権の獲得　44
　●フットボールリーグの低迷　44
　●離脱とプレミア創設　45
3．上場とM&A、上場廃止、再上場　46
　●チームではなく持株会社を上場　46
　[TOPIC] 戦力均衡と昇降格　47
　●M&Aと上場廃止　50
　[TOPIC] イングランドサッカーチームのサポータートラスト　51

第2節　マンチェスター・ユナイテッドの再上場………………… 53
1．のれん代、クラブライセンス制度、ファイナンシャル・フェアプレイ　53
　●有力チームの「のれん代」　53　●クラブライセンス　54
2．マンチェスター・ユナイテッドの「種類株式による再上場」　54
　[TOPIC] 種類株式　55

第3節　ドイツの現状と展望………………………………………… 57
1．ブンデスリーガ所属チームは公益法人　57
　●バルセロナは相互会社　57
　●ドイツ・サッカーチームの発生過程　58
　●スポーツクラブが増えたのは最近である　58
　●高い組織化率　59　●総合型は実は少ない　59
2．51％ルール　59
　●FCバイエルンは株主に配当している　61
3．今後の展望　62
　●上場と支配権の維持　62　●子会社株式上場と少数株主問題　63

第4節　日本の現状と展望 …………………………………………… 65
1．新興市場の上場基準　65
2．リーグ規約との整合性の問題　70
　●外国人による所有の禁止　70　　●ややアバウトなルール　70
　●外国人オーナーを禁止すると上場できない　71
　●株式異動についての理事会承認　72
3．ビジネスモデル　73
　●強化投資の見返りがない　74
4．今後の展望　75
　●地域密着原理は1つではない　75　　●外国人オーナーは登場するか　76
5．補論：ホッフェンハイムの成功例から　76
　●予見可能性　77　　●オーナーの「新陳代謝」　78
　●トップリーグへの直接参入　78

第Ⅲ章　スポンサーとメディアからみたスポーツ組織の投資価値… 81
第1節　協賛金と放送権料は「投資」である …………………………… 82
1．広告費、コンテンツ、視聴率の関係　82
　●スポット広告のスポンサー　83　　●バラエティ番組のスポンサー　83
2．スポーツ・スポンサードはバラエティ型　84
3．ポストシーズンマッチ、カップ戦の効果　85
4．競技団体スポンサー　86
5．放送権料の性格　86
　●チームが受け取る放送権料、リーグが受け取る放送権料　86
　●無料放送の放送権料　87
　●エージェント（仲買人）と放送権料の高騰　88
　●有料放送の価格決定とリスク　89　　●エージェントの破綻　91

第2節　欧州プロサッカーのビジネスモデル ……………………………… 92
1．投資機会としてのUEFAチャンピオンズリーグ・ヨーロッパリーグ　92
　●UEFAチャンピオンズリーグ　92　　●UEFAヨーロッパリーグ　93
2．テレビ視聴環境　95
　●欧州は国ごとの人口が少なく、言語が多様　95　　●国内の多言語化　98
　TOPIC 日本の放送権料はなぜ低いのか　98

第3節　視聴率から見た投資価値の計算 …………………………… 101
1．基本概念の整理　101
- 2014ブラジル・ワールドカップの放送権料は割高か　102
- 視聴率と視聴人口　103
- テレビ広告費とチーム・スポンサー料の比較　103
- [TOPIC] 欧州サッカーのユニフォームスポンサー料　104

2．テレビ放送によるスポンサー価値の向上　106
- [TOPIC] ボスマン判決とチャンピオンズリーグ視聴率　107

3．Jリーグの放送権料を評価する　109
- 有料放送の広告価値換算　109　　● 有料視聴者の負担額　109
- 地上波で必要な視聴率の計算　111
- 都道府県あるいはチームごとの視聴率　112
- J1のほうが視聴率が高いと仮定した場合の試算　114
- 地域（都道府県）別放送権料　116

4．地上波無料放送に必要な視聴率　121
- 視聴人口からの検討　121　　● 視聴人口の獲得競争　125

第4節　新興国市場の価値 ……………………………………………… 129
1．放送権料の配分方式とその背景　129
- 国内は均等、国際試合で格差がつく　130

2．海外放送権料　131
- イングランドとスペインの海外放送権料収入が多い理由　131
- BOP（Base of Pyramid）　133　　● アフリカ？　139

第Ⅳ章　スタジアム・ファイナンス ……………………………… 141

第1節　誰がスタジアムを建設するのか ……………………………… 142
1．3つのキャッシュフロー　142
2．日本の課題状況　143
- 二元論を超えて　144
3．スタジアム建設資金の出し手　144
- [TOPIC] ガンバ大阪の新スタジアム　145
- PFIの限界　146　　● 地域間競争と集客施設の必要性　146
- 日本のスポーツの集客力　147　　● 資金拠出者としてのプロチーム　147

第2節　借り入れと返済 …………………………………… 149
1．返済の試算　149
2．他のキャッシュフローについて　150
　●入場料収入の増加　150

第3節　増　　資 ……………………………………………… 152
1．MLB型　152
2．（日本の）企業スポーツ型　153
3．Ｊリーグの地域密着型　154
4．持株会型　154
　●持株会会員は適切な代表を選べるか　155
　●相続人への拠出金の返還：持株会会員は「新陳代謝」する　155
　●資金留保の方法について　156　　●留保金に関する試算　156
　●退会事由の制限　157　　●余資の運用　158
　●チームによる自社株買い　158
　●持株会で「民主主義」は機能するか　159
5．種類株型　159
6．公募型　160
　[TOPIC]　株式の譲渡制限　160

第4節　ネーミングライツ …………………………………… 161
1．米国の命名権ビジネス　161
2．価格設定の論理　162
3．日本の命名権ビジネスは遅れているか　164
　●命名権には効果があると認識されている　164
　●日本の命名権の契約額は低くない　164
　●契約期間について　166　　●長期契約のメリットとデメリット　167

第5節　ラグジュアリースペース ……………………………… 169
1．大相撲　169
　●維持員制度　170
2．プロ野球（日本）　171
3．プロ野球（米国）　173
　●ラグジュアリースペースの収入貢献度　175
4．日米の比較から　175

●運営管理者が設計段階から関与する　176
　第6節　運動公園から複合商業施設へ………………………………… **178**
　　1．スタジアムのKFS　178
　　　●スタジアムは大きくなければならない　178
　　2．ブレークスルーは「都市開発」　179
　　　●総合運動公園の問題点　180
　　3．広域回遊：日本的な解決策　181
　　　●ソウルの1988年と2002年　181　　●立地は変えられない　181
　　　●ショッピングセンターからスタジアムへ、スタジアムからショッピングセンターへ　182
　第7節　スポーツMICEコンプレックスへ…………………………… **184**
　　　●毎月1回は各都道府県で全国大会が開催されている　184
　　　●複合化から「メタ複合化」へ　184

第Ⅴ章　スポーツ組織の資産価値……………………………………　**187**
　第1節　資産価値とは ………………………………………………… **188**
　　1．海外プロスポーツの資産価値　188
　　　●一般企業との比較　189
　　2．資産価値の算定方法　190
　　　●株価の算定方法　191
　　　[TOPIC]デュー・ディリジェンスの実際　195
　　　●EVについて　197　　●EV/EBITDA倍率　198
　　3．のれん代　199
　　　●無形資産　200　　●ケイパビリティ　201
　　4．キャッシュフローの重要性　202
　　　●非営利組織の価値計算　202　　●サッカーチームの価値と利益　203
　　5．日本のプロスポーツの資産価値　207
　　　●営業利益からの検討　207　　●他の方法での計算と確認　209
　　　●浦和レッズの資産価値は30億円？　211
　　　●利益が増えると無形資産が大きくなることの解釈　211
　　　●資産価値はチームを安定的な存在にする　213
　　6．リーグがチームの資産価値を高める　214
　　　●リーグはチームの意思に背反する決定を行う　215

●試行錯誤の重要性　215

第Ⅵ章　リーグ・ファイナンス……………………………………217
第1節　リーグをめぐる論点の整理……………………………218
　1．商品としての競争　218
　　●リーグ機構とチームにとっての「勝利」の意味の違い　219
　2．戦力均衡を求めるビジネスモデル、格差を容認するビジネスモデル　219
　　●サッカーにおけるリーグ機構の主な役割　220
　3．チーム同士の関係：支配、提携、取引、競争、補完、模倣　221
　　●全チームによる提携関係　221　　●補完（Complement）　221
　　●模　倣　223
　4．リーグ機構とチームの関係　224
　　●さまざまな外形と役割　224　　●中央集権と分権　225
　　●関係の多様性　226
　　　[TOPIC] 補完（Subsidiarity）か、非フルセット化か　228
第2節　リーグ機構のマネーフロー……………………………229
　1．リーグのブランド価値とオフィシャル・スポンサー　230
　　●欧州サッカーと日本の格差は小さい　231
　　●NFLのスポンサー料が1000億円である理由　232
　2．リーグ収入の配分　233
　　●レベニュー・シェアリング　233
　　●昇降格があっても配分が均等に近い理由　233
　3．チームからの収入と分配　234
　4．ファイナンシャル・フェアプレイ　234

第Ⅶ章　非営利スポーツ法人の財務と会計………………………237
第1節　非営利組織をめぐる制度………………………………238
　1．非営利組織の類型　238
　2．「公益」と「一般」への移行　238
第2節　非営利組織の会計処理の慣行と問題点………………241
　1．これまでの慣行による問題　241
　2．公益法人の収支の評価と資金管理　244

●リスク耐性と資金繰り　244　　●収支の事後評価　246
●プロジェクト・マネジメント　247

第Ⅷ章　種目別全国団体の財務の実態……………………………………251
第1節　スポーツ団体の組織構造 ……………………………………252
1．統括団体　252
2．種目別全国団体　253
3．傘下団体　253

第2節　競技者とチームの登録 ………………………………………258
1．登録者数　258
　●登録人口、競技人口、実施人口　258
　●登録者数の調査結果と推定　259
2．登録料の配分　260
3．登録料の使途：対価性をめぐる問題　262

第3節　スポーツNGBの予算規模 …………………………………264
1．集計の対象と方法　264
2．収支の規模　265
3．法人格による規模の違い　266

第4節　スポーツNGBの収支構成 …………………………………268
1．収支の基本的な構造　268
2．収支それぞれの費目構成　269
　●収　　入　269　　●支　　出　270

第5節　新・公益法人の収支 …………………………………………272
1．収支構造（全体）　272
　●社団法人では法人会計が公益会計をファイナンスしている　272
2．法人単位の収支構造　274

◇用語解説　278
◇参考文献　280
◇さくいん　281

序　章

1. はじめに

(1)成功と停滞

　情緒的な話から本書をはじめるのはいささか気が引けるが、近年、日本のスポーツがよくなっている、よい方向に進んでいると思える。2020オリンピック・パラリンピックの東京開催が決まったことを別にしても、である。

　何がよいのか。たとえば、プロ野球やサッカーの日本人選手が、数多く海外で活躍するようになった。とくにサッカーでは、代表戦のピッチに立つ選手のほとんどが「海外組」であることも多い。サッカー界に長く身を置く人々にとっては、まさに隔世の感であろう。

　2つめはスポーツ基本法である。この法律は、スポーツを文化であるという。文化だということは、下位文化（サブカルチャー）や対抗文化（カウンターカルチャー）があることを論理として認識し、広い意味での「文化」概念の中に、これらを包摂することを意味していると考えてよいはずである。まわりくどい言い方をするのは、果たして立法の当事者がこう考えていたか、いるかどうかがわからないからだが、一般的な解釈としてはそうなる。そしてそうだということは、スポーツは「体育」にはない多様性を獲得したことを意味する。価値観の転換を伴うような、とても大きな変化である。

　続いて、体罰とハラスメントである。もちろん、これらがよいことであるはずもない。よいと感じるのは、1つの競技でこの問題が生じたときに、多くの他の競技において、撲滅宣言や相談窓口の設置などが、驚くほど迅速になされたことである。多くの競技で対応がすすんだということは、これまで、それぞれの競技において、問題があったことが認識されていたこと、そして認識していたにもかかわらず放置されていたことを意味している。これもよいことではないが、迅速な対応は高く評価すべきである。日本のスポーツ指導の現場は、これで一変するかもしれない。そんな期待を持つ。

　これと係わって第四は、解説の前に、スタンフォード大学名誉教授の青木昌

彦氏（説明するまでもないが経済学の世界的な権威である）が2014年1月6日の日本経済新聞「経済教室」に寄稿した文章の引用をしておきたい。

＊　　　　　　＊

ロンドン大学のスー・コンゼルマン准教授はつぎのように言う。

【ロンドン五輪での】英国の成功は、資金を施設のみに投資するのではなく、エリート選手を発掘し、育て、支える「チームのあいだの競争」を刺激する戦略をとったこと、そして「チーム力」とは、「コーチ、スポーツ医学・科学、競技・競演に現れるライフスタイル」など多様な要素からなり、それは産業政策、経営戦略にとっても示唆に富む。

＊

【ロンドン五輪で】日本が「予想外」（？）の成績をあげえたのも、水泳、体操、サッカーなど、若いうちから選手を発掘し、裏方の人々を含めたチーム力の競争のあった種目だった。逆に、権威的な管理組織としごきによって根性をたたき込むという伝統的な選手育成法にこだわった種目は、期待された成績を残せなかった。

＊

こうしたことは果たして、スポーツに限られる話だろうか。そうではなく、より広い含意が、経営にも、教育、研究界にもあると思う。潜在的なエリートの足を引っ張り、変わり種をのけ者にするのでなく、彼らをサポートし、競争させ、認め合うシステムと雰囲気、そうしたことが、活動人口が縮小する日本を活性化することになる。

（【　】内は引用者による）

＊　　　　　　＊

私はスポーツ界の人間ではないという自負を持ちたいと考える者だが、そうであっても、この文章を読むと、スポーツ界の人間としてうれしくなる、なりたいと思う。重要な点は2つある。第一は、青木昌彦氏のような、スポーツと係わりのない人が、

・スポーツの成功の中には、日本を活性化する鍵がある。
・スポーツは経済・産業・社会に対して自立し、これらによい影響を与えることができる。受け身ではない。

と考えているというところである。そして第二は、スポーツがスポーツとしてではなく、周囲によい影響を与えるものとして価値があるという、スポーツ内部からはおそらく生まれてこないような評価がなされているという点である。私自身が最近、日経新聞のウェブに書いたエッセイのタイトルは「練習すればうまくなる」である。スポーツ関係者からみれば常識以前の命題だが、このエッセイの読者である産業界、とくに人事部の方々は、この命題を忘れ始めているのかもしれない。

　おそらくこれまで、スポーツはスポーツであることによってだけ、そしてスポーツ界内部からよいものとされてきた。簡単に言えば自己満足である。スポーツは、もっとその価値を社会に提供、提示することができると青木昌彦氏は言う。このように評価されるようになったことは、まことに喜ばしい。付言すれば、だからスポーツ関係者は意識を転換していかなければならない。

　最後に五番目として、笹川スポーツ財団のスポーツライフデータを見ると、日本人（成人）の運動実施率が趨勢として上昇している。これは競技系のスポーツの実施率はほぼ横這いであるのに対して、散歩やウォーキングをする高齢者が増えたことによるもののようだ。ウォーキングはスポーツかという意見もあると思うが、高齢化＝身体活動をする人の減少、という過去の直感は、現実にはならなかった。日本人は、大したものである。

　もう少し考えれば、よい方向に進んでいることを、もっと思いだせるかもしれないのだが、この本の目的はそこにはないし、典型と例外、文化と対抗文化、光と影は、だいたいついて回る。ちょっとまずいかなと思うことを、少し書いてみたい。

　日本人プロスポーツ選手の海外での活躍は冒頭に述べたとおりだが、結果として日本にいる優れた選手が減ってしまった。それなら外国人を連れてくればよいと考えて構わないが、サッカーを例にとれば、1993年のJリーグ創設当初とは違い、ワールドカップ代表クラスの外国人選手がいない。つまり、日本人も外国人も、代表は日本にいない。なぜこうなってしまったかというと、日本より欧州のほうが年俸が高いからである。日本人選手には、レベルの高い本場で自分を試してみたいという気持ちもあるのではないかと思う。そしてその

ハイレベルなリーグが、年俸の高いリーグなのである。

　日本のJリーグは創設から20年間、とくにその初期は驚異的な成長を果たした。しかし同じ時期に、米国のプロスポーツと欧州のサッカーは、もっと成長している。またしたがって、かつてはJリーグはなぜ、どのように成長したのか、とか、浦和レッズは、アルビレックス新潟は、というテーマがあり得たのだが、現在は、プレミアリーグは、ブンデスリーガは、マンチェスター・ユナイテッドは、あるいはバルセロナは、米国ならNFLは、ニューヨーク・ヤンキースは、というテーマが成立することになる。日本のスポーツ組織について、「エクセレント・カンパニー」を書くことは、現在は難しいのかもしれない。

　マネジメントを専門としていてよく感じるのは、「優れた実学は、優れた実践とともにある」ということである。日本で現在、製造業研究のレベルが高いのは、おそらくトヨタのおかげである。マネジメントの本を書いている人の大半は、うまくいった事例を整理しているだけなのかもしれない。そして同じ理由で、日本には金融投資に関する優れた理論が少ないのだろう。整理する、整理に値する事例がないのである。

　さて、上記の命題が正しいとすると、優れた実践がない以上、日本ではスポーツマネジメント研究は低迷期に入りつつあることが懸念される。このような場合、適応策の王道は、優れた実践に学ぶことである。つまり、経済的に成功した海外のスポーツに学ぶことに意義がある。それを必要としているのは学者だけではない。リーグ組織や競技団体の関係者も同じなのだろうと思う。

(2)マクロ、メゾ、ミクロ

　近年、国レベルのスポーツの成功要因を分析する観点として重要度が高まっているのがメゾレベル・アプローチである。メゾはメゾソプラノのメゾと同じで、マクロとミクロの中間を指す。

　マクロは、人口が多いとか、経済規模が大きいかどうかからスポーツの成功を説明しようとする。これに対してミクロは、ケニアの陸上長距離選手の心肺能力、あるいは人種による体格・身体能力の違いから説明しようとする。身体能力格差を克服するようなトレーニング方法もミクロの世界である。

　これに対して、メゾが議論するのは、国ごとのスポーツ政策や競技団体の施

策である。メゾレベル・アプローチによる検討において成果指標とされるのはオリンピックや世界選手権での成功なので、検討している当事者はあまり意識をしていないかもしれないが、そこで採用されている方法は、マネジメントにおける戦略研究とよく似たものであるということができる。主体を特定し、その行動から成果を説明しようとする。その意味において、スポーツ強化に関するメゾレベルのアプローチは、経営学の領域に入ってきているし、経営学の成果を利用できるものになっている。スポーツがスポーツ以外の「エクセレント・カンパニー」を参考にできるようになったのだということである。これは画期的なことなのだがおそらくそう認識している人は多くない。いずれスポーツに関するこのようなアプローチが、マネジメントに対して多くのインプリケーションを提供するようになるのかもしれない。

　さて、ではその主体とは誰かというと、第一は政策当事者、すなわち国や地方自治体であるが、あわせて重要なのは競技団体である。メゾレベルが重要だということは、競技団体の施策がスポーツ、というよりその種目の成功を大きく左右することを意味している。しかしこれまで、少なくとも日本においては、競技団体が分析的な議論の対象として取り上げられることはほとんどなかったと言ってよいだろう。戦略の空白である。

　もちろん、成功している競技団体がある。典型は日本サッカー協会である。しかし、Jリーグの成功が分析されることはあっても、サッカー協会の成功は議論されない。したがって、他の競技団体はサッカー協会の成功に見習うことが難しいし、見習うための認識枠組も提供されない。例をあげるなら、同協会の代表チーム部で各競技カテゴリーの主務が担っている機能は、自動車の新車開発における「重量級マネジャー」に似ている。そして代表選抜に際しては、これも日本企業の強みである「すり合わせ」が時間をかけて行われている。もちろん当事者は日本企業・自動車産業との類似性を意識していないだろうが、この認識がカイゼンやジャストインタイムのような「公知」になれば、日本のスポーツを競技団体の力でさらに強くしていくことができるのではないか。また同協会が実施しているスポーツマネジャーズ・カレッジは毎年30名前後の修了者を生み出している。30人というと多くないが、これが継続されることにより、スポーツの現場の経営能力がゆっくりとではあるが高まっているはず

である。

　競技団体のマネジメントは、日本においては良くも悪くもフロンティアである。筆者は（公財）笹川スポーツ財団の支援を得てこのテーマでの研究を2011年から開始しているが、一人、あるいは一団体の生み出す成果はたかが知れている。多くの研究者や実務家がこれに「参入」してくれることを願っている。

2. 本書が取り扱う範囲

　本書は、ここまでに述べたような問題意識の下に、プロスポーツと種目別競技団体を取り扱う。テーマは資金、そして（ないし）財務である。資金・財務を取り上げるのは、それが筆者のフィールドだからだが、問題意識としては、プロスポーツの経済的成功を議論するためには、資金・財務の議論が不可欠であるし、国内でこれを論じているものが少ないからである。日本のプロスポーツとしては主にサッカー、一部野球を分析の対象とする。サッカーは資料がある程度公開されている。これに対して、野球を含む他の競技については、マネジメントあるいは資金・財務に関する公開資料がほとんどない。国外については欧州サッカー、および米国のいわゆる4大プロスポーツである。

　またプロスポーツの成功というと、その主体として意識されるのはおそらくチームである。欧州サッカーでいえばマンチェスター・ユナイテッド、あるいはバイエルン・ミュンヘン、バルセロナ等になるだろう。しかし、欧州サッカーの経済的成功の第一の理由は、UEFAチャンピオンズリーグである。また米国のプロスポーツについては、経済的に成功しているのはチーム以上にリーグ機構である。日本の企業スポーツでは、リーグに加盟するチームの親会社は大規模だがリーグ機構は小さい。プロ野球も同様であろう。サッカーのJリーグは、リーグ機構がかなりのイニシアティブを有しているという点において日本では例外的な存在である。しかし米国のプロスポーツはJリーグ以上にリーグ機構の役割が大きい。また、欧州サッカーでは、国内リーグを束ねる欧州協会の実質的な権限が強いようだ。本書は、欧米プロスポーツの成功にならうことを目的の1つにしているので、チームだけでなく、リーグについても検討の対象としている。

本書後半の第Ⅶ、Ⅷ章では、競技団体の財務を取り上げている。公益法人改革によって、スポーツの競技団体も、その経営と財務について、新たな対応が求められるようになっている。改革はまだ途上だが、その実態と問題を提示することが目的である。

　なお本書は大半が書き下ろしたものだが、一部について、これまで雑誌や研究報告書に公開したものを修正・再掲している。とくに第Ⅷ章については、（公財）笹川スポーツ財団で2012年度に実施した共同研究の成果に多く依っている。同財団、そして共同研究者に掲載を快諾いただいたことに御礼申し上げる。
　本書は厳格な意味での学術書であることを目的としないので、国内・海外のチーム等のホームページからの引用・紹介については、一部を除き出典を明示していない。開示される情報は刻々と変わるものと思われる。最新のものを参照していただければと思う。またいくつかの事例、たとえば国内のネーミングライツ、あるいはUEFAチャンピオンズリーグ、ヨーロッパリーグの要項等については、全面的にではないにせよある程度をウィキペディアに依っている。ウィキペディアについては学術研究では出典として認められていないし、大学生のレポートでも基本的には「禁止」されていることが多い。私自身、企業情報のウィキペディア上での改ざんを目の当たりにしたこともある。とはいえ、集合知が有用なものであることも事実で、要は使い方の問題であろう。分析上問題のない範囲での使用と理解していただければと思う。おそらくその情報もつねに更新されているはずである。

第 Ⅰ 章

プロスポーツの
ファイナンスの特性

第1節
プロスポーツチームの資金の流れ

　まずはじめに、この章ではプロスポーツのチームについて、
- 資金の流れとその特質を概観すること
- 資金に係わる行動特性を概観すること

をしておきたい。一般の事業会社と同じところもあれば、違うところもある。それを予め示しておくことが目的である。

　主に取り上げるのは、この章では日本のプロスポーツ、とくにサッカーである。この理由は、日本のプロサッカーでは、のちに詳述するように、リーグ機構とチームの財務情報がかなり公開されていることである。プロ野球はこれがほとんどないので、少なくとも学術的な研究の対象になりにくい。とはいえ、データのない、あるいは乏しい世界を探索しはじめることも学術の使命の1つであろう。したがって、本書全体としては、サッカーに限らず、このデータの乏しい世界を行き来することになる。またサッカーのチームについては「クラブ」と呼ぶのが一般的であるように思うが、サッカー以外も取り上げて議論するので、総称として「チーム」の語で統一する。

　この節では、プロスポーツチームをめぐる「お金」の流れを概観する。株式会社をひとまずは前提とするが、一般的な事業会社とはかなり違うところがある。なお、海外のプロサッカーチームには日本でいう社団法人もある。サッカーではドイツのブンデスリーガのクラブが設立時はすべて社団法人（日本語では登録社団ないし登記社団となっている）で、近年は株式会社や有限会社などの商業法人の形態を採用するチームも増えているが社団法人のままというところも多い。スペインのバルセロナは一種の相互会社のようだが、日本風に言えば社団法人に近い。これらの法人格を考慮すると議論が複雑になるので、原則として以下では株式会社形態のプロチームを想定し、必要に応じて他の法人格について言及することとしたい。

1. 収入の多様性

　まず収入であるが、一般的に割合が高いのは入場料収入とスポンサー収入である。競技が放送されていれば、これに放送権料収入が加わる。これ以外の収入としては、ファンクラブの年会費収入、スクール収入、グッズ販売収入などが主なものである。

　この図を一見してわかるのは、一般的な事業会社と比べると収入科目とカスタマーの類型が多いという点であろう。たとえば、自動車のメーカーは自動車を生産・販売することで収入を得ている。いわゆるモノカルチャーである。百貨店も商品を仕入れ、販売する。これと比べると、スポーツのチームの収入源は多様であることがわかる。製造業の中には、多様な製品から収入を得る会社も多い。ただしこの場合、製品別の事業の間にはほとんど関係がない。川崎重

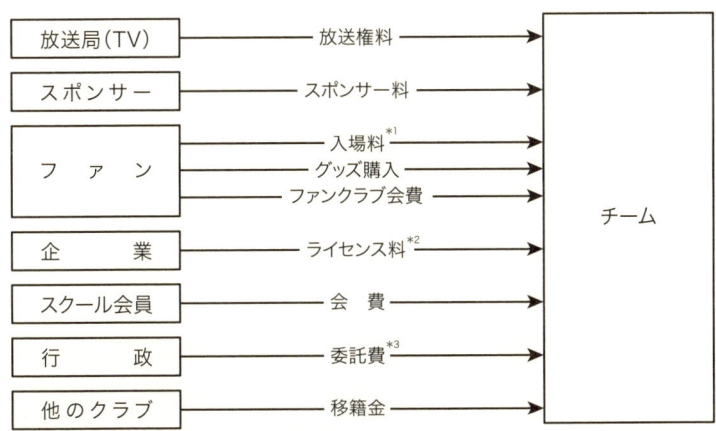

［注］
*1　入場料はファン個人だけでなく、企業からも得ている。典型はシーズンシートやラグジュアリースペースである。
*2　ライセンス料は、チームのマークやロゴを使って企業がグッズを生産・販売する場合に得ることができる。海外ではこれとグッズ販売、スタジアムでの飲食販売等をあわせてマーチャンダイジング収入と表記することが多い。
*3　行政からの委託費は小学生のサッカースクール開催などの対価として支払われる。チームが独自に実施すれば小学生の保護者からも収入を得ることになる。

図1●プロスポーツ組織の多様な収入源とカスタマー

工業は航空機、鉄道車両、船舶、オートバイなどを生産しているが、個々の事業は独立して実施されている。これに対して、プロチームは試合の興行という商品、あるいはチームという資産によって、入場料収入、スポンサー収入、放送権料を得ている。

◉マイクロ・コングロマリット

　プロチームの特徴の1つは上述のように収入と顧客が多様だという点だが、もう1つの特徴は、規模が小さいという点である。たとえばJリーグで現在最も売上規模が大きいのは浦和レッズだが、その収入は年間60億円程度である。世界のサッカーではレアル・マドリード、バルセロナ（いずれもスペイン）、そしてイングランド・プレミアリーグのマンチェスター・ユナイテッドなどがいわゆる「ビッグ・クラブ」だが、マンチェスター・ユナイテッドの売上高は約4億ユーロなので日本円では500億円強である。

　一般の事業会社で500億円というと、小さくはないが巨大ではない。トヨタの連結売上高は約20兆円、日立製作所が10兆円、ブリヂストンが3兆円、キリンホールディングス（キリンビール、キリンビバレッジ等の持株会社）が2兆円である。マンチェスター・ユナイテッドはトヨタの400分の1、キリンの40分の1に過ぎない。規模がそれほど大きくないのにプレゼンスが高いのがスポーツの特徴なのだが、重要なのは、プロチームが、この決して多くない収入を、さまざまな顧客から多様な形で得ていることである。私はこのような特性をマイクロ・コングロマリットと呼んでいる。

　コングロマリットは日本語では「複合事業会社」、すなわち、多様なビジネスに多角化している企業あるいは企業グループを指す。戦前の財閥がこれに該当する。多角化しているだけでなく、個々の事業の規模も大きい。これに対してスポーツは、規模が小さいのに事業（収入）種別が多いという、一般的なビジネスには見られない特徴を持っている。事業収入が極めて小さい（つまり「マイクロ」）なチームでも、このコングロマリット的な特性はかわらない。常識的に考えるなら、合理性を欠いた組織ないし事業構造だということができるだろう。

2. 非営利性？

　プロスポーツのあまり認識されていない特性として、非営利性をあげることができる。くだけた言い方をするなら、利益をあげることを目的としていないということである。とくに日本のプロスポーツは営利的でないということができる。

◉営利とは何か

　まず原論的なことを整理するなら、株式会社は営利法人であるというと反論はないだろう。ただし、この営利とは「法人の外部に余剰（利益）を分配する」ことを意味する。株式会社においては外部とは株主であり、分配されるのは配当である。換言すれば、利益を目的とするのは株主であって企業ではないということだ。

　しかし、株式会社は実態として配当を必ずしも指向しない。株主が配当を求めれば配当するが、求められなければ配当せずに内部留保に充当しようとすることもある。高度成長期の日本企業は上場会社であってもこのような行動原理を持っていたと言ってよいだろう。これができたのは、株主に取引先が多く、企業に対する利益・配当圧力が弱かったことと、株主が企業成長によるキャピタル・ゲインを優先したためであろう。米国の株式公開会社は昔から配当もするし株価の最大化も追求する。日本でも外国人株主（大半は機関投資家である）の増加に伴い、利益成長（＝株価の最大化）だけでなく配当も以前よりは多くするようになった。

◉非営利的な株式会社

　日本のプロスポーツのチームは、非営利性が徹底しているように思われる。すなわち、株主が配当を求めない。求めるのはチームが勝つこと、優勝することである。

　たとえば日本のJリーグのチームはすべて株式会社だが、知る限りではこれまで配当をしたことがない。使えるお金は強化のために投下される。あるいは前述のマンチェスター・ユナイテッドは最近再上場（これについては第II章第

2節で詳述する）するまで大きな債務超過を抱えていた。それでもよかった理由は、売却価値が高かったからである。一般の事業会社であれば、債務超過の会社の株価は1円（株価にはゼロ円というのがない。したがって最低価格である）になっておかしくないのだが、人気のあるプロチームは財務状況によらず買い手がある。

●スポーツは非営利でよいか

　念のために言えば、プロスポーツの資産価値の章（第Ⅴ章）で詳述するとおり、収入規模の大きい欧州サッカー、あるいはMLB、NBA、NFLのチームは1000億円を超える（最上位は3000億円程度である）価値を有し、営業利益を計上している。サッカーチームの中には赤字なのに資産価値が高いクラブもあるが、これはおそらくビジネスモデルが先行投資を求めるため、予想キャッシュフローあるいは予想営業利益はプラスなのである。そしてこの収益力を源泉として価値が決定され、売買が行われ、株式を上場する。

　このことからわかるのは、スポーツであっても一定の利益計上が必要なのではないかという点である。強化に資金を投下し、結果として収支同額となるビジネスモデルは、概念ないし論理的には正しそうに思えるのだが「世界標準」は、そうなっていない。またレアル・マドリードとバルセロナはいずれも非営利法人だが、資産価値は最上位クラスであり、キャッシュフローが大きい。クラブメンバーが所有し、売買の対象になっていないチームでも黒字であることを認識しておくべきだろう。

3. 収支構造の問題点

　日本のプロチームが非営利的であるとすると、上場会社のように厳密な財務運営をしなくてもよい組織のように思えるかもしれない。しかし、もちろんそんなことはない。日本のプロチームの財務について問題点を示せば以下のようになるだろう。

⦿収支均衡

　日本のJリーグのチームは、配当したことがないが赤字でもよいと考えているわけではなく、収支均衡の範囲で経営しようとしている。赤字すれすれで、あるだけ使うということである。この収支均衡というのは姿勢・目標としては一応健全（適切かどうかはまた別の議論である）なのだが、実際には収支均衡を目指すことには問題がある。なぜなら、わずかなことで赤字に転落するからである。ついでに言えば日本の競技団体も同様の問題を抱えている。

　民間企業は収支均衡を目指さない。利益を目標とする。事業計画の段階で売上高営業利益率20％を目指している会社であれば、20％の利益が実現できなくても赤字にはならない。計画に財務上の余裕がある。スポーツ組織にはこれがない。

⦿財務管理の難易度の高さ

　マイクロ・コングロマリットの項で述べたとおり、プロチームは収入が多様なので、意外に管理が難しい。思わぬ収入不足、コスト増がある。企業スポーツならお金の面倒は会社が見てくれるので、チームは競技に専念できる。プロチームは自分で収入を増やさなければならないので、いろいろな収入機会を求めようとする。結果として収入源が多様化し、必要な事業ノウハウが多くなり、管理が難しくなるのである。

⦿支出の硬直性

　プロチームのコストで最も大きいのは選手人件費である。これに監督・コーチ・トレーナーなどの人件費とスタッフ人件費が加わる。このため、プロチームの支出は固定費率がかなり高い。Jリーグの2011年度経営情報開示資料を見ると、J1平均の営業費用は29億2200万円、チーム人件費は13億4500万円なので、費用に占めるチーム人件費の割合は約46％である。これ以外に、上述のスタッフ人件費も固定費である。これは同じ資料の「販売費・一般管理費」の中に含まれている。さらに、スタジアム使用料や警備費も実質的には固定費であろう。おそらく支出の過半が実質的な固定費だということになる。

表1 ● Jクラブの収支状況（2011年度J1平均）

	金額（百万円）	構成比（％）
営業収益	2,912	100.0
広告料収入	1,313	45.1
入場料収入	605	20.8
Jリーグ配分金	229	7.9
アカデミー関連収入	139	4.8
その他	625	21.5
営業費用	2,922	100.0
チーム人件費	1,345	46.0
試合関連経費	251	8.6
トップチーム運営経費	264	9.0
アカデミー運営経費	87	3.0
販売費・一般管理費	959	32.8
営業利益	▲9	
経常利益	3	
税引前当期利益	▲5	
当期純利益（損失）	▲20	

資料：2011年度Jクラブ個別経営情報開示資料（J1）

　念のために言えば、人件費の中でも高い割合を占める選手と監督については、契約は有期であり、一般的には変動費として捉えられる。とはいえ、契約はシーズン開始前に交わされているので、そのシーズンの費用としては固定費としての性格を持っているということができるだろう。

　このような性格の費用であるということは、経営状況に応じてコントロールすることができないことを意味している。換言すれば、コスト削減ができない。さらに言えば、チーム成績が不振で監督の交代や選手の追加的な獲得を行う場合があるが、監督については前任者の報酬は減額することができないし、選手の獲得にも資金を要する。したがって、成績が不振でこれを何とかしようと考えると、追加的な費用が必要になるのである。

　チームの実質的な固定費率が高いということは、損益分岐点が高いということである。やや技術的なことを書くなら、収支均衡を目標とするクラブにとっては、損益分岐点売上高とは、当たり前だが事業予算上の売上高に等しい。したがって、計画より収入が下振れすれば赤字になる。そしてこの赤字を小さく

> **TOPIC** リーグ戦型ビジネスモデル、ゴルフトーナメント型ビジネスモデル
>
> 　複数のチームが対戦する「リーグ戦」型のスポーツでは、計画より収入が少ないと見込まれる場合でも、試合数を減らしてコストを下げることはできない。これも支出を硬直的にしている。
>
> 　これに対してゴルフトーナメントの場合は、大会スポンサーがつかなければ実施されない。リーグ戦型のスポーツでは、収入の減少によって収支が赤字になるのはチームだが、ゴルフトーナメントの場合は、収支の当事者（主体）はトーナメントというイベントそのものである。したがってそのトーナメントが開催されなければ、収入も支出もない。換言すればリスク・フリーだということである。
>
> 　ただし、トーナメントが開催されなければ、プロゴルファーは賞金を獲得する機会を失う。その意味では、ゴルフトーナメントの不開催リスクはプロゴルファーにヘッジされているということになるのだろう。

しようとしても、費用の多くは固定費なので、削減余地が小さいのである。このこともプロチームの財務運営を難しくしている。

第2節

情報開示

1. 競技別の開示状況

　プロスポーツには、経営情報・財務情報を開示しているところと、していないところとがある。具体的には以下のとおりである。

〈大相撲〉
　日本相撲協会は公益法人なので開示している。相撲部屋はしていない。
〈プロ野球〉
　日本プロ野球機構（NPB）、セパ両リーグ、ともにしていない（NPBは一般社団法人で、セパ両リーグはこの内部組織である）。球団（株式会社）は開示しているところとしていないところがある。ただし情報開示していない球団も含め、ある程度正しそうな数字が新聞や雑誌の記事になったり、ウェブに載っていたりする。あまり隠す気もないのだろう。
〈Jリーグ〉
　Jリーグは公益法人なので開示している。またJリーグは各クラブ(株式会社)から決算情報を収集しており、これに基づいて、主要な指標について各クラブの情報をウェブで公開している。各クラブの単独での公開は任意である。公開しているクラブもあれば、していないクラブもある。
〈bjリーグ〉
　リーグ機構、各チームともに情報を開示していない（リーグについては資本金だけが開示されている）。

　公益法人については開示義務がある。株式会社も法令上は開示義務があり、

決算を官報等に公告することになっているが（有価証券報告書を提出している会社―要は上場企業等―は除く）、罰則がないので開示していない企業も多い。また公告は貸借対照表だけでよい。すなわち、損益計算書の開示義務がない。このような理由によって、株式会社であるプロチームについては、チームが開示意思を持たなければ開示されない。

2. 情報開示の目的

　上場企業が財務情報を開示する理由は2つある。第一は投資家保護である。経営状況のよくない会社は開示したくないが、投資家保護の観点から開示が義務付けられている。そして第二は自社の株式をより多く、高く買ってほしいからである。この目的のために行われるのがIR（Investor Relations）である。

　上場していない株式会社は、株主に対して情報を開示するが、上場会社のように誰でもその会社の株式を買えるわけではないので情報の公開は行われない。日本のプロチームは上場していないので、投資家とのかかわりという観点からは、公開の必要はないということになる。

◉Jリーグのチーム経営情報開示

　しかし実際には、いくつかのプロチームが情報を公開している。そしてプロスポーツの中で、最もチームの情報開示が進んでいるのはJリーグであろう。上述のように、主要科目について、全クラブの情報がJリーグによって開示されているのである。そしてこの開示は、3つの段階を経て実現されたものである。

　第一の段階は、各クラブの予決算を、クラブがリーグに提出するというものであった。フォーマットはJリーグが定めた。したがってその計上項目には、一般の財務諸表にはないもの…たとえば母体企業が負担している人件費のような科目があったと記憶している。

　近鉄バファローズの解散に際しての一連の報道を見ていてわかったことの1つは、NPB、パ・リーグ、あるいはNPBの各球団が、他の球団の財務状況についてほとんど情報を持っていなかったことである。プロ野球の場合、オーナー企業の実質的な権限が強い。よく言えば分権的である。球団は親会社がちゃん

と経営することが当然視されていたので、財務状況を確認する必要がなかったのだと言えるだろう。企業スポーツでも、アマチュアリーグに加盟しているチームの親会社の規模は大きい。したがって「力関係」「親会社の安定性」という2つの観点から、リーグという小さな組織がチームの経営情報、財務情報を入手する必要がない。「分権的」と表現したが、これはリーグが権限を各チームに委譲したことを意味しない。そもそも集権的になり得ない。

　このように考えるなら、Jリーグが各クラブの予決算を入手したのは、画期的なことであったと言えるだろう。現在のJリーグにはJ2、J3を中心として地域クラブが多いが、発足当初のクラブの母体はすべて巨大企業だったからである。

　第二段階は、集計値の公表であった。J1、J2それぞれについて、売上高等について平均値などがJリーグによって公開された。あわせて、いずれ個別クラブの財務情報をリーグが公開することが決定され、第三段階においてそれが実現される。現在公開されているのは、損益計算書については表1（p. 26）のような科目であり、貸借対照表では資産（流動資産、固定資産）、負債（流動負債、固定負債）、純資産（資本金、資本準備金等、繰越利益準備金）が公開されている。債務超過のクラブであっても、情報を隠すことができない。

　Jリーグがこのような段階を経ているのは、情報開示・公開についての、社団法人（構成員は各クラブである）としての合意・意思決定の積み重ねの歴史であると考えるべきなのだろう。逆に言えば、加盟チームについて何も開示・公開していない他のリーグが、いきなり個別情報の公開に進むのは難しいのではないか。

⦿仲間を増やす

　では、このような情報公開の目的は何か。私は「仲間を増やすこと」なのではないかと考えている。この「仲間を増やす」は、P. ドラッカーが、非営利組織の究極的な目的として掲げたものである。プロスポーツが営利か非営利かはひとまず措くとして、いずれにせよ仲間を増やすことは重要な目的とすることができるように思われる。

　マイクロ・コングロマリットの項で述べたとおり、プロチームは顧客の種類

が多い。顧客以外にも、サプライヤーなどの取引相手、融資してくれる金融機関等の債権者、株主、支援してくれる自治体がある。この中で、株主に対しては財務情報が提供される。金融機関についても同様であろう。しかし、これ以外の主体…ガバナンスの用語を使うならステイクホルダーは、チームが意志を持たなければ財務情報は提供されない。ステイクホルダー「候補」についても同様である。

しかし、チームあるいはリーグが直面する場面を想像するなら、つぎのような状況を見出すことができるだろう。

- Jリーグのクラブ経営状況の資料を見ると、J2でJリーグからの配分金を除く収入が最も小さいのは水戸ホーリーホックで3億3000万円、FC岐阜は3億4000万円であることがわかる。また両クラブの広告料収入は1億3000万〜1億5000万円程度である。これからJに参入しようと考えるチームの地元の自治体や有力企業は、この数字によって、自分たちがどれだけお金を集めなければならないのか、その最低限がわかる。あわせてJ1を見るなら収入規模が最も小さいのはアビスパ福岡で、配分金を除く収入は10億円強である。したがって、J2に上がれるとしても、さらにJ1を目指すなら中長期的な展望の下にチーム強化やスポンサー獲得が不可欠であること、浦和レッズや鹿島アントラーズが次元の違う存在（もちろん欧州リーグのトップレベルのクラブはさらに1ケタ収入が多いのだが）だということも理解できる。

ちなみに、bjリーグでは選手年俸についてサラリーキャップ制が導入されており、年俸総額の上限は8000万円であることが知られている。この数字は必ずしも公開はされていないが「周知の事実」であるといってよいだろう。したがって、bjリーグのチームは、これも公開されていないが年間1.5〜2億円の事業費であることもわかる。つまりサッカーより低いコストで「地元チーム」を持てる。bjリーグのチーム数の増加はこのような背景からも理解することができるだろう。

- 子どもをプロチームのスクールやジュニアチームに入れたいと考える保護者にとって、チーム経営の安定は重要な判断材料になるだろう。
- サプライヤーにとっても、財務情報の公開は取引の開始や継続のためにメ

リットが大きい。一般的には財務が安定しない会社との取引は難しい。

つまり、チーム経営情報の公開は、
- チームが仲間を増やすこと
- リーグが仲間を増やすこと

につながるのである。

⊙企業スポーツの問題点

なお、この観点から見るならば、企業スポーツについて、親会社の方針でチームが休廃部する際、なかなかそのチームの引き受け手が見つからない理由の1つは、コストがはっきりしないからではないかと考えられる。計算しようと思えばコストはすぐにわかるはずなのだが、
- 他のチームと比較できるような資料がない——たとえば、選手やスタッフの人件費は人事部に計上されているかもしれない。これをチーム経費に算入すればことは済むのだが、予め統一的な仕様がないとすれば、実際のコストが明らかになるまでの取引コストが大きくなる。
- チームを譲りたいと思う側が作成した資料である——したがって、コストは低めに提示したいと考えるだろう。これも取引コストを大きくする。

といった問題がありそうである。これではチームの引き受け手は出てきにくいし、引き受け手以外の支援、つまり仲間を増やすのも難しい。

第3節

株　　主

1. 株主構成

　株式会社の財務上の意思決定で最も上位にあるのは資本政策である。資本政策は、自己資本（株主資本）比率についての意思決定と株主構成についての意思決定に大別される。

⦿自己資本比率と負債

　自己資本比率が高ければ有利子負債（要は借入である）を小さくできるので金融費用（要は利払い）が少なくて済むし、日本のように間接金融が中心の国では、借入は銀行が経営に介入することを意味する（同じ負債でも直接金融、典型的には社債を発行するのであれば、外部から経営に口出しされることはないが、社債発行はおそらく非現実的である）。この観点からは、自己資本比率が高いほうが好ましい。理想は「無借金経営」だということになる。

　一方で自己資本比率が高いと、上場会社の場合、株価が上がらないという問題がある。なぜなら、株価評価の指標としてROE（Return on Equity）が重視されるからである。ROEは純利益を純資産で割ったものなので、ROEを高めるためには、純利益が一定だとすると、純資産は小さいほうがよいということになる。純資産を小さくする主な方法は、

　a．配当を増やす
　b．必要な資金を負債（借入や社債）で調達する
　c．自社株を買う

である。自社株を買えば株数が減少するので一株あたりの利益が増加し、株価を押し上げるし、一株あたりの配当を増やすこともできる（あるいは配当総額

を抑制できる)。また買い取った自社株は企業買収時に株式交換で使うこともできる。だから企業は自社株を買い、資金は借入または社債で調達する…というのが、典型的な米国企業の行動原理であり、方向としては現在の日本企業も変わらない。

　ただし、米国の上場企業は少しこれを"やりすぎている"のかもしれない。自己資本が小さいと、大きな赤字を計上すると容易に債務超過に陥ることになるからである。一般的には債務超過＝実質的な破綻と考えられる。いわゆるリーマン・ショックによって、米国の自動車会社は破綻したが、同じ時期に日本の自動車やエレクトロニクスのメーカーが数千億円の赤字を計上しても、これらの会社が破綻すると心配されることはなかった。この理由は、日本企業の自己資本が大きかったことによる。整理するなら、上場会社にとって自己資本比率をどう設定するのかというのは、財務の安定性（自己資本があれば余裕があり安定する）と、株主からみた経営の効率（自己資本を小さくすれば効率的）とのトレードオフの問題なのである。

⦿スポーツの特殊性

　詳細は後の章に譲るが、スポーツのチームにはこの論理が通用しないこともある。たとえば子会社として経営されているチームであれば、親会社が上場していてその連結対象子会社あるいは持分法適用子会社になっているとしても、自己資本比率は連結ベースでしか評価されないのでそのチーム会社の自己資本比率は極論すればどうでもよいことであろう。また親会社のない非上場のチームが債務超過なら経営危機に直面しそうだが、そのチームに無形資産があれば売却価値は正になっているので問題がない。この無形資産は、会計の用語を使うなら「のれん代」であり、具体的にはチームのブランド力や人気である。

　イングランドのマンチェスター・ユナイテッドは上場後買収されて非上場であった時期（現在は後述するように種類株が米国市場で公開されている）に戦力強化に資金を投下して債務超過だったが企業価値（売却価値）は大きかった。面白いことに、マンチェスター・ユナイテッドが財務の健全化を目指してお金を使わず順位が低迷すると無形資産が消滅して経営危機になる。資本政策は難しいということである。

⦿株主の「数」と「類型」

　マンチェスター・ユナイテッドはともかくとして、一般的なプロチームにとっても重要なのが株主構成である。要は、誰に株主になってもらうかということだ。

　まず、株主の数をどうするかという命題がある。1社（または1人）であれば、株主構成を検討する必要はない。とはいえこのようなオーナーは株主であると同時にチーム運営にも資金を拠出するのだとすると、資金力が続かなければチームは低迷する。極端な場合にはチームの倒産という事態もあり得るだろう。日本のプロ野球では近鉄の撤退から楽天の登場まで少し時間がかかった。横浜のオーナー（と言っても全株を保有していたわけではない）がTBSからDeNAに交代するときもすんなりとことが進んだわけではない。セパ6球団ずつというリーグ構成は、いつ壊れてもおかしくないと認識されている。

　第二のケースは、株主が2社、あるいは少数であるようなケースである。Jリーグでは、ジェフユナイテッド千葉が古河電工とJR東日本、セレッソ大阪が日本ハムとヤンマーである（Jリーグは地域スポーツ振興を目的としているので、地元自治体が出資しており、株主はこの2社だけではない）。

　第三に、株主が多数というチームも多い。地元企業や個人が出資しているようなケースである。日本では以下のような株主が実際に見られる。

- オーナー企業
- オーナー企業の取引先企業
- オーナー企業の取引先ではないがオーナーと親密な企業
- 地元企業
- 企業以外の地元組織（病院、協同組合など）
- 地元の個人（ファン）
- 地元自治体

　このような例は、筆頭株主がオーナーシップを発揮するケースとしないケースとに分かれる。

　株主の権利で重要なものは「利益の分配（配当）」と「経営への参加」である。ここで、日本のプロスポーツは営利組織ではないという現実的な前提を置くな

ら、行使される株主権は経営への参加だということになる。とはいえ持分の少ない株主の経営への参加は年1回の株主総会での議決に限定される。教科書的には、株主が企業の最上位の権限を持つということになっているのだが、実態としては役員会（取締役会、あるいは執行役員会）の権限が強い。オーナーシップないし実質的な経営権は株式の持ち分とは違う背景に基づいて存在し発揮されるということである。たとえばトヨタの社長は豊田章男氏だが、同氏あるいは豊田家はトヨタの上位10人の株主に入っていない。

創業家の子孫が企業の後継者になるのは中小規模で非上場のファミリービジネス（したがって経営者の株式持分も多い）であれば理解できるが、世界でもとくに大規模で著名な上場会社でも同じことが起きていることについては、これも教科書的には違和感があって自然であろう。もちろん同氏の資質を議論する気はない。重要なのは、オーナーシップには、論理的に説明できないところがあるということである。とくに、オーナーという自意識を持たない株主によって構成されている会社において、経営の実質的な責任がどこに帰属するのかという点には、意外に一意的な解がないように思われる。

2. オーナーシップと財務行動

◉企業スポーツのオーナーシップ

ではプロチームにおいてオーナーシップの発揮とは何か。これを解説するために、企業スポーツのオーナーシップから考えてみたい。

企業スポーツでは、オーナー企業は以下の3種類の資源を提供している。
①資　金
②組織経営能力（具体的にはマネジメント人材）
③スポーツ組織の運営能力（強化や競技運営など）

組織経営については、オーナー企業の人材が担務する。要は大企業の管理職である。多くの企業スポーツにおいて、チームの部長はチームが所在する事業所の管理職が兼務している。これに対して、スポーツの強化や運営は親会社の管理職ではわからない。これを担務するのは、選手OBのマネジャーや監督である。

ここで、企業スポーツのオーナーが新興企業に交代するようなケースを考える。オーナーになろうというような企業であれば、資金の問題は心配ないだろう。つぎに組織経営能力については、一般の事業会社であれば管理職を充てればよいので問題はなさそうだが、その会社が急成長しているとすると有能な人材を配置することが難しい。

　もっと難しいのは、スポーツ組織を運営する人材を確保することであろう。大企業が保有していたチームが新興企業に移管されるようなケースを考えると、選手OBであったマネジャーは、生活の安定を考えるなら、今の会社に残ってスポーツとは関係なく仕事をすることを選ぶ。つまり、選手は移管されるが運営能力と人材は移管されない（選手の中にも社員として普通の仕事をすることを選択する者もいるだろう）。もちろんこのような職務の能力を有する人材は新興企業の側にはいない。そうであるとすると、新興企業が企業スポーツを「もらい受ける」ことができるための条件は、チーム運営能力を持つ人材を外部労働市場から調達することである。残念ながらそのような市場は存在しないので、企業スポーツが移管されることは、極めて難しいのである。

⦿プロチームのオーナーシップ

　日本のプロ野球は選手はプロだが一種の企業スポーツである。したがって、たとえば読売ジャイアンツであれば、チーム経営は読売新聞社の出身者が担務している。これに対してチームの現場の運営に携わっている人々は、その仕事を本務としているので、もしチームのオーナーが変わることがあっても、新たなオーナーの下で仕事を続けるだろう。ここが企業スポーツとは異なる点である。

　では「オーナーシップが明確ではないプロチーム」ではどうか。たとえば筆頭株主はチーム運営資金をあまり負担せず、チーム経営人材も株主会社から供給されないようなケースを考えてみる。加えて、チームはアマチュアからプロになってから日が浅く、強化のための指導者やスカウトも不足しているような状態を想定する。実はこれは例外的なものではなく、サッカーやバスケットボールでは普通に見られる光景である。簡単に言えば、経営がうまくいくかどうかは運による。

この議論を展開していくと、やがてはプロチームの経営人材、よく聞く名称としてはGM（ゼネラルマネジャー）が必要だということになる。まあそうなのだろうと思うが、GMがいればオーナーはどうでもよいということではない。GMはお金を出さない。これに対して、オーナーは出す。決定的に次元の異なる存在なのである。換言すれば、オーナーは経済的なリスクを負っている。株主と経営者の関係であると考えればわかりやすい。

　比較的小さな同族会社であれば、オーナー＝経営者である。とはいえ、教科書的に言えば株式会社の特徴の1つは所有（株主）と経営（経営者）の分離であるし、成長した企業はほぼ例外なくこれを実行している。歴史的には、かつてのイングランド1部リーグではオーナーが執行する、つまり社長ないしGMであった例も見られるが、これはプレミアリーグになる前の小規模なチームの時代の話である。ブンデスリーガやスペインの非営利のチームでは、オーナーシップは社団ないしこれに類する法人の構成員に帰属するので、チーム運営の責任者は自身のオーナーシップを前提として経営を執行するのではない。これも結果論としては株式会社に類する「所有と経営の分離」だということができるだろう。

　念のために言えば、社長ないしGMはリスクテイクを計画することができる。ただし計画した本人にはこのリスクを負担する能力・資源はない。負担するのはオーナーである。換言すれば、GMはオーナーが許容する範囲でリスクテイクを行っているのである。

⦿ Voice or Exit

　では、このような所有と経営、つまりオーナーシップとマネジメントが分離された組織において、オーナーはどのような行動をとるのか。上場会社ではよく"Voice or Exit"と表現される。経営に口を出す（Voice）か、それともその会社の株を売る（Exit）かということである。

　株式会社の議決原理は「一株一票」なので、持ち分の少ない株主は一人ではVoiceができない。Exitだけである。上場会社ならExitは容易で、その株を売ればよい。これに対して会社が非上場である場合には自由に売買することが難しい。結果として株主の行動はVoiceになる。ではこのVoiceはどのようなも

のかというと、非営利的に運営されているチームでは、収入はすべて強化に投下され、株主には経済的利得がそもそもないと考えられているのだとすると、Voiceの中心は強化である。つまり、株主も経営者も利益を追求せず、強くなろうとする。いかにもガバナンスが機能しない組織になることが直観的に理解される。

⦿非営利性の問題点

　そしてこのようなチームの最大の問題は、利益を目的とするオーナーが登場しにくいという点であろう。つまり、出資者が限定されるのである。結論として、非営利的に経営されているチームは、新たなオーナーないし資金拠出者を集めにくいということになる。またオーナーシップが経済的動機によらないとすると、リターンを目的としたリスクテイクができない。できるのは「投資回収機会のないリスクテイク」だが、そんなことをしたい、しようと思う人はまずいないと考えるべきである。したがって、非営利的なチームは、投資が難しく、成長しにくいという問題を抱えている。

　ものごとにはいつも例外がある。レアル・マドリードとバルセロナは非営利だが利益を計上する大規模なチームである。オーナーシップは構成員（会員）が持っており、一人一票である。そしてこの構成員には利潤動機がない。株式会社とは異なる原理で成長が実現されているということである。スポーツ、とくにサッカーのチームの経営者であれば、レアル・マドリードやバルセロナのようにワールドクラスの選手を集め、勝ち、試合はいつも満席で、世界中で多くの人が試合をテレビで見てくれることを夢想するだろう。非営利でもこのような経営が実現できるのだが、重要なのは、収支均衡ではないという点であろう。ある意味において利益は結果でしかないのだが、資金の余裕があることが成長の源泉になることは株式会社でも社団法人でも同じである。またドイツのサッカーチームは長らく社団法人の内部組織だったが、現在は商業法人化が進んでいる。後述するようにバイエルン・ミュンヘンは株式会社で利益を計上している。その意味では例外ではなくなった。例外は少ない。

　例外ついでに言えば、すべての株主が経済動機で株式を保有しているわけではない。企業のいわゆる持ち合いは敵対的買収防止に役立つ。取引先を監視・

牽制する目的で株式を保有することもある。日本の地方自治体がJリーグのチームの株式を少額とはいえ保有しているのは、自治体の意図はともかくとして役割論としては監視の意義が大きいように思う。スポーツで言えば、そのチームが好きだから株式を保有したい、株主になりたいと考える人も多い。後述するように、プレミアリーグのチームの多くは一時上場していたが現在は上場は例外的である。そしてこの理由の1つは、株式が売買されない、つまり保有者が売らないことである。

とはいえ、このような株主ばかりではチームの成長が難しいことも事実であろう。株主という「仲間」を増やしていくためには、実は利益が必要なのではないかというのが結論である。そしてこの結論は、今のところ日本のプロスポーツでは実現されていない。これについても唯一の例外をあげるなら、不祥事が相次ぐ前の日本相撲協会は実は高収益であった。詳細は小著（武藤、2012）に譲るが、400億円の現金資産を持つ財団法人であった。ただしこれについても例外は1つでしかない。例外を参考にする、ベンチマークすることは必ずしも間違いではないが、それでうまくいく組織は同様に例外的であろう。日本のプロスポーツは、いまだ日本では実現されていない「利益」を目標としていかなければならないように思うのである。

第 II 章

プロスポーツと株式上場

第1節
イングランド各チームの上場の経緯

　プロスポーツの大きな特徴の1つは、提供しているサービスの価値がはっきりしないという点である。はっきりしないというより、大きく変動すると言ったほうがよいかもしれない。とくにスポンサー収入と放送権料でこの傾向が著しい。入場料、すなわち座席を売るビジネスであれば、このようなことはあまり起きない。

⦿放送権料の高騰

　たとえばサッカーのワールドカップの放送権料（日本向け）は1998年のフランス大会までは3大会連続で6億円であったものが、日韓の2002年には65億円、2006年ドイツが160億円、そして2010年の南アフリカは200億円になった。2014年のブラジルについては400億円程度とみられている。人気によって価値が劇的に変わるということである（表2）。オリンピックの放送権料も同様に高騰している。

　またスポンサーについて言えば、チームはスポンサーにとってメディアである…つまりテレビや新聞と同じなのだが、チーム自身が提供するメディア（ユニフォームやスタジアムの看板）は小さく少ないし、これを直接見る人の数も

表2 ●サッカーワールドカップの放送権料（日本向け）の推移

開催年	開催国	日本向け放送権料
1990年	イタリア	6億円
1994年	アメリカ	6億円
1998年	フランス	6億円
2002年	韓国・日本	65億円
2006年	ドイツ	160億円
2010年	南アフリカ	200億円
2014年	ブラジル	400億円？

知れたものである。たとえばプロサッカーのJ1で1試合当たりの平均入場者が2万人であるとすると、ホームゲーム年間17試合の入場者はのべ34万人しかいない。しかしこれがテレビで放映されるとなると価値は一変する。視聴人口は、競技場の観客よりはるかに多いからである。日本の世帯数は5000万強なので、世帯視聴率1％は50万世帯になる。つまり上記の34万人より、1試合で1％の視聴率を獲得するほうが人数が多くなる。

◉チームの価値をスポンサーが決める

またチームや選手はメディアとしてだけではなく、コンテンツとしての価値を持っている。したがってたとえば、スポンサーはチームや選手を新聞広告の紙面に登場させるかもしれない。このコストはスポンサー費用とは別にスポンサー企業が新聞に対して支払う。このような価値を活用するかどうか、活用できるかどうかは、スポンサー側の戦略とメディアへの支払い能力による（このように、スポンサーが契約によって得た権利を自社の裁量で活用することをアクティベーションと呼んでいる）。換言すれば、「チームの価値はスポンサーのマーケティング行動によって決まる」のである。このことも、チームの価値の変動を大きくしている。以下では、イングランドのプロサッカー、とくにプレミアリーグを例に、このような価値の急激な向上とこれと連動する株式上場について概観してみたい。

1. ヒルズボロの悲劇とスタジアム改修

イングランド・プレミアリーグの劇的な変化の発端は「ヒルズボロの悲劇」であった。1989年にヒルズボロ・スタジアムで行われた試合で900人近い死傷者（うち死者96人）が出た惨劇をこう呼ぶ。こうなった理由は、イングランドのスタジアムではゴール裏（熱狂的なファンが集まる）はテラスと呼ばれる立ち見席になっていて、ここに多数のサポーターが集まったことである。

英国政府は立ち見席を椅子席に改修することを義務化した。政府による補助もあったが十分ではなかったので、各チームはこの費用を捻出しなければならなくなった。イングランドのサッカー観戦料（チケット料金）が高くなったの

TOPIC　インフレとチケット価格

　テレビや新聞で欧米のプロスポーツの特集を見ていると、昔に比べると試合は面白くなったのだが入場料が上がって庶民（？）は買えない、と言った解説がされていることが多い。何となく納得してしまうのだが、実際にはチケット価格の「高騰」が起きているかというとそうでもなくて、物価が上がって、チケット価格も上がっている。

　参考までに、表3は1993年（日本ではJリーグ開幕年、英国では前述のようにプレミアリーグ開幕がこの1年前である）から2012年までに消費者物価がどれだけ上昇したかを示している。日本はこの20年間で変化がないのに対して、英国は50％、米国は60％物価が上昇している。つまり、4000円のチケットが6000～6500円になったとしても、それはインフレのせいなのである。チームが金儲けのために値段を釣り上げたわけではない。

表3●各国の物価上昇の比較

日　　本	99
英　　国	150
米　　国	159
スペイン	174
ド イ ツ	135

注：1993年を100とした場合の2012年の消費者物価指数である。
資料：IMFデータベースより作成

　ついでに言えば、英国の労働者階級の賃金水準は、同じ20年間で物価より上昇している。つまり、チケットの額面は高くなっているが、実質的には買いやすくなっているのである。

はこのためであるが、それでも原資が足りなかった。そして1992年にプレミアリーグが創設される。同リーグはBスカイBと契約し巨額の放送権料を得るようになった。これにより多くのチームはスタジアム改修費用を支払うことができた。

2. BスカイBによる放送権の獲得

◉フットボールリーグの低迷

　プレミアリーグについて解説をしておきたい。1991年まで、イングランド（一

部ウェールズを含む)の1部および下部リーグ全体を運営していたのは「フットボールリーグ」という組織であった。イングランドのサッカーは1980年代は現在とは違い人気がなかった。フーリガンがいたことも、観客をスタジアムから遠ざけた。1985年にはフーリガンがUEFAチャンピオンズカップで暴力事件を起こし39人の死者が出て(ヘイゼルの悲劇と呼ばれる。場所はベルギーである)、リーグ所属チームはUEFA主催試合に出場できなくなっていた。

そしてこの低迷期に、放送局によるカルテルが発覚…つまり、BBCとITVが、放送権料が高額にならないように調整していたことがわかった。ちなみに当時の放送権料はリーグ全体で年間5億円程度。現在はプレミアリーグだけで1000億円内外である。

◉離脱とプレミア創設

1部リーグ上位の人気チームの不満は、放送権料が不当に低く抑えられていたことに加えて、4部までの全チームに均等に配分するというルールになっていたことである。そして紆余曲折を経て、1部リーグの全チームがフットボールリーグを離脱し、プレミアリーグを設立した。プレミアリーグは株式会社であり、フットボールリーグとは親子関係にない、独立した組織である。またしたがって、放送権料、スポンサー収入等を自分で得ることができ、その配分の裁量についてもフットボールリーグの意向や制度に関係なく行える。当然のことながら設立初期にはフットボールリーグとプレミアリーグの関係はよくなかったが、現在はプレミアリーグがいわゆる1部でフットボールリーグは実質的に2～4部リーグであり、両リーグの間で昇降格も行われている。

前述のとおり新設されたプレミアリーグの放送権はBスカイBが獲得したが、これはITVとの競争によるものである。つまり、プレミアリーグは市場価格・競争価格で放送権を売ることができた。またBスカイBの放送権獲得の背景として、イングランドが1990年のイタリア・ワールドカップで4位に入ったこと、スタジアム改修が義務とされたこと、フーリガンによる暴動が完全とは言えぬもののある程度沈静化したことがあると言えるだろう。つまり、プレミアリーグの「商品力」が高まりつつあったことも、放送権料上昇をもたらした要因である。

3. 上場とM&A、上場廃止、再上場

　時期を同じくして、株式を上場するチームが相次いだ。この理由としては、産業政策の1つとして新興市場（株式の取引市場）が整備されたことがあげられる。新興市場の目的は、小規模な会社、まだ利益を計上していない会社であっても、将来の成長が見込めるのであれば、資本市場での資金調達を容易にすることである。サッカーのプロチームは、もちろん規模が小さい。では将来の成長が見込めるかというと、プレミアリーグの人気が高まり、放送権料も増えたために、事業規模が大きく拡大するようになっていた。もちろん、チームが強くなければ人気が出ない。したがって各チームは資本市場で調達した資金でスタジアムを改修ないし新設し、放送権料収入で強化を行い、入場料収入とスポンサー収入の増加を目指す。収入が増えればそれをまた強化に充当するという好循環を計画することになる。

⊙チームではなく持株会社を上場

　方法としては、フットボールチームの上に持株会社をつくり、この持株会社が上場する。持株会社はPLC（Public Limited Company）、すなわち株式に譲渡制限のない有限責任会社である。このPLCはチームだけでなく、スタジアム運営会社も傘下におさめている例が一般的に見られる。

　欧州全体で開催されるカップ戦が、このサイクルをより大きなものにする。カップ戦としては上位チームが出場するチャンピオンズリーグと、これより下位のチームが出場するヨーロッパリーグとがある。カップ戦に出場できると放

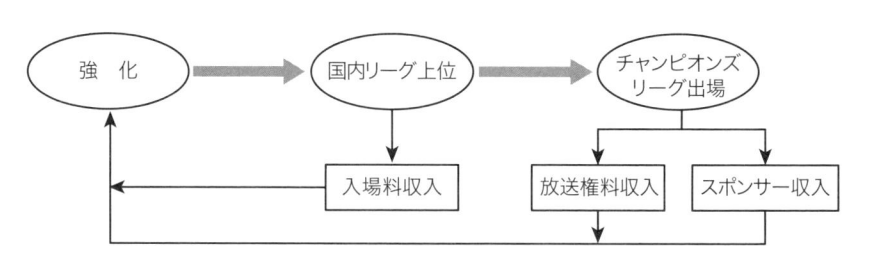

図2 ●欧州サッカーチームのビジネスモデル

送権料が入る。これでさらに強化をすすめていくことができる。また、その結果として、上位のチームと下位とでは戦力と事業規模に大きな差がつく。

TOPIC　戦力均衡と昇降格

　プロスポーツのリーグには戦力均衡を目指すものと目指さないものとがある。戦力均衡を目指すのは昇降格のないリーグで、均衡を目的としないのは昇降格のあるリーグである。プロサッカーはほとんどの国で下位リーグとの昇降格があるので、戦力均衡はリーグの目的にならない。これに対して昇降格がないリーグとしては、米国の4大プロスポーツ（野球、バスケットボール、アメリカンフットボール、アイスホッケー）、日本のプロ野球などがある。これらのリーグでは、リーグ戦の商品価値を最後まで維持するために戦力均衡…つまり順位がなかなか確定しない状態が必要なのである。

　戦力均衡の手段としては、ドラフト、サラリーキャップが主なものである。これらが徹底しているのはアメリカンフットボール（NFL）であると言われる。リーグ戦を連覇するチームは少なく、毎年優勝チームが変わる。

　これに対して野球（MLB）では、外国人選手はドラフト外なので、イチローや上原のような戦力になる選手を獲得して強化できる。最も多いのはドミニカ選手で、A・ロッドもその一人である。

　サラリーキャップに類似の制度としては、日本では「ぜいたく税」と通称されている課徴金制度がある。これは選手年俸の上限額からの超過額に一定割合を乗じた額をリーグ機構に納付しなければならないというもので、超過回数が増えると、この「一定割合」も高くなる。NBAではこの課徴金は収入の少ないチームに配分されるが、MLBでは配分されず、選手の福利厚生や世界全体への野球の普及に使われている。

　MLBにおいて「ぜいたく税」より戦力均衡のために重要なのはリーグを通じた各チームへの収入再配分システムである。こういった制度はよく変更される。これに対して「本」という形態は少なくとも何年かは販売され続けることを前提とするもので、その何年かの間に制度が変わってしまうことも少なくない。したがって、現時点の戦力均衡策の詳細を書いても比較的短期のうちに内容が陳腐化してしまうおそれがある。読者にはそのことを理解していただくとして、本書執筆時点での再配分ルールを示すなら、つぎのとおりである。

1) 収入の定義

　総収入から球場経費を引いたものを純収入としている。付加価値のようなも

のだと考えればよいだろう。また過去2年の実績および今後2年の計画値、計4年の平均をもって純収入と定義する。

2) 基本方式（Base Plan）

各チームは純収入の31%をリーグに「上納」する。リーグはこうして集まった資金を「各チームに均等配分する部分」と「収入（の少なさ）に応じて比例配分する部分」とに分け、チームに配分する。

3) リーグ基金部分（Central Fund Component）

純収入が平均より多いチームは、上述の「上納金」の約41%を別途リーグに上納する。純収入がリーグ平均より低いチームは、収入の少なさに応じて、この資金を貰うことができる。

実際には、戦力均衡を目的として施策を講じても、上位と中・下位の格差が大きくなることも多い。NFLは上述のように戦力均衡が実現されていると言われ、毎年優勝チームが変わるのだが、実際の勝敗は表4のとおりでありかなり差がついている。つまり、優勝チームが毎年入れ替わるという点では戦力均衡が成功しているのだが、リーグ戦では均衡は達成されていないので、順位についての興味は早い段階で減殺している。このため、興行としての興味を持続させるために、ポストシーズンマッチが行われるが、これはすべてのチームについての興味を維持し続けるものにはなっていない。完全なドラフトを実施しても、完全に近い戦力均衡は難しいということである。

参考までに、昇降格のある欧州プロサッカーリーグのチームの勝率を比較してみると表5のようになる。このシーズンにスペインリーグ（リーガ・エスパニョーラ）で優勝したのはバルセロナで、戦績は32勝4分2敗であった。勝率は84%である。ドイツの優勝チームであるバイエルン・ミュンヘンも勝率はほぼ同じである。イングランドとイタリ

表4 ● NFL（AFC）での各チームの勝率
（2012レギュラーシーズン）

	勝ち	敗け	勝率
ブロンコス	13	3	0.813
ペイトリオッツ	12	4	0.750
テキサンズ	12	4	0.750
コルツ	11	5	0.688
レイブンズ	10	6	0.625
ベンガルズ	10	6	0.625
スティーラーズ	8	8	0.500
ドルフィンズ	7	9	0.438
チャージャーズ	7	9	0.438
ジェッツ	6	10	0.375
ビルズ	6	10	0.375
タイタンズ	6	10	0.375
ブラウンズ	5	11	0.313
レイダーズ	4	12	0.250
チーフス	2	14	0.125
ジャガーズ	2	14	0.125

表5 ●各国サッカー1部リーグ上位チームの勝率と勝ち点

		スペイン	イングランド	ドイツ	イタリア	日本
	チーム数	20	20	18	20	18
勝率	優勝チーム	0.84	0.74	0.85	0.71	0.56
	2位チーム	0.68	0.61	0.56	0.61	0.44
	3位チーム	0.61	0.58	0.56	0.55	0.44
勝ち点倍率（優勝チーム／中位チーム）		2.1	1.9	2.0	1.8	1.3
上位の半数のクラブの勝ち点シェア(%)		62	63	62	63	57

注：欧州各国リーグについては2012-13シーズン、日本は2012シーズンである。

アのリーグではやや低いがそれでも70％を超えている。サッカーの場合、引き分けが多いので「勝ち」以外は敗けということではない。バイエルン・ミュンヘンはシーズンで1敗しかしていない。これは極端だが、プレミアリーグ優勝のマンチェスター・ユナイテッドは5敗、セリエAのユベントスも5敗である。

なお日本のJリーグをこれらのリーグと比較すると優勝チームの勝率が低いことがわかる。2012シーズン優勝のサンフレッチェ広島の勝率は56％で極端に低い。敗け試合数も8であり多い。また、2位、3位の勝率を欧州主要リーグと日本とで比較するとやはり日本が低い。つまり、欧州では優勝チームだけが格段に強いのではなく、上位が日本に比べてよく勝っていることがわかる。

つぎに優勝チームの勝ち点が中位（20チームのリーグなら10位、18チームなら9位）に対して何倍かを同じ表でみると、欧州は1.8〜2.1倍、日本は1.3倍である。中位だと欧州全体のリーグ戦に出場することができない。逆に言えば、各チームはこれに出場するために強化にコストをかけるので上位に勝ち点が集中する。

また、リーグ全チームのうち上位半数の勝ち点シェアを比較すると、欧州主要リーグは62〜63％、日本は57％である。やはり上位があまり勝っていないのである。

このように日本のプロサッカーリーグの上位チームがあまり勝たない（勝てない、ではない）理由としては、順位を上げることのインセンティブがないことがあげられる。詳細は後述するが、欧州ならUEFAチャンピオンズリーグに出場するというインセンティブがある。Jリーグは1部リーグで上位に入るとACL（アジア・チャンピオンズリーグ）の出場権を得るが、ACLに出場しても経済的な見返りが小さいので、そのためにコストをかけて強化するというビジネスモデルが成立しないのである。

⦿ M&Aと上場廃止

さて、ではプレミアリーグのチームは上場し成長を続けているのかというと実はそうでもない。上場を廃止する例が多く見られる。この理由は2つある。第一は、投資しても順位が上がらず、結果として赤字になるケースである。この状態から抜け出せず、新たな資金が他から入らなければ破綻することになる。結果として上場廃止である。チームを存続させるために地元のサポーターが出資するという例も、日本と同じように見られる。

第二は買収の結果として上場廃止になるケースである。上場するということは、チームの株式を誰でも買えることなので、資金があればこれを取得してオーナーになることができる。この場合は、上場廃止は失敗の結果ではない。株式が証券市場で買い集められるだけではチームには資金は入らない。株主間でお金が動くだけである。新たなオーナーがチーム強化のために資金を出すなら、上場をやめたチームが成長していくことになる。そしてこのオーナーがチームを手放したいと思えば、他のオーナー候補に株式を譲る（もちろん有償である）か、再度上場する。

つまり、一般の事業会社であれば、
- 上場できる（上場基準を満たす）財務状態にあり
- 成長を指向している

から上場する（している）。これに対してスポーツのチームでは、一般事業会社の常識とは少し違うところでものごとが決まるということである。もちろん、成長を指向してはいるものの、上場しても買われないチームというのもあるだろう。しかしプレミアリーグ上位のチームの場合は、そのチームを保有したいと考えるオーナーがいるかどうかによって、上場が保たれるか、それとも非上場になるかが決まるのである。

TOPIC　イングランドサッカーチームのサポータートラスト

　日本のプロサッカーチームの持株会については、武藤（2008）で詳述しており、またそのエッセンスを武藤（2013a）に再掲しているので詳しくはこれらを見られたい。要は救済型が多い。また加入者はチーム経営に関心が薄い、あるいは知見がないので、たとえばこの持株会が筆頭株主になってオーナーシップを発揮することには、私は反対である。困ったことに、企業の従業員持株会の加入者は退職によって持株会の会員ではなくなるのに対して、サッカーチームの持株会の加入者は、ずっと加入者である可能性が高い。この理由は2つあって、第一は、社員と違って辞めないからである。そして第二に、多くの場合、チームの企業価値は低いので（救済のために持株会に出資してもらったチームであればとくにそうだろう）、保有している（株式に関する）権利を売却することのインセンティブがない。売ってもお金にならないから保有し続ける。

　つぎにイングランドのサポータートラスト（以下ST）について。これに関する記述はほぼ全面的に西崎（2008）に負っている。西崎によれば、STは法的には信託（trust）ではなく、相互会社である。日本には相互会社に関する法令がなく、歴史的に生命保険会社が相互会社形態を採用してきた。現在は株式会社になっている生保もあるが最大手の日本生命、あるいは明治安田生命は相互会社である。

　この相互会社がどのようなものかは、日本に事例が少ないのでイメージがしにくいのだが、たとえば生命保険会社を例にとるなら（日本では生保以外に相互会社の例がない）、保険サービスを購入している個人（契約者）は、同時にその生保会社の社員（構成員。会社員という意味ではない）である。イングランドのSTの場合は、サポーターという消費者（サービスを購入する主体）が同時にチームを経営しようとしているという点において、生命保険会社に近いということができるだろう。ただし、相互会社制度そのものはサポーターかどうかを厳密に問うものではない。株式会社との違いは「一株一票」ではなく「一人一票」だという点である。また一人一票なら社団法人と同じだが、社団法人との違いは、相互会社であれば余剰（利益）を社員に分配できるという点であろう。

　このような特徴は、日本では合同会社で実現することができる。すなわち、構成員の議決権を予め一人一票に設計しておけばよい。また合同会社は余剰の分配が可能である。また日本で合同会社と称されている法人格は、米国では

LLC（Limited Liability Company）に該当し、LLCの英国版がLLP（Limited Liability Partnership）、日本では有限責任事業組合である。つまり、あえて相互会社というマイナーな法人格を採用する必要はないように思えるのだが、相互会社をマイナーだと考えることが間違いなのかもしれない。

　西崎によれば、前述のヒルズボロの悲劇を契機として、当時の英国の労働党政権は、サッカーを英国の国技と正式に認め、ファンのチームへの経営参加を支援し始めた。また同じころ、倒産の危機に直面したチームに対してサポーターが資金拠出した際、信頼できない経営陣から拠出金を守るために信託機関を置いた。このためSTという名称が言わばその名残り、あるいはブランドとして用いられているが、法人としては前述のとおり信託会社ではない。

　仕組みであるが、STにはサポーターが会員として加入し、STがサッカーチームの株式を取得する。会員はSTの議決権を一人一票有する。またSTが保有するのはサッカーチームの株式である場合と、持株会社株式である場合とがある。後者の場合、持株会社はその子会社としてサッカーチームやスタジアムを有する。

　なお英国には政府が主導するサポーターズ・ダイレクトという組織がある（以下SD）。SDは2000年に設立され、自然発生的に存在するSTについて、汎用の仕組みを作って全国に指導・伝播させる役割を果たしている。この結果として、プレミアリーグのチームの60％にSTがあり、25％はSTから取締役が派遣されている。すなわち、現在のSTは経営危機に直面したチームについてサポーターが危機回避を目的として設置するものではなく、主に非上場のチームについて、サポーターがチーム運営に日常的に参画する仕組みとして機能している。

第2節
マンチェスター・ユナイテッドの再上場

　前節で説明したとおり、上場したチームはオーナーに買収されると非上場になるが再上場することもできる。では再上場すればもとのオーナーシップは消滅するのか。そう考えるのが普通だが、そうならないケースもある。この「オーナーシップを維持しながら上場」したのがマンチェスター・ユナイテッドである。本節ではこの事例を紹介してみたい。

1. のれん代、クラブライセンス制度、ファイナンシャル・フェアプレイ

　一般的に、企業にとって債務超過は好ましいことではない。好ましくないどころではなく、債務超過は経営危機である。債務超過の企業に融資しようという金融機関はまずない。

◉有力チームの「のれん代」

　しかしプロスポーツでオーナーのいる非上場の人気チームは、債務超過をあまり気にしない。この理由は、オーナーが資金を出せばチームのキャッシュフローに問題が生じないからである。会計的にはオーナーからの貸付である。
　戻ってくるあてのないお金をなぜ貸すのか。これは、チームに「売却価値」があることによる。債務超過の会社の売却価値は一般的にはほとんどないが、人気チームであれば債務超過でも買われる。会計的には、実際の売却額と会計上の資産価値との差額を「のれん代」と呼んでいる。買い手が企業であれば、この「のれん代」をバランスシートに計上する。これはM&Aでは一般的に行われていることである。
　これはこれで問題がないようにも思えるのだが、各チームが強化のための投資競争を行い、債務超過のチームが増え、そのいくつかについて、オーナーの

資金が続かなくなり、買い手も現れない状況というのを想定することができる。事実、欧州経済危機の結果として、このようなチームが増えている。そうなればチームどころかリーグが成り立たない。このような「行き過ぎ」を回避するために、リーグはチームの財務運営に制約を課す。

⊙クラブライセンス

概念としては「ファイナンシャル・フェアプレイ」であり、簡単に言えば、収入を超えた支出を認めないということである。すでに述べたとおり、プロサッカーには昇降格があるので、リーグはチームの戦力均衡を求めない。したがって、ファイナンシャル・フェアプレイの目的は、チームの破綻抑止であるということができるだろう。

これが制度に落とし込まれているものがクラブライセンス制度である。この制度はFIFAにより各地域の連盟を経由して各国のサッカー協会に課されているもので、国によらず共通の部分は、国際試合に出場できるチームの要件を定めたもので、各国はこれとあわせて「国内ルール」として財務要件を定めている。日本では「3年度連続赤字」「債務超過」のいずれかに抵触するとプロリーグに参加することができない（新設されるJ3にこれが適用されるのかどうかは、執筆時点では未確認である。J1、J2では2015年シーズンから例外なく適用される）。

2. マンチェスター・ユナイテッドの「種類株式による再上場」

マンチェスター・ユナイテッドは1991年に株式をロンドン証券取引所に上場し、95年に上場廃止になった。そして強化に資金を投入し、債務超過になっていたのだが、前述のようにキャッシュフロー上の問題はない。だからそのままでも構わないはずなのだが、この状態はファイナンシャル・フェアプレイ原則、そしてイングランドのクラブライセンス制度に抵触する。これを克服することを目的として2012年8月に再び株式を上場している。ただし、この株式はいわゆる種類株式である。具体的には表6のとおり。

TOPIC　種類株式

　企業が発行する株式は、普通株式と種類株式に大別される。普通株式は、株主に付与される権限について、法令上の制約がないものである。種類株式は普通株式以外の株式の総称であり、法令が許容する範囲で多様なものが考案されている。
　例としては、（配当）優先株が一般的なものであろう。これは議決権がないが普通株主に優先して配当が行われる。一時、日本の銀行が経営危機にあった際、国がいわゆる公的資金を注入して取得したのも優先株である。企業全体ではなく、その一部の事業部門ないしグループ企業の業績に連動して配当する優先株もある。大企業が小規模で高収益の企業を買収する場合、この高収益企業の株主は買収後の大企業グループの株主になっても高配当が期待しにくいので買収に応じない。この問題を解決する手段としてこのような株式が発行される。買収防衛を目的として、オーナーが保有する株式に複数（多数）の議決権を付与する例もある（よく黄金株と呼ばれる）。

　英国のフットボール・ファイナンスについての日本の第一人者である西崎によれば（西崎、2013）、マンチェスター・ユナイテッドは英国ではなくニューヨーク証券取引所に株式を上場しており、これは米国のいわゆるJOBS法（Jumpstart Our Business Startups Act）のメリットが大きいと判断したことによる。
　一般株主はA株式約1670万株を購入した。金額は2億3380万ドルである。この1670万株のうち、2分の1が上場時に新規発行されたもので、残りの2分

表6 ●マンチェスター・ユナイテッドの株式公開（2013）

株　式	株　主	IPO前 株　数	IPO後 株　数	持株比率（%）	議決権比率（%）
Class A	Glazers	31,352,366	23,019,033	14	1.8
	一　般	0	16,666,667	10	1.3
Class B	Glazers	124,000,000	124,000,000	76	96.9

注：Glazers、つまりグレイザー氏とその家族は、マンチェスター・ユナイテッドのオーナーである。
資料：西崎(2013)より作成

の1はオーナーであるグレイザーが売り出している。したがって、マンチェスター・ユナイテッドという株式会社がこの上場で手にした金額は1億1690万ドル程度と思われる。日本円では120億円程度である。

　ただし、このA株は議決権が少ない。西崎によれば、A株はB株の10分の1の議決権しか付与されていない。普通株式なら「1株1票」だが、種類株式なのでそのあたりは自由に設計されている。そしてこの結果として、マンチェスター・ユナイテッドは株式の一部を上場したとはいえ、上場された株式に付与されている議決権は1.3％にすぎず、引き続きグレイザーがオーナーであり続けている。

　通念として、株式上場とは、その会社が「社会の公器」になる、換言すれば、特定のオーナー株主の意向ではなく、株主全体の意向によって経営されることを意味する。しかし実際には、上場していても、特定の株主のオーナーシップを維持することは可能である。また上場している会社の経営者が、いわゆる同族経営のように世襲で交代していく例も少なくない。したがって、上場会社は社会の公器であるとしても、支配体制が私的な性格を有している例は一般的に見られると言ってよいだろう。投資家はそのような体制であることを承知した上でその会社の株式を取得している。マンチェスター・ユナイテッドのこの例も同様である。詳細は日本の上場基準の項で議論することになるが、このことは、支配権を維持しながら株式によって資金を調達することが可能であることを示している。日本のプロスポーツチームの運営会社、およびそのオーナー企業は、このあたりをよく研究しておくべきだろう。

第3節
ドイツの現状と展望

1. ブンデスリーガ所属チームは公益法人

　イングランドのプレミアリーグ以外に、ドイツのブンデスリーガ、あるいはスペインのリーガ・エスパニョーラにも経済的に大きな成功をおさめているチームがある。しかしこれらのチームは上場することがない。というより今のところできない。

◉ バルセロナは相互会社

　この理由は、まずスペインを例にとればバルセロナは日本風に言えば相互会社だからである。バルセロナのソシオという名称を聞いたことのある人も多いと思うが、このソシオは相互会社の社員（個人）であり、人数は10万人内外であろう。社員なので、役員選任について投票権を持っている（なお社員は会社員という意味ではない。会社員はその会社に雇われていて、雇用契約がある。ここでいう社員は「構成員」であり、報酬をもらうのではなく、会費を支払っている。日本の社団法人、NPO法人の社員も同じであり、総会での議決権を有する。株式会社の株主と同じである）。

　バルセロナはカタロニアという、スペインの中にある国みたいな地方の主都である。サポーターはバルセロナを国の代表だと考えるので、その支配権がカタロニア外の手に渡ることを認めない。だから相互会社であり続けていると考えることができる。プレミアリーグのような外国人支配は論外ということである。もちろんイングランド各チームのサポーターも地元意識が強いはずだが、経済的な所有権が誰に帰属するのかということについては、カタロニア住民ほどには神経質ではないのだろう。

⦿ドイツ・サッカーチームの発生過程

　ドイツについては、すべてのチームがつい最近まで社団法人だった。やや詳しく歴史を説明するなら、ドイツのサッカーチームの典型的な前身は、日本の総合型地域スポーツクラブである。というより、日本の総合型地域スポーツクラブが、欧州大陸のスポーツクラブを真似ている。

　このような地域クラブが設立されたのは、19世紀初頭に体操ブームが起きたためである（なおドイツの国家としての統一は1871年であり、明治維新の1868年より遅い。したがって厳密に言えば、体操ブームが起きたのはドイツ地域の中核的な国家であったプロイセンである。このあたりについては、ブロイアー〈2007〉に詳しい）。19世紀末になると、英国で行われていたスポーツがドイツでも普及するようになり、各地のクラブは体操だけでなくいろいろなスポーツを実施するようになる。ということで、ドイツの体操クラブに英国で誕生したサッカーが登場する。

　この体操・スポーツクラブの法人格として一般的なのが登記社団（eingetragener Verein. よくe. V. と略記される）である。ブンデスリーガに属するサッカーチームは、このような体操・スポーツクラブの1つの「種目部門」として運営されてきた。

⦿スポーツクラブが増えたのは最近である

　誤解も散見されるところなので、ドイツのスポーツクラブについて資料の説明をしてみたい。ハイネマン他（1999）によれば、東西統合直前の1989年に、西独には66500のクラブと2100万人の会員がいた。1960年にはクラブ数は29500、会員は530万人である。つまり、ドイツのスポーツクラブは、19世紀体操運動の「名残り」のようなものではなく、戦後の西独の経済成長とあわせて拡大したのである。日本ではよく「経済成長＝コミュニティの崩壊」という構図で物事が捉えられることが多いが、少なくとも旧西独についてはこれは当てはまらない。

◉高い組織化率

　また旧西独の人口は1990年に約6300万人だったので、同年にスポーツクラブの会員になっているドイツ人は、国民3人に1人であった。6300万人の中には高齢者や乳児も含まれるので、スポーツクラブの組織化率は極めて高かったということができるだろう。

◉総合型は実は少ない

　つぎに、ドイツのスポーツクラブが日本の総合型の言わばモデルだと書くと、ドイツのクラブも総合型だと思われがちだが、実際には、ドイツのクラブの65％は、実施している種目が1つだけである。6種目以上を実施している、総合型と呼べるようなクラブは全体の9％にすぎない。もちろん、会員数の多いクラブは実施種目数も多いと思われるので、単一種目クラブに所属する会員数が全体の65％ということではないのだが、それでも「意外に総合型ではない」ことは理解すべきである。

　ついでに言えば、地域スポーツクラブに加入している人口が多いということは、日本の「総合型」とは性格が異なるものであることを意味している。日独の違いは、量に加えて質的なものである。日本開発銀行（現・日本政策投資銀行）のフランクフルト首席駐在員を務めた傍士銑太によれば、ドイツでは住民の3分の1がスポーツクラブに所属しているので、政治家は首長や議員に立候補するに際して、明確なスポーツ政策を持っている、というより持たざるを得ない。このあたりが、日本の総合型スポーツクラブとの大きな違いであるし、ブンデスリーガに所属するサッカーチームと日本のJリーグのチームの地域密着度の違いでもあるのだろう。

2. 51％ルール

　現在はこの社団法人が過半の議決権を持つことを条件として、株式会社、有限会社等の法人格をチームが持つことができる。つまり、フットボールチームは従来は社団法人の内部組織だったものが、社団法人が支配する別の法人とし

表7 ブンデスリーガ所属クラブの商業法人格

AG	株式会社	バイエルン・ミュンヘン アイントラハト・フランクフルト
GmbH	有限会社	アーヘン　レバークーゼン ウォルフスブルク　ブルクハウゼン
GmbH & CO. KGaA	limited commercial partnership	ビーレフェルト　ブレーメン ドルトムント　ハノーバー アウクスブルク　デュイスブルク フュルト　ケルン TSV1860 ミュンヘン
KGmbHaA	commercial partnership limited by shares	ベルリン

資料：ブンデスリーガ

て設立・運営することができるようになっている。2013年時点では表7のようなチームが民間資本とのJV形態を採用している。このような改革の目的は、民間資金とマネジメントの導入だと言ってよいだろう。

　ただし、議決権の過半が社団法人だということは、他の主体はオーナーになれないということである。したがって、イングランドのプレミアリーグのように、いわゆる金満家がオーナーになりたいと考えても仕組み上なれない。現在ブンデスリーガで最も成功しているチームはバイエルン・ミュンヘンであり、このチームは株式会社形態を採用しているが、その株主構成は、

- FCバイエルン（登記社団）　　81.8%
- アディダス　　9.1%
- アウディ　　9.1%

である。民間資本を導入するといっても、支配権は明らかに母体である登記社団が有している。またアディダス、アウディは株式会社のほうのFCバイエルンに出資はしているが、この2社が会社を支配しようと思っていないことは直感的に了解されるだろう。おそらくその目的は、優先的なマーケティング上の地位である。したがってこの両者は、出資とは別に、スポンサーとして費用をFCバイエルンに投下している。マンチェスター・ユナイテッドとは、明らかに資本政策が異なる。

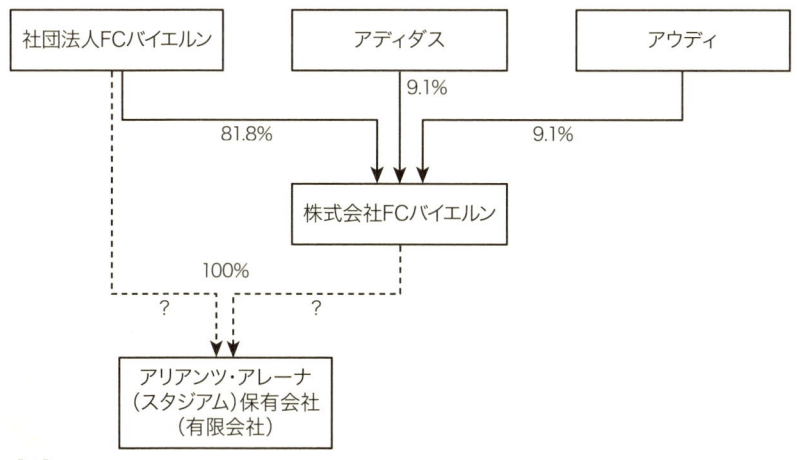

```
┌──────────────────┐      ┌──────────┐       ┌──────────┐
│ 社団法人FCバイエルン │      │ アディダス │       │  アウディ  │
└────────┬─────────┘      └─────┬────┘       └─────┬────┘
         │                     │ 9.1%              │
         │         81.8%       ▼         9.1%      │
         │              ┌──────────────┐           │
         └─────────────▶│ 株式会社FCバイエルン │◀──────────┘
                        └──────┬───────┘
                        100%   │
              ┌──? ──────┼──? ─┐
              ▼          ▼     │
              ┌────────────────┐
              │ アリアンツ・アレーナ │
              │ (スタジアム)保有会社 │
              │   (有限会社)    │
              └────────────────┘
```

[注]
- バイエルン・ミュンヘンというプロサッカーのチームは、株式会社に属している。
- この株式会社の株式の過半は、社団法人が保有していなければならない。
- 社団法人は「会員が行うスポーツ」として、サッカーの他にバスケットボール、ハンドボール、体操、卓球、ケーゲル、チェスの部門を持つとともに、サッカーのレフェリー部門を持っている。
- スタジアム保有会社のホームページを見ると、会社を所有しているのはFCバイエルンであると書いてある。これが社団法人を指すのか、それとも株式会社なのかは不明である。

図3● バイエルン・ミュンヘンの株主構成

⊙FCバイエルンは株主に配当している

　では株式会社であるFCバイエルンは社団的ないし非営利で経営されているかというとそうでもない。直近の報道によれば、FCバイエルンは株主に825万ユーロを配当しているのである。1ユーロ142円で計算すると11億7150万円になる。この81.8％、すなわち9億6000万円程度がFCバイエルン社団に、約1億円がアディダスとアウディに配当として支払われる。アディダスとアウディにとって、1億円の配当は大きな金額ではない。しかし、FCバイエルン社団にとっては、10億円を超える配当収入は少なくない。もし収入のすべてをチームに再投資して強化しようというなら配当の必要はない。しかし実際には、FCバイエルンは収益を社団に還元している。そしてこの資金は、地域スポーツチームとしての社団の活動の拡大に貢献しているはずである。

3. 今後の展望

今後ブンデスリーガのチームが上場を選択するかどうかは、
- リーグとして、地域スポーツチーム社団の51％の支配権を原則とし続けるのかどうか
- 社団が支配権を維持した状態での株式の上場を認めるか、認められるか

にかかっている。このうち第一の点については理念の領域に属する議論なので、第二の点について検討するなら、「支配権は社団」かつ「株式を上場」というスタイルは、すでにマンチェスター・ユナイテッドによって実現されており、少なくとも技術的、資本市場制度上の問題はない。ただしマンチェスター・ユナイテッドが発行したのは種類株であり議決権が制限されている。

⦿上場と支配権の維持

では「支配権は社団」かつ「普通株式を上場」することはできるだろうか。これは、それぞれの国の上場制度による。ドイツについては知見を持たないが、日本では可能である。最近の例としては、サントリー食品インターナショナルの事例がある。

サントリー食品インターナショナルは名前の通りサントリーグループの企業で、親会社はサントリーホールディングスという持株会社である。この持株会社は非上場であり、子会社のサントリー食品インターナショナルだけを上場させ、資金を調達している。

親会社は非上場で子会社は上場という例は少ない。東京証券取引所の上場会社でもいくつか例が見られるが、いずれも規模が小さい。サントリー食品インターナショナルの上場は例外的なものだと言ってよいだろう。もちろん、例外的と言っても制度上は許容されている。

親会社も子会社も上場するという例は、かつては数多くみられた。上場会社（親会社）が子会社を設立する場合、この子会社が上場することが期待された。上場すれば株主である親会社は保有株式の売却によって「創業者利益」を得られるからである。しかし現在は、子会社を上場しようという企業は少ない。この理由は、子会社が買収されるリスクが意識され始めたことによる。このため

親会社は上場子会社を100％子会社にして上場廃止するというのが近年のトレンドであった。

極端な例としては、子会社の企業価値（株式時価総額）が親会社を上回る場合もある。典型はイトーヨーカドーの子会社であったセブンイレブンジャパンである。この場合、セブンイレブンジャパンを買収しようと考える投資家は、セブンイレブンジャパンより割安なイトーヨーカドーを買収すればよい。そうすれば、「おまけ」でセブンイレブンジャパンがついてくるのである。これを回避するために、イトーヨーカドーグループはセブンアンドアイホールディングスという持株会社をつくり、その傘下にセブンイレブンジャパン、イトーヨーカドーを含むグループ企業を配置している。こうしておけば、セブンアンドアイホールディングスの企業価値はセブンイレブンジャパン、イトーヨーカドーを含むグループ各社の企業価値の合計になるので、株式時価総額が大きくなり買収されにくくなるのである。

●子会社株式上場と少数株主問題

一般的に、企業が子会社を支配しながら上場させる場合、少数株主問題が懸念される（具体的な問題点については図4の解説を参照）。このことも、日本企業が子会社上場を廃止する理由の1つである。ではサントリー食品インター

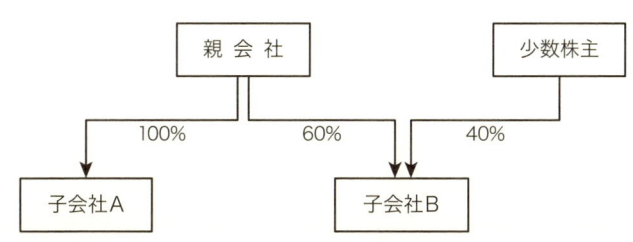

［解説］
　この図の場合、親会社が新たなビジネス（収益機会）を子会社Aで実施させると、親会社はそのビジネスの収益をすべて得ることができる。B社で実施すると60％しか得ることができない。したがって親会社からみるとA社で実施することが合理的なのだが、そうするとB社の少数株主は収益機会を失うことになる。訴訟が生じ得る。

図4●少数株主問題の例

ナショナルの株主構成はどうなっているかというと、サントリーホールディングスの持株シェアが60％なので、上場しているとはいえ親会社に支配されている状態だということができるだろう。つまり、少数株主問題、ひいてはこれによる訴訟が発生しておかしくないような株主構成なのである。

　本論にもどって重要なのは、このような「親会社支配」かつ「普通株上場」が制度上認められているという点である。すなわち、チームは親会社（上場か非上場かを問わない）を持ちながら上場できるというのが、少なくとも日本の資本市場のルールなのである。マンチェスター・ユナイテッドにしてもサントリー食品インターナショナルにしても、外形がどうかということより、その外形、すなわち上場はしているがオーナーが存在していることを投資家が承知していれば問題ないということなのだろう。

第4節
日本の現状と展望

1. 新興市場の上場基準

　Jリーグ（J1、J2）に所属するチームはいずれも株式会社である。したがって上場することができる。イングランドと同じだと思ってよい。現在は後述するようにいくつかの制約があるのだが、このような制約がないとして、はたして上場できるのかどうか。これを検討するために、日本の新興市場の一例として東証マザーズの上場基準を確認しておきたい。

　表8はマザーズと東証1、2部市場との上場基準を比較したものである。一見して明らかなように、新興市場であるマザーズの要件はかなり「緩い」ものになっている。具体的には以下のとおりである。

①株主数

　上場の結果として株主300人以上が要件である。東証1、2部はそれぞれ2200人と800人なので株主数は少なくてよい。

②流通株式と時価総額

　株式を上場することによって、その企業の株式が流通する、つまり売買されることが上場の目的なのでこの基準がある。マザーズでは、流通株式は2000単位以上である。

　「単位」という表現はわかりにくいが、これは歴史の古い会社だと発行されていた株式の額面が50円で、時価も数百円から数千円であったため、売買の単位を1000株にしているのが一般的であることによる。たとえば時価300円の株式であれば1000株で30万円になる。この1000株が売買単位である。新規に株式を発行する企業は1株5万円が一般的であり、この場合は1株を1単位としていることが多い。したがって「単位」を以下では「株（数）」と読み

表8 ● 東京証券取引所の上場要件

項　目	有価証券上場規程 (マザーズ形式要件)	有価証券上場規程 (本則市場形式要件。二部上場に適用)	新規上場に係る市場一部銘柄への指定 (市場第一部に直接上場する要件)
(1)株主数 (上場時見込み)	300人以上（上場時までに500単位以上の公募を行うこと）	800人以上	2,200人以上
(2)流通株式 (上場時見込み)	a. 流通株式数　2,000単位以上 b. 流通株式時価総額　5億円以上 c. 流通株式数(比率)　上場株券等の25％以上	a. 流通株式数　4,000単位以上 b. 流通株式時価総額　10億円以上 c. 流通株式数(比率)　上場株券等の30％以上	a. 流通株式数　2万単位以上 b. 流通株式数(比率)　上場株券等の35％以上
(3)時価総額 (上場時見込み)	10億円以上	20億円以上	250億円以上
(4)事業継続年数	新規上場申請日から起算して、1年前以前から取締役会を設置して継続的に事業活動をしていること	新規上場申請日の直前事業年度の末日から起算して、3か年以前から取締役会を設置して、継続的に事業活動をしていること	同　左
(5)純資産の額 (上場時見込み)	―	連結純資産の額が10億円以上(かつ、単体純資産の額が負でないこと)	同　左
(6)利益の額又は時価総額（利益の額については、連結経常利益金額）	―	次のa又はbに適合すること a. 最近2年間の利益の額の総額が5億円以上であること b. 時価総額が500億円以上(最近1年間における売上高が100億円未満である場合を除く)	同　左
(7)虚偽記載又は不適正意見等	a.「上場申請のための有価証券報告書」に添付される監査報告書（最近1年間を除く）において、「無限定適正」又は「除外事項を付した限定付適正」 b.「上場申請のための有価証券報告書」に添付される監査報告書等（最近1年間）において、「無限定適正」 c. 上記監査報告書又は四半期レビュー報告書に係る財務諸表等が記載又は参照される有価証券報告書等に「虚偽記載」なし d. 新規上場申請に係る株券等が国内の他の金融商品取引所に上場されている場合にあっては、次の(a)及び(b)に該当するものでないこと	a. 最近2年間の有価証券報告書等に「虚偽記載」なし b. 最近2年間（最近1年間を除く）の財務諸表等の監査意見が「無限定適正」又は「除外事項を付した限定付適正」 c. 最近1年間の財務諸表等の監査意見が原則として「無限定適正」 d. 新規上場申請に係る株券等が国内の他の金融商品取引所に上場されている場合にあっては、次の(a)及び(b)に該当するものでないこと	同　左

	(a)最近1年間の内部統制報告書に「評価結果を表明できない」旨の記載 (b)最近1年間の内部統制監査報告書に「意見の表明をしない」旨の記載	(a)最近1年間の内部統制報告書に「評価結果を表明できない」旨の記載 (b)最近1年間の内部統制監査報告書に「意見の表明をしない」旨の記載	
(8)株式事務代行機関の設置	東証の承認する株式事務代行機関に委託しているか、又は当該株式事務代行機関から株式事務を受託する旨の内諾を得ていること	同　左	同　左
(9)単元株式数及び株券の種類	単元株式数が、100株となる見込みのあること、新規上場申請に係る株券等が、次のaからcのいずれかであること a.議決権付株式を1種類のみ発行している会社における当該議決権付株式 b.複数の種類の議決権付株式を発行している会社において、経済的利益を受ける権利の価額等が他のいずれかの種類の議決権付株式よりも高い種類の議決権付株式 c.無議決権株式	同　左	同　左
(10)株式の譲渡制限	新規上場申請に係る株式の譲渡につき制限を行っていないこと又は上場の時までに制限を行わないこととなる見込みのあること	同　左	同　左
(11)指定振替機関における取扱い	指定振替機関の振替業における取扱いの対象であること又は取扱いの対象となる見込みのあること	同　左	同　左
(12)合併等の実施の見込み	―	次のa及びbに該当するものでないこと a.合併、会社分割、子会社化若しくは非子会社化若しくは事業の譲受け若しくは譲渡を行った場合又は2年以内に行う予定のある場合で、新規上場申請者が当該行為により実質的な存続会社でなくなる場合 b.新規上場申請者が解散会社となる合併、他の会社の完全子会社となる株式交換又は株式移転を2年以内に行う予定のある場合	同　左

替えるなら、流通株式数は2000株以上、額面で言えば1億円である。実際には上場すると株価は上昇する。仮に額面5万円の株式の時価が10万円であるとすると、流通株式の時価は2億円になる。

しかし、マザーズが求めている「流通株式時価総額」は5億円なので、2億円では不足する。時価10万円の株式なら、5000株が流通（取引）されなければならない。

株式流通に関するもう1つの要件は、上場された株式の25％（4分の1）以上が流通していなければならないというものである。逆に言えば、オーナーやそのグループが株式の75％を保有して安定株主となっており売買しないとしてもそれで構わない。この基準も、東証1、2部と比較するとやや緩いものになっている。

上述の試算を続けるなら、額面5万円、時価10万円の株式が5000株流通しているとして、これが総株数の4分の1以上であるためには、総株数は2万株、時価総額は20億円になる。

ここで仮に、新規公開時にそれまでの株主は保有している株式を売却せず、新規に5000株を発行して資金を調達したとしよう。調達された資金は、1株10万円とすると5億円である。この額をどう評価するのかは、調達しようとする資金の使途とその規模によるのだが、一言でいえばいかにも少ない。すでに述べたように、上場を維持するには毎年かなりのコストがかかる。上場によって1回だけ5億円を調達するのでは「割にあわない」はずである。

実際には、新規公開時に発行された株式を買う株主の中には、保有したままでしばらく売る気のない人もいるはずであろう。そうであるとするなら新規発行株式はもう少し多くなければならない。余裕をみて1万株を発行したとする。調達される資金は10億円である。この場合、上場前からの株主が保有し続けている株式は1万5千株なので、発行済み株数は2万5千株になる。したがって、上場前株主＝オーナーグループの持株シェアは60％となり、過半ではあるものの特別決議（3分の2以上）については否認されるリスクが生じる。これを避けたいと思うのであれば、方法は株式の時価を高めるように経営するということだが、それにも限界があるとすると、

●旧オーナーグループが新規発行株式の一定割合を買う

● 安定株主候補に、新規発行株式を買ってもらう

のいずれかの方策が必要になる。

③利益と純資産

　マザーズでは東証1、2部とは違い、利益と純資産がなくても上場可能である。ただし日本のJリーグでは純資産が正であること、および3年連続の赤字ではないことがクラブライセンスの要件なので、チームはこの項の恩恵に浴することはできない。

　念のために言えば、新興市場において利益と純資産が上場要件になっていないことの趣旨は、先行投資の途上でも株式上場で資金を集められるようにすることである。ITやバイオテクノロジーの業界であれば、そんな会社は数多くある。スポーツはあてはまりそうにない。

④株券の種類

　株券の種類についてはマザーズも東証1、2部市場も同じであり、以下の株式の上場が認められている。

　　a．議決権付株式を1種類のみ発行している会社における当該議決権付株式
　　b．複数の種類の議決権付株式を発行している会社において、経済的利益を受ける権利の価額等が他のいずれかの種類の議決権付株式よりも高い種類の議決権付株式
　　c．無議決権株式

　この中でaは普通株式である。実施される例は極めて少ないものと思われるが、bの条項は会社が複数の議決権付株式を発行している場合、その中で最も経済メリットの大きいものしか上場できないことを規定している。実務的に重要なのはcであり、議決権のない株式でも制度上は上場できる。

　株主権の中で重要なものは、議決と配当である。無議決権株式はこのうちの1つの権利が付与されていない。典型は（配当）優先株である。ただし上場規程は配当を普通株より優先することを求めているのではなく、単に議決権のない株式の上場を認めているだけなので、種類株の設計の自由度は担保されている。無議決権株式を上場するのであれば、チームのオーナーシップには影響がない。検討の価値がある方法だということができるだろう。

2. リーグ規約との整合性の問題

　前節の検討からわかるのは、Jリーグに所属するチームは上場しようと思えばできそうだという点であろう。しかし現実問題としては規約上の制約がある。具体的には以下のとおりである（平成26年1月21日改正の規約による）。

◉外国人による所有の禁止

> Jリーグ規約第12条（J1クラブの資格要件）
> 同　　　　第13条（J2クラブの資格要件）
> ⑵日本法に基づき設立された、発行済み株式総数の過半数を日本国籍を有する者か内国法人が保有する株式会社であることまたは公益社団法人であること

　現在、J1、J2所属のチームはすべて株式会社なので株式会社だけを想定して記述するなら、株式の過半を「日本国籍を有する者」か「内国法人」が保有することが必要である。一方、株式を上場するということは、日本人かどうか、内国法人か外国法人かを問わず、誰でも売買できるということである。したがって、もしチームが上場すると、証券取引所のルールとしては、いつの間にかチームの所有者が外国人ないし外国法人になっていても問題ない。ルール上これを妨げることができないので、この規約がある限り、チームは少なくとも普通株式を上場することができない。

◉ややアバウトなルール

　ついでに言えば、この「内国法人」ルールには、抜け道があるように思われる。抜け道というと意図的という印象でよくなければ、曖昧だと言えばよいかもしれない。なぜなら、このルールが、チームを直接所有している企業の「本社所在地が日本か海外か」「株主が日本国籍かどうか」のどちらについてのものかどうかという点にある。

　まず、本社所在地を規定しているのだとすると、海外の企業ないし個人が日本に法人を設立してこれに出資すれば日本法人であり外国人ルールに抵触しない。つまり、外国人が実質的にチームを保有することができる。

つぎに、たとえ日本に本社のある法人だとしても、そのオーナーシップが海外にあってはならないというルールだとすると、たとえば横浜F・マリノスの親会社である日産自動車の親会社はフランスのルノー社であるのでルールに抵触していることになる。つまり、日本人か外国人かというルールは、少し情緒的なルールなのである。

また、日産自動車に限らず、チームのオーナーである日本企業（と一般的に考えられている会社）がM&Aによって海外企業に支配されることもあるだろう。このような場合、厳密にルールを運用するなら、当該のチームはそのシーズンあるいはつぎのシーズンからリーグに所属することができなくなる。

現実的なルールの運用としては、Jリーグの理事会が認めれば、チームの親会社の株主が外国人になってもリーグに残ることはできるだろう。今のところ、誰もが「日本の会社」と考えているオーナー企業の株主異動を理事会で議論しなければならないという規程はないものと思われる。その意味では、情緒的に物事が決まっていくのだろうが、もしそうであるとすると、「誰もが外国人と考える」企業や個人がチームを支配することを排除することが難しくなる。とくにその外国人が日本に法人を設立するなら尚更であろう。

⦿外国人オーナーを禁止すると上場できない

さて、以上の議論は「日本のチームの株式を外国人が持ってよいか」についてのものであり「日本のチームは上場してよいか」という議論ではないのだが、実際にはつながっている。なぜなら、株式を上場するということは、前述のとおり、外国人による所有を妨げないということだからである。

したがって、外国人所有者を認めないというルールがあることによって、Jリーグのチームは株式を上場することができない。一方、このルールはかならずしも制度として厳格なものではないので、外国人はチームのオーナーになることができるかもしれない。そしてこのルールが広く知られていることによって、チームを所有したいと考える「まともな」外国人ははじめからJリーグを考慮の対象からはずすことになるのだろう。

⦿株式異動についての理事会承認

> Jリーグ規約第25条〔Jクラブの株主〕
> ⑵Jクラブは、発行済み株式の株主を変更し、または新たに株式を発行する場合には、変更後の株主または新規株式の割当先を決定する前にJリーグに書面にて届け出を行わなければならない。転換社債またはストックオプション等、株式に転化しうる権利を付与する場合も同様とする。
> ⑶Jクラブは直近の理事会の承認を受けた発行済み株式総数および株主構成を基準として、以下のような株主変更または株式の新規発行を行う場合には、変更後の株主または新規株式の割当先を決定する前に理事会の承認を得なければならない。転換社債またはストックオプション等、株式に転化しうる権利を付与する場合も同様とする。
> ①株式の引受人の数にかかわらず、増加する株式の数が、増資後の発行済み株式総数の5％を超える場合
> ②増資によって、増加する株式の数にかかわらず、増資後の発行済み株式総数に対する持株比率が5％を超える株主が新たに発生することとなる場合
> ③株式の引受人の数にかかわらず、発行済み株式総数の5％を超える株式の株主を変更する場合
> ④発行済み株式の株主を変更した結果、変更する株式の数にかかわらず、変更後の発行済み株式総数に対する持株比率が5％を超える株主が新たに発生した場合
> ⑤すでに存在する株主の持株比率が、増資または株主の変更によって5％を超えて増加する場合

　このルールは、チーム運営会社が上場することを想定していない。もし上場するなら、株式の異動について、事前にリーグ理事会の承認を得ることは手順的に不可能だし、特定の個人や法人が買うのを妨げることもできないからである。

　12・13条と25条の目的は何か。Jリーグの創設に係わり理事でもあった博報堂の小竹伸幸によれば、外国人株主を規制したのは、チームが地域密着を目的とする以上、その株主も日本人・法人であるべきだという考えを反映したものである。ドイツのチーム関係者なら、この考えに同意するのだろう。イングランドはそうではない。どちらを選択するのかという意思決定の問題である。

株式異動を規制するルールを策定したのは私自身である。当時はJ2を中心にチームの経営問題、とくに財務上の問題が少なくなく、資金確保のためにチームが新たな出資者を求めると、Jリーグの理念に必ずしも適さない候補が登場する例が見られた。25条はこれをいわば水際で食い止めることを目的としていた。もしチームの上場を認めることになればこの条項は削除されることになるのだが、そうすると不適格な株主が登場するリスクがある。このリスクは上場会社に共通するもので、そうであればさほど目くじらを立てるほどのことではないのかもしれない。上場しても上場前からの株主の持ち分が多ければよいからである。ただし、チームが財務的な危機に陥った場合に登場する株主が支配権を求め、多くの株式を引き受けたり買い集めたりする場合には問題が生じるだろう。

3. ビジネスモデル

　狭義の制度ではないが、Jリーグのビジネスモデルも上場を難しくしているように思われる。具体的にはACL（アジア・チャンピオンズリーグ）がチームに大きな収益をもたらさないという点が重要である。
　欧州各国のチームは、順位に応じてカップ戦に出場することができる。これに出場すれば大きな収入を得る。だから強化のためにコストを支払う。このコストをカップ戦で回収するということである。
　いうまでもなく、強化投資という経常費用を、上場時の株式売却で賄うことはできない。株式売却収入は売却した株主に支払われ、チームには収入がない。ただし、新株を発行すれば別だというのはマンチェスター・ユナイテッドの例でみたとおりである。また会計の原論のようなことを言うなら、強化費という経常費用を支払うのに自己資本を充当してよいのかという疑問も湧く。これについては、選手は一種の資産であり移籍により「売却収入」を得られることからすれば、選手という、バランスシートの資産の部に計上されないとはいえ、実態としては明らかに資産であるものの獲得費用を得るために自己資本を厚くすることはあながち間違いでもないのだろう。もちろんこの場合、当該期の損益は赤字になる。増資で得た資金はバランスシートには載るが事業収入にはな

らないからである。ただしカップ戦に出場してこの投資を回収できれば損益はプラスになる。その意味では、増資による自己資本は文字通り投資に使われているので実態論的には適正なのかもしれない。

◉強化投資の見返りがない

　これに対して日本では、強化に資金を投じても、欧州のカップ戦のような見返りがない。欧州のカップ戦に該当する「各国のリーグ上位のチームによる競技会」は前述のACLなのだが、これが利益を生まないからである。ACLと似たものとして、今世紀初頭にはA3という国際大会が開催されていた。アジア3カ国でA3である。中国、韓国、日本のチームが出場する。これはあまり人気が上がらず…つまり興行として成功しなかったので現在は行われていない。現在実施されているACLについても、日本のチームがアジアの国々のチームと対戦する試合を見たいという人が少ない。他国のチームが弱小だというわけではない。日本のチームはなかなか勝てない。だから競技水準としてはJ1上位並みなのだが人気がない。日本のチームが欧州や南米のチームと対戦するというのであれば観客が集まり、テレビの視聴率もとれる（FIFAクラブワールドカップである）。インターアジアの試合は今のところ商品性が低いということである。

　そうなると、Jリーグ、とくにJ1のチームがチームを強化する目的は何かというと、積極的な目的は優勝することである。優勝できなくても、順位に応じて賞金を得ることができる。とはいえ、順位の経済的な見返りはこの賞金だけである。つまり、J1のチームには、勝つことのインセンティブが少ない。また放送権料の配分はかなり「平等」である。プレミアリーグ以前のイングランドのフットボールリーグでは完全平等だった。これほどではないが、入場者数の格差と比べると、放送権料の格差は小さい。換言すれば、人気の高いチームからそうでないチームへの収入の移転、分配が行われている。

　昇降格のあるリーグで、このような分配が行われることには違和感がある。おそらくこの目的は、チームを増やすことだったのだろう。1993年のJリーグ創設時のチーム数は10であった。現在はJ1が18、J2が22であり、チーム数の面からは所期の目的を達成している。であるとすれば、人気、あるいは視

聴実績、もしくはこれに類する指標に応じた配分へとルールを変更すべき段階にさしかかっているのかもしれない。

　強化の消極的な目的は、降格しないことである。これについては、各チームは必死になる。J1の18チーム中、たとえばシーズン半ばで12位前後に位置していて、降格ないし入れ替え戦対象となる16位と勝ち点の差が小さいと、降格のリスクを感じることになる。この順位で連敗すると監督は代わるかもしれないし、シーズン途中の補強も真剣に検討される。しかし5位あたりだと降格の心配はあまりないし、強化費を使っても見返りが少ない。結果として、J1上位から中位あたりのチームは、選手は別だろうがマネジメント側は強化を真剣に考えない。だから欧州のリーグのように上位が圧倒的に強くはならないのだろう。欧州各国のチームは、国内のリーグ戦で、カップ戦に出られる順位にとどまれるかどうかで事業収入に大きな差がつく。だから、1部リーグ中位のチームが必死になる。

4. 今後の展望

◉地域密着原理は1つではない

　Jリーグが外国人によるチーム保有を認めていないのは、チームに地域性を求めているためである。ドイツはその地域の社団法人によるチーム保有（商業法人を設立する場合も当該の社団が過半の支配権を持つ）を条件としているが、発想としてはこれと同様のものだということができるだろう。

　一方で、イングランド・プレミアリーグのチームについてはこのような制約がなく、上場するチームも多いが、たとえ上場し、あるいは株主の異動によってオーナーが外国人になっても、そのチームは地域のものであると認識されている。つまり、オーナーが外国人かどうかということとチームの地域性は分けて考えることができるし、別の次元のものとして認識されている。観察できる事実として、原理は1つではないということである。

　日本でも、地域密着型のチームのオーナーが外国人であってもよいのだろう。もちろん、日本と欧州では、地域のチームとしての歴史の厚みが違う。100年

と20年である。とはいえ時間は過ぎていくので、オーナーが外国人であっても地域のものであるようなチームがいずれ出てくる条件が整っていくと考えてよい。

⦿外国人オーナーは登場するか

もちろん、日本のチームには投資を回収できるカップ戦がないことを考えるなら、この制約が解消されない限り、チーム強化のために投資しようというオーナーは、国籍を問わず出にくい。外国人オーナーを解禁すれば済むということではないのだが、それでも規制があるよりはないほうが望ましい。どのようなオーナーが登場するのかは、そのオーナーの意思による。第三者が想定していないような目的でチーム保有を求める個人や会社が登場するのも、一種のダイナミズムである。

5. 補論：ホッフェンハイムの成功例から

最後に、ホッフェンハイム、正式にはTSG1899ホッフェンハイムというドイツのチームについて書いておきたい。

このチームは名前のとおり1899年に設立された。ホッフェンハイムはバーデン＝ヴュルテンベルク州のジンスハイムという都市の一地区で、人口は3000人程度である。小さな町だがドイツらしくサッカーチームがある。1990年までは、ドイツ国内リーグで7部から9部の間にいたようだ。

1990年からこのチームを支援したのはディートマー・ホップ、SAPの創業者の一人である。同氏はハイデルベルク出身だが、ホッフェンハイムのユースチームに所属していたことがある。日本風に言えばそれが縁で、ホッフェンハイムの支援を始めた。1999年にはスタジアムまでつくっている。5000人収容の決して大きなものではないが、5部のチームにとってはぜいたくなスタジアムである。そしてホップ氏の支援は続き、2008年にはブンデスリーガ1部昇格を果たす。2009年には3万人収容のスタジアムが完成している。

これを紹介しようと思ったのは、同氏の功績をたたえるためではなく、チーム競技のリーグ戦方式のスポーツの場合、チームを新設しても、トップリーグ

に入るまでにかなりの時間がかかることを示したいからである。ホップ氏がホッフェンハイムの支援を始めてから1部に昇格するまで17年かかっている。同氏はおそらくホッフェンハイムに思い入れがあったから、ずっとチームを支援した。ビジネスがうまくいき続けたことも、支援が続いた理由だろう。その意味では、ホッフェンハイムの成功は、例外的なものである。

⦿予見可能性

　私の知人にも、Jリーグのチームのオーナーになりたいと考えた経営者がいる。しかし残念ながら「出物」がない。そこでチームを新設したのだが、所属は市のリーグからである。サッカーのリーグは、市、県内の一部地域（東部、西部など）、県、複数の都道府県で構成される地域リーグ、JFL、J2、そしてJ1という構成になっている。これだけでJ1まで最短でも7年かかる。サッカーが盛んでチーム数の多い県ではこれよりもリーグは多層化されていて、10年かかる地域もあるようだ。この経営者は、昇格を続けてトップリーグに昇格するという夢を、かなり早めに諦めた。経営者の行動としては、賢明であろう。

　競技種目によって状況は異なる。バスケットボールのbjリーグは、今のところ新規参入するとはじめからトップリーグである。これはチーム数が拡大途上だからで、いずれ飽和するのだろう。プロ野球は下部リーグがないので新規参入企業ははじめからトップリーグのオーナーである。そのかわり「出物」がない限りオーナーになれない。

　バレーボールでは最近地域リーグとVチャレンジ（2部）リーグとの間で昇降格がなくなった。この理由は、地域リーグに属するチームに全国リーグへの昇格の意思がないからである。企業スポーツのコストで割合が大きいのは第一が人件費だが、地域リーグのチームの中には、選手が日中は仕事をしていて、平日の夕方と週末に練習をしているところも多い。この場合は人件費は社員としての人件費なのでチームとしてコストがかからない。そうだとすると、最大のコストは移動費である。地域リーグなら近隣なのであまり移動費がかからないが、全国リーグに加盟すると、この移動費が上がるとともに宿泊費も必要である。リーグ戦が日曜だと、月曜の朝に仕事に戻れないこともあるだろう。このような理由で、とくにトップリーグを目指すのではなく、社員の福利厚生の

一環ないし延長で運営されている企業チームの場合、全国リーグを希望しない。つまり、バレーボールには下部のリーグはあるが、トップリーグに昇格するプロセスは、はっきりしないのである。おそらく希望するチームがあれば個別に検討することになるのだろうが、それではマネジメントが重視する「予見可能性」が欠けていると言わざるを得ない。

⦿ オーナーの「新陳代謝」

　いろいろなトップリーグが直面する問題の1つは、全体として競技水準が下がることである。たとえば、トップリーグの中のトップレベルのチームの強化費が減少して競技水準が下がる。他のチームの水準が上がっていけばよいのだが、どのチームも強化費が昔ほどには負担できないとすると、多くのチームの強化費が削減され、結果として、トップレベルのチームは、競技水準が下がっているにもかかわらず、相対的には強いのでトップであり続ける。そんな状態である。このような状況を打開するには、コストを負担できるオーナーが登場すればよいのだが、チームを手放そうという既存オーナーがいないとすると、新オーナーは登場する機会がない。

　イングランドのプレミアリーグでは、チームが上場することによって、オーナーの交代が容易になった。米国の4大プロスポーツではチームは非上場だが、オーナーの交代は例外的なことではない。これに対して日本では、プロ野球にせよサッカーにせよ、オーナーの交代は一種「緊急避難」的なものだと言えるだろう。とはいえプロ野球では、ソフトバンク、楽天そしてDeNAはオーナーになったことで大きなメリットを得ているように思われる。

⦿ トップリーグへの直接参入

　ではJリーグではこのような、オーナーの「前向きの新陳代謝」をどうすれば実現できるのだろう。

　1つの解は、プロ野球のようによい事例が出ることである。ソフトバンクの成功は、楽天とDeNAにとって参考になっているはずである。そして解の第二は、「はじめからJ1」、それは無理でもせめてJ2、もう少し遠慮してJ3から参入できる方途を用意することなのではないかと思う。

もちろん、リーグ戦なのでチーム数に制約がある。大相撲の学生横綱の「幕下付出し」のようなわけにはいかない。現実場面を考えるとかなり難しいのだが、重要なのは「Ｊクラブのオーナーになる」ことの予見可能性、つまりどうすれば数年のうちになれるかを示すことである。「ホッフェンハイムの物語」は美しい成功例だが、これを成功例とする限り、オーナーの新陳代謝は進まない。

第 III 章

スポンサーとメディアからみた
スポーツ組織の投資価値

第1節
協賛金と放送権料は「投資」である

　例からはじめてみたい。誰でも知っているテレビの長寿番組「サザエさん」についてである。日曜日の18時30分からで、視聴率は高い。新聞に過去1週間の視聴率ランキングが載っているのだが、「サザエさん」はこのランキングに、いつもではないがよく出ている。平均視聴率は10％台半ばである。

　ビデオリサーチ社の1977年9月26日以降についてのデータによると、「サザエさん」の過去最高の視聴率は39.4％（1979年）だった。サザエさんは1969年に始まった番組なので、これ以前にもっと視聴率の高い回があったかもしれない。2012年のテレビアニメの中で年間最高視聴率を獲得したのもサザエさんだった。ついでに言えば、日曜日の夕方は四半世紀を超えて17時30分から日本テレビで「笑点」、18時からはフジテレビで「ちびまる子ちゃん」、つぎがやはりフジテレビで「サザエさん」である。

1. 広告費、コンテンツ、視聴率の関係

　サザエさんの番組の内容は、ずっと変わらない。変わらないのがよいのだろう。変わらなくても視聴率を維持できる。他の番組の制作者から見ると、うらやましいような番組であろう。

　番組スポンサーはずっと東芝である。スポンサー費用をいくら払っているのかを知らないが、考えてみたいのは、東芝が支払うスポンサー料がもし変わった場合、番組に何が起きるか、である。

　答えはおそらく「変わらない」なのだろう。つまり、もし東芝がこの番組に支払うスポンサー料を2倍にしたとしても、番組の内容、そして視聴率にはおそらく変化がない。そうであるなら、東芝には、この番組のスポンサー料を増やす理由がない。

ではテレビのスポンサーは皆そうだろうか。引き続き例で考えてみたい。

⦿スポット広告のスポンサー

スポット広告とは、番組の合間に流されるコマーシャルである。だから何かの番組のスポンサーではなくて、テレビ局から広告の時間を買っている。時間帯や前後の番組で視聴率が異なる。それに応じて広告費が決まる。

スポット広告の本数と時間帯は一定であるとして、これについて広告費を2倍投下するということはあり得るか。おそらくない。多くの費用を投下するのであれば、広告の量を増やすか、視聴率の高い時間帯に広告することになるのだろう。もちろん、どのような製品やサービスの広告であるかによって、流したい時間帯が異なる。視聴率が高ければよいということでもない。

⦿バラエティ番組のスポンサー

つぎに、バラエティ番組のスポンサーを考える。サザエさんと同じで、番組スポンサーである。

しかし、同じ番組スポンサーと言っても、サザエさんと同じではない。なぜなら、広告費が多ければ番組の制作費を潤沢に使えるので、視聴率が上がる可能性があるからだ。たとえば、有名なタレントが出演すれば視聴率は上がるだろう。つまり、投下される広告費と、視聴率を経由しての効果とは、比例することが期待される。

「期待される」と書いたのは、終わってみないと、どれだけ視聴率がとれるかはわからないからである。お金をかけて、うまくいくかもしれないし、いかないかもしれない。

またここで気付くのは、スポット広告のスポンサーの場合は、この「うまくいかない」リスクが小さいかもしれないという点である。彼らは、コンテンツを買っているわけではない。買っているのは、自分たちがアプローチしたい潜在顧客がテレビを見ている時間帯とチャンネルの「視聴率」である。特定の番組の前後だけに広告を流すということはない。たとえば民放全局で同じ時間にスポット広告を流せば、どこかの局が視聴率が高く、別の局が低くても、あまり問題はないはずである。

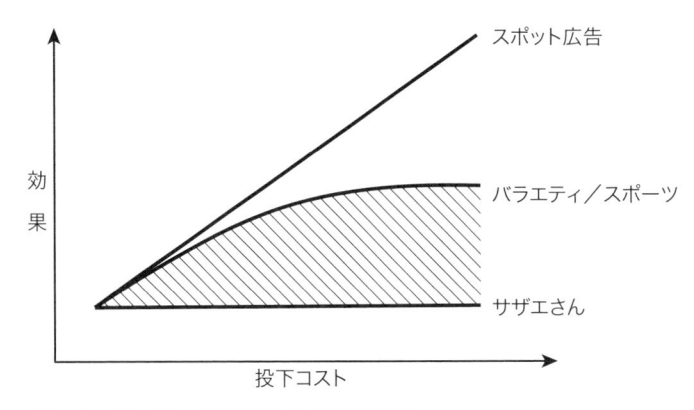

図5●スポンサーの投下費用と効果の関係

　さらに留意点がある。番組スポンサーの場合、番組の最高視聴率は100％である。実際には100％ということはなくてこれよりかなり低い。したがって、投下する広告費で番組のコンテンツがよくなったとしても、視聴率（GRP：Gross Rating Point）には「天井」がある。これに対して、スポット広告は特定の番組を対象としないので、GRPは広告費に応じて増えていくことになるのである。図示すれば図5のようになるだろう。

2. スポーツ・スポンサードはバラエティ型

　では、スポーツのスポンサーはどのような性格を持っているのか。スポーツ・スポンサーもいろいろあるが、典型としてチームのメインスポンサーを想定するなら、バラエティ番組に近いということができるだろう。メインスポンサーがチームに資金を投下すれば、運が良ければ強くなる。つまりコンテンツの質が上がるという点においてバラエティ番組と同じである。欧州サッカーであれば、強くなればチャンピオンズリーグに出場する。「強い」「露出機会が多い」が同時に実現されるので、スポンサードの目的は達成される。

　ただし、バラエティ番組と同じようなリスクもある。費用を投下しても、チームは勝たないかもしれない。したがって、費用投下の成果は、バラエティ番組もプロスポーツも、図5の斜線部分のどこかに位置することになる。

成果が出るのかどうか、リスクを伴うのであれば、リスクのない広告、典型的にはスポット広告を利用するほうが賢明であるようにも思える。しかしスポーツは（ある程度テレビ番組もそうだと言えるが）、メディアであるとともにコンテンツであり、スポンサーはそのコンテンツが持つイメージ形成力を借りる、あるいは活用することが可能だし、スポーツを見る人（競技場であれテレビであれ）というセグメントが自己選択メカニズムによって集まっていて、GRPでは表現できないような効果の高さに期待するということもある。だから勝つか負けるかわからないというリスクを承知でスポンサーになる。一種の投資であるということができるだろう。

3. ポストシーズンマッチ、カップ戦の効果

　この投資的な性格は、ポストシーズンマッチ、あるいは欧州チャンピオンズリーグのような、勝たないと出場できない競技会がある場合には強まることになる（図6）。スポンサーになっているチームがこのようなゲームに出場できれば、露出機会とその効果が飛躍的に高まるからである。また、このような効果があることが予めわかっていることによって、チームがスポンサーに提示する対価を高いものにすることが可能である。つまり、このようなゲームに出場することを期待する企業にスポンサーになってもらうということである。

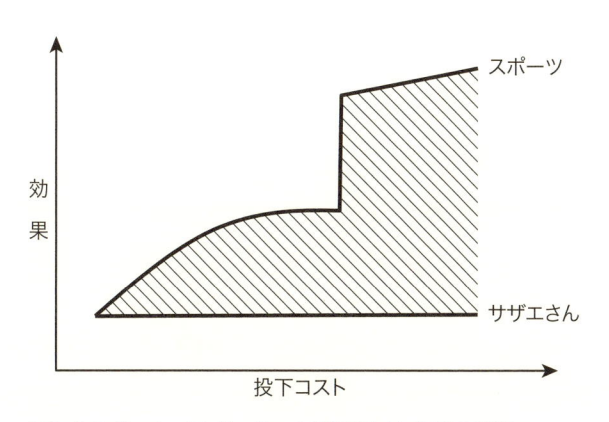

図6●スポーツ・スポンサーの投下費用と効果の関係

4. 競技団体スポンサー

このように、チームへのスポンサードは投資であるとして、ではリーグのスポンサーになることは投資だろうか。

チームの場合、スポンサー料は強化に充当される。勝つためである。これに対して、リーグに対して支払われたスポンサー料は、直接的にはコンテンツを面白いものにしにくい。リーグ戦の価値は予め決まっていて、これに対して費用を支払う。その意味では「サザエさん」的であるということができるだろう。別の考え方をしておく必要がある。

米国の4大スポーツを考えるなら、いずれも昇降格がないので、すでに述べたとおり戦力の均衡を重視している。つまり、資金を投下しても、勝てるかどうかわからない。だからユニフォームなどの広告露出が少ない、つまりスポンサードによって多額のコストが投下されていないのかもしれない。スポーツの商品としての魅力は、なかなか優勝チームが決まらないことによって実現される。このケースでは、リーグ戦の価値は、戦力均衡によって高められている。つまり、リーグが競技の価値をコントロールしているのである。そしてその対価はリーグに対してスポンサー料や放送権料として支払われる。換言すれば、サザエさん的であるとは言っても、リーグはそのサザエさんのコンテンツとしての価値を高める主体として機能しているのである。

5. 放送権料の性格

⦿チームが受け取る放送権料、リーグが受け取る放送権料

つぎに、放送権料は投資か、それとも費用なのかについて。

チームに対して支払われる放送権料は、投資的な性格を持つものになるだろう。チームはその収入で強化を行うからである。スポンサー料と同じ性格である。リーグに対して支払われる放送権料は、均等あるいはこれに近い配分ルールであれば特定のチームを強くするのではなく、すべてのチームの強化費の支払い能力を高めることになる。だから放送権料は少ないよりは多いほうがコン

テンツ全体としての魅力が増すことになる。とはいえ、今のところリーグが放送権料を得て配分する方式で最も成功しているのは前述の米国であり、目的は戦力均衡である。したがって、配分型の放送権料には、支払う側から見て投資的な性格は希薄だということができるだろう。

同様に、サッカーのワールドカップでFIFAに対して支払われる放送権料、オリンピック・パラリンピックでIOCに対して支払われる放送権料も、お金が支払われることでコンテンツがよくなるわけではないという点において、投資ではない。

ただし、コンテンツがよくならなければ投資ではないかというと、放送権については別の側面があるように思われる。この理由は、放送局は放送権を買って、番組として販売しているからである。放送局にとって、放送権をスポーツ組織から買うのは「仕入れ」である。つまりマーケティングではなくて事業そのものなので、必然的にリスクを伴う。無料放送であれば、番組スポンサーからの収入で回収する。有料放送であれば、聴取者から回収する。リスクが大きいのは有料放送である。

◉無料放送の放送権料

まず無料放送で番組スポンサーを獲得する例を考えてみる。番組の視聴率がある程度想定できるとすると、スポンサーから得られる金額が読める。だから放送権料でいくら払うことができるかが決まる。

もちろん、オリンピック・パラリンピックやサッカーのワールドカップは、放送局が希望する価格では買わせてもらえない。高い。それなら買わなければよいという考えもあるだろうが、日本でオリンピックやパラリンピックを放送しないという自由は、たぶん放送局…NHKと民放キー局には、ないのである。だからこれらのテレビ局は、一緒になって放送権を買っている。放送権の獲得をめぐって競争しているかというと、そんなことはしていない。一番多くお金を出しているのはNHKである。民間放送が出しているお金はNHKと比べるとかなり少ないらしいが、それでも採算は取れないようだ。

採算が取れないと言っても、どれくらい赤字になるかは見当がつく。それを覚悟で放送している。これについてどれだけスポンサー収入を獲得するのかと

表9 ● 日本の将来人口

(千人)

	総人口	0-14歳	15-64歳	65歳以上
2010	128,057	16,839	81,735	29,484
2015	126,597	15,827	76,818	33,952
2020	124,100	14,568	73,408	36,124
2010-15	−1,460	−1,012	−4,916	4,468
2010-20	−3,957	−2,271	−8,326	6,640

注：2010は国勢調査による。2015、2020は予測値。
資料：国立社会保障・人口問題研究所

いうのが、いわば営業努力である。

　とはいえ一般的には、スポンサーと収入は事前にある程度決まっている。この理由は、競技会の視聴率がある程度読めるからである。もちろん、ジャイアンツ戦の視聴率が趨勢的に下がっているとか、男子ゴルフであれば一時期石川遼選手が出場するかしないかで視聴率が大きく変わることもあった。そんな短期、中長期の「ぶれ」はあるものの、日曜日夕方のゴルフ中継、プロ野球ナイター中継等であれば、だいたいの視聴率を期待することが、経験的に可能である。

　例外は、経験のない競技である。4年に1度のオリンピック・パラリンピックやサッカー・ワールドカップは、前年のデータがない。新興国であれば視聴人口は劇的に変わるだろうし、その間の国民所得の上昇によって広告効果も高くなる。日本ではそんな変化はないと考えてもよいが、前年のデータがないことに変わりはない。それに、日本の15-64歳人口は毎年80万人ずつ減少している（表9）。4年間で300万人以上である。同じ視聴率1％でも、次第に実数が少なくなっているのである。

⊙エージェント（仲買人）と放送権料の高騰

　オリンピック・パラリンピックやサッカー・ワールドカップの放送権料の高騰は、このような新興国の成長に起因するものだと考えてよい。日本はその余波を受けているということだ。ただ、もう1つ理由があるように思われる。それは「仲買人」の存在である。上記2つの大会の放送権は、IOCやFIFAから

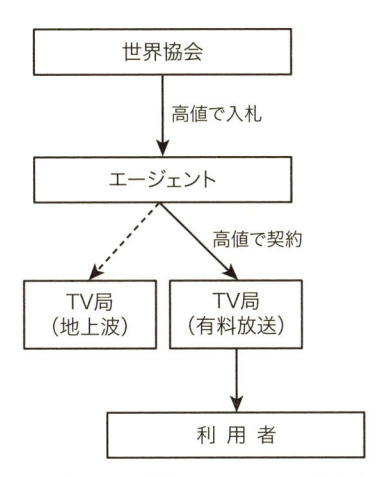

図7●エージェント（仲買人）による放送権料の高騰

直接各国に売られるわけではない。これらの団体は、200を超える国や地域と個別には交渉しない。地域ごとにエージェントに販売する。そしてエージェントが各国・地域の放送局やそのグループと交渉するのである。当然のことながら、エージェントは放送権の買い取り価格にコストと利益を上乗せするだろう。それに後述するようなリスク（不払いリスク）もあるものと思われる。リスク分も価格に上乗せされる。結果として、放送権料は高いものになる。

◉有料放送の価格決定とリスク

さて、無料放送（広告スポンサーをつけるもの）については、スポンサーとテレビ局との交渉で事前にある程度収入が見える。これに対して見えないのは視聴者から視聴料を得る有料放送である。有料放送は、獲得したコンテンツについて、契約している視聴者から収入を得る。契約形態はさまざまだが、ワールドカップのような大きなイベントについては、そのイベント全体の視聴料を、一般的なチャンネル契約以外に設定する。手順としては、「放送権を獲得する」→「視聴者を募集する」ということになる。つまり、無料放送とは違って、事前の価格交渉や大まかな価格決定がないままに、協会ないしエージェントと契約して放送権を買い取る。ここにリスクが生まれる。

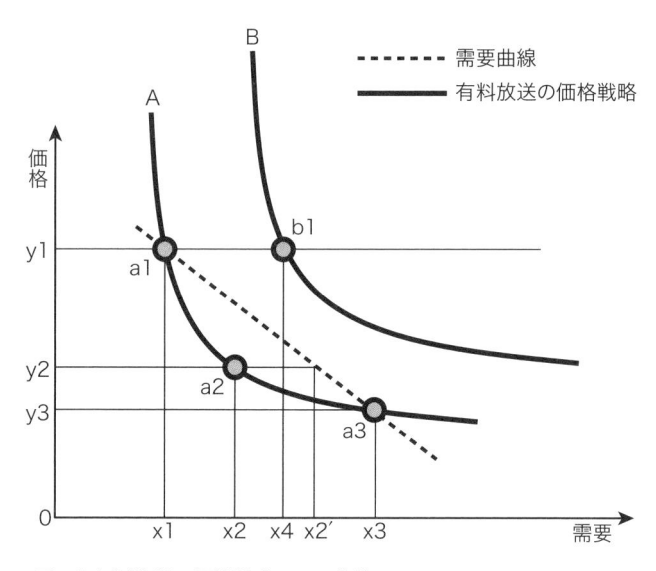

図8 ● 有料放送の価格戦略と需要曲線

　やや面倒に見えるかもしれないが図で説明をしてみたい。この図で点線は需要曲線（直線で描いているが経済学の教科書などでは曲線と呼んでいる。違和感はあるかもしれないがルールに従う）である。価格が低ければ需要が増える。したがって、縦軸の価格が説明変数で、横軸の需要が被説明変数（結果）である。説明変数を横軸に置くのが一般的かもしれないがこれも慣行に従うこととする。

　曲線AとBは放送局が採用する価格戦略のパターンである。この曲線の特徴は、線上のどの点をとっても、〈価格×需要（契約件数）〉が等しいことである。したがって、仮に放送局が曲線Aで考えるなら、四角形0-x3-a3-y3と、四角形0-x1-a1-y1の面積は等しくなる。この面積は放送局の収入を意味している。

　需要曲線から見ると、放送局の戦略Aは正しくない。なぜなら、a1とa3の間では、戦略Aの曲線は需要曲線より下にあるからだ。たとえば、放送局がa2の点で価格と需要見込みを設定すると、実際の需要はx2ではなくてx2′になる。つまり「思ったより契約がとれる」状態になる。放送権を安く買うこと

ができればこんなことが実現する。

しかし実際には放送権料はかなり割高だとすると、放送局は曲線Bの価格戦略でなければ採算が取れない。そして仮に価格をy1に設定すると、戦略上の見込みとしては、需要はx4と考えるので収入は0-x4-b1-y1の四角形の面積になると考えるのだが、この価格での需要は実際にはx1しかないので、収入は0-x1-a1-y1の面積にしかならない。つまりかなりの赤字である。

もちろん、需要曲線は予め決定されているものではない。放送局は、需要を高める、すなわち需要曲線を右上方に持っていくためにプロモーション等の努力をするのだが、この図が努力の結果であるとすると、放送局は赤字になる。赤字が大きければ、エージェントに対して放送権料が支払えないか、倒産することになる。

⦿エージェントの破綻

なお以上は有料放送の経営破綻のプロセスを説明したものだが、同じことはエージェントについても起こり得る。たとえばエージェントが高値で協会から買い取った放送権料を高値で買ってくれる放送局が少ないような場合である。現実問題としては、ドイツのキルヒメディアが2002年に破綻している。負債総額は65億ユーロ（約7500億円）で、ドイツでは戦後最大規模の倒産であった。日本のように、複数の大手メディアが共同で放送権を買ってくれる国は、エージェントにとっては安心であろう。欧州のように国も放送局も相対的に小さいところが多く、放送権を買いたくても資金がないという場合にはこのようなことが起きる。オリンピック・パラリンピックやサッカー・ワールドカップでは放送権が買われないことはないかもしれないが、それ以外のスポーツならあり得る。キルヒの場合も破綻の直接的な背景の1つはF1の放送権を高値で買ったことであった。

第2節
欧州プロサッカーのビジネスモデル

1. 投資機会としてのUEFAチャンピオンズリーグ・ヨーロッパリーグ

　UEFA（欧州サッカー連盟）加盟各国は国内のリーグ戦の他に、加盟国チームによる国際大会を開催している。前章に書いたとおり各国リーグ戦上位チームがチャンピオンズリーグに出場することができ、これより下位のチームはヨーロッパリーグに出場する。やや詳細にわたるが、この2つの国際試合は欧州サッカーの人気・収入の要因なので解説をしておきたい。

◉UEFAチャンピオンズリーグ

　チャンピオンズリーグは各国チームによる、最も人気の高い競技会である。「リーグ」という名前がついているが、出場する全チームによって、いわゆるリーグ戦が行われるわけではない。予選と本選がある。予選を免除されて本選に出場できるのは以下のチームである。

　　1）前年度優勝チーム
　　2）UEFAランキング1～12位の国の優勝チーム（12チーム）
　　3）UEFAランキング1～6位の国の2位チーム（6）
　　4）UEFAランキング1～3位の国の3位チーム（3）
　予選としてはつぎの2つがある。
　　5）UEFAランキング13位以下の国の優勝チームによる予選
　5チームが本選に出場する。なお1）の前年度優勝チームが同時に本大会出場権を持っている場合は、UEFAランキング13位の国の優勝チームはこの予選を免除される。
　　6）UEFAランキング1～15位の国の2～4位チーム（ただし上記3)、4)

に該当するチームは免除）による予選

これも5チームが本選に出場する。

　以上の32チームが本選に出場するのだが、大会方式としては、まず32チームを8グループに分け、4チームのグループリーグ方式で対戦する。ホーム・アンド・アウェー方式で2回ずつ対戦し、各組2位までの16チームが決勝トーナメントに進む。なお、グループリーグ3位のチームは後述するヨーロッパリーグの決勝トーナメントに回る。

　チームごとの試合数としては、グループリーグが6試合である。決勝トーナメントは、1位と2位が4試合、3位と4位が3試合、5～8位が2試合、9位以下が1試合である。したがってチームがチャンピオンズリーグ本選で戦うのは7～10試合ということになる。

◉UEFAヨーロッパリーグ

　UEFAカップと呼ばれていた国際試合が2009-10年度から大会方式を変更したものである。以下のクラブが出場権を持つ。

　1) UEFAランキング1～3位の国の5位と6位（6）
　2) UEFAランキング4～6位の国の4位と5位（6）
　3) UEFAランキング7～9位の国の3～5位（9）
　4) UEFAランキング10～15位の国の3位と4位（12）
　5) UEFAランキング16～51位の国内リーグ2位と3位（70）
　6) UEFAランキング52位、53位の国内リーグ2位（2）
　7) UEFA加盟国の国内カップ戦優勝チーム（53）
　8) UEFAフェアプレーランキングで選ばれた3チーム（3）

　つまり、参加資格があるクラブは161に上る。ただし、上記のうち7)と8)については他の選抜基準と重なる可能性があるので除外すると、想定できる最少の参加クラブ数は1)～6)の合計で105である。これでもかなり多いのだが、チャンピオンズリーグと同じく、予選によって上位クラブの負担を減らそうとしている。

　具体的には以下のとおりである。

〈予　　選〉
〈予選1回戦〉
- UEFAランキング35〜53位の国内カップ戦優勝チーム
- UEFAランキング22〜51位の国内リーグ3位
- UEFAランキング28〜53位の国内リーグ2位
- UEFAフェアプレーランキングで選ばれた3チーム

〈予選2回戦〉
- 予選1回戦を勝ち上がったチーム
- UEFAランキング20〜34位の国内カップ戦優勝チーム
- UEFAランキング7〜9位の国内リーグ5位
- UEFAランキング10〜15位の国内リーグ4位
- UEFAランキング16〜21位の国内リーグ3位
- UEFAランキング16〜27位の国内リーグ2位

〈予選3回戦〉
- 予選2回戦を勝ち上がったチーム
- UEFAランキング17〜19位の国内カップ戦優勝チーム
- UEFAランキング1〜3位の国内リーグ6位
- UEFAランキング4〜6位の国内リーグ5位
- UEFAランキング7〜9位の国内リーグ4位
- UEFAランキング10〜15位の国内リーグ3位

〈プレーオフ〉
- 予選3回戦を勝ち上がったチーム
- UEFAランキング8〜16位の国内カップ戦優勝チーム
- UEFAランキング1〜3位の国内リーグ5位
- UEFAランキング4〜6位の国内リーグ4位
- UEFAランキング7〜9位の国内リーグ3位
- UEFAチャンピオンズリーグ予選3回戦敗退15チーム

〈本選グループステージ〉
- プレーオフを勝ち上がった37チーム
- UEFAランキング1〜7位の国内カップ戦優勝チーム

- UEFAチャンピオンズリーグ予選プレーオフ敗退10チーム
- UEFAヨーロッパリーグ前年度優勝クラブ

〈決勝トーナメント〉
- グループステージ各組上位2チーム
- UEFAチャンピオンズリーグ・グループリーグ3位

　UEFAヨーロッパリーグはこれまで「チャンピオンズリーグに出場できないチームの大会」という性格が強く、メディア価値もあまり高くなかった。現在の枠組みではこれがやや改善されている。すなわち、各国のカップ戦優勝チームが登場し、またチャンピオンズリーグ本選のグループリーグ3位のチームも出場する。全体としては、予選1回戦から延々と行われるのだが、本選グループステージ以降については、チャンピオンズリーグとあまり変わらない顔ぶれになるのだろう。その意味では、強豪チームにとっては、ヨーロッパリーグもチャンピオンズリーグと同様に「投資回収機会」なのである。

2. テレビ視聴環境

　このように欧州でプロサッカーのコンテンツとしての価値が高いのは、人気があると言えばそれまでだが、以下ではさらにその背景をさぐるために、欧州と日本とのテレビ視聴環境の違いを確認しておきたい。

◉欧州は国ごとの人口が少なく、言語が多様

　表10は欧州各国の人口と「公用語」を一覧にしたものである。UEFAランキングには53位まである。これに対して、表に掲載している国の数は39しかない。この理由としては、英国が4つに分かれていることや、地勢的にはアジアに属するトルコがUEFAに加盟していることなどがある。以下では一般的に欧州に属していると考えられる「国」を対象として議論するなら、大きな特徴は、
- 人口が少ないこと
- 言語が多様であること

表10 ●欧州各国の人口と公用語

(人口:万人、2008年)

国　名	人口	公　用　語	国　名	人口	公　用　語
ロシア	14,139	ロシア語、各民族語	スイス	754	<u>ドイツ語、フランス語</u>
ドイツ	8,226	ドイツ語	セルビア	738	セルビア語
フランス	6,203	フランス語	デンマーク	545	デンマーク語
英国	6,123	英　語	スロバキア	540	スロバキア語
イタリア	5,960	イタリア語	フィンランド	530	フィンランド語
ウクライナ	4,599	ウクライナ語、ロシア語	ノルウェー	476	ノルウェー語
スペイン	4,448	スペイン語	アイルランド	443	<u>英語</u>
ポーランド	3,810	ポーランド語	クロアチア	442	クロアチア語
ルーマニア	2,136	ルーマニア語	ボスニア・ヘルツェゴビナ	377	ボスニア語、セルビア語
オランダ	1,652	オランダ語	モルドバ	363	モルドバ語、ロシア語
ギリシャ	1,113	ギリシャ語	リトアニア	332	リトアニア語
ポルトガル	1,067	ポルトガル語	アルバニア	314	アルバニア語
ベルギー	1,059	<u>ドイツ語、フランス語、オランダ語</u>	ラトビア	225	ラトビア語
			コソボ	215	<u>アルバニア語、セルビア語</u>
チェコ	1,031	チェコ語	マケドニア	204	マケドニア語
ハンガリー	1,001	ハンガリー語	スロベニア	201	スロベニア語
ベラルーシ	967	ベラルーシ語、ロシア語	エストニア	134	エストニア語
スウェーデン	920	スウェーデン語	モンテネグロ	62	モンテネグロ語、セルビア語
オーストリア	833	<u>ドイツ語</u>	マルタ	40	マルタ語、英語
ブルガリア	759	ブルガリア語	アイスランド	31	アイスランド語

資料:矢野恒太記念会『世界国勢図会』2012/2013

の2点である。

　まず人口について。日本より人口が多いのはロシアだけで、2番目に多いドイツでも1億人を下回っている。欧州北部で最も人口が多いのはオランダで、1650万人ほどである。スウェーデンはサッカーが強いが1000万人を下回る。それでもスカンジナビア半島の3か国では最も多い。

　それぞれの国の人口が少ないということは、国内市場が小さいことを意味している。オランダは日本の約8分の1、スウェーデンは14分の1である。ここで国内市場というのはサッカー競技についてではなく、テレビを使って広告宣伝をしようと考えるスポンサー企業から見た国内市場である。単純に考えるなら、1つの番組で同じ視聴率であったとしても、その広告効果はオランダなら日本の8分の1、スウェーデンは14分の1になると考えることができる。

ということは、これらの国において、企業がテレビ番組に投下する広告費用は、人口に比例して少ないと考えるのが合理的である。またしたがって、テレビ局は番組制作にコストをかけることができない。日本の地方局と同じような制作環境だと思えばよいだろう。

　日本の場合は、民放キー局と地方局のネットワークによって、このような「人口によるエコノミー・オブ・スケールのない状態」を克服することができる。すなわち、地方局がキー局の番組を流す。しかし欧州ではこれが難しい。なぜなら、言葉が違うからである。

　表10の「公用語」の欄で下線を付してあるのは、他国と同じ言語を主たる公用語としている国である。ベルギー、オーストリア、スイス、そしてアイルランドの4か国である（コソボについてはアルバニア語とセルビア語だが、この地域はさきざき国境がどうなるかよくわからないところがあるので除外して考えることにする。またロシア語については旧ソビエト連邦のいくつかの国で使われているが、これも考慮しない）。加えて言えば、公用語以外で独自の言語を持つ地域（たとえばスペインとフランスのバスク）もある。言葉が違うということは、1つのコンテンツを、そのまま別の国で「使いまわす」という、日本のキー局と地方局の間で行っているような対応ができないことを意味している。日本では一時「韓流ドラマ」の人気が高かったが、言葉が違うので吹き替えになっている。欧州各国の多くは、これと同じ言語環境にある。

　このような制約を克服できる、すなわち言語の違いにあまり影響されず、複数の国で視聴されるコンテンツが2つある。それが「アニメ」と「スポーツ」である。アニメについては、吹き替えが必要になる。しかしそのコストが低いことは、ドラマとアニメで使われている言葉の量と質（といってまずければ性格）から想像がつく。欧州各国で、「クレヨンしんちゃん」は、少しずつ、あるいは全然違う意味の言葉を話しているかもしれない。「ポケモン」であれば、そんなことを気にする必要もないだろう。スポーツは、実況解説を吹き替えるだけでよい。場合によってはそれすら不要である。つまり、スポーツは、多言語化した地域において、共通して視聴される、視聴できるという性格を有するコンテンツなのである。

⦿国内の多言語化

　日本にはない欧州のもう1つの特徴は、国によって言語が違うだけでなく、1つの国の中で複数の言語が使用されていることである。前述のバスクは、もともと存在していた民族による言語であった。これとは別に、言語の違う人々が1つの国の中に移民によって混在しているという特徴がある。

　この理由は、西欧であれば労働力不足を背景とした戦後の移民政策である。いわゆる旧宗主国、すなわち植民地を多く持っていた国であれば、旧植民地からの流入が多い。これらの植民地では宗主国の言語が使われていたのであまり

TOPIC　日本の放送権料はなぜ低いのか

　欧米に比べると、日本のスポーツは国内であまり高額の放送権料を得ていないように思われる。おそらくこの理由は、
- チャンネル数が少ないこと
- 競争相手となるコンテンツがてごわいこと

の2つである。チャンネル数は、BS、CSや有料放送を加えるとすでにかなり多い。つまり、視聴者さえいればスポーツを放送する環境は整っている。しかしあまり見られないのは、他の番組、とくに地上波のバラエティが面白い（視聴率が取れる）からだと言えるだろう。

　放送局の粗利は「広告収入－番組制作費」である。広告収入は視聴率で決まるとすると、視聴率が高くなくても番組制作費が少なければ利益が出る。バラエティ番組でよく使われる言葉の1つに「ひな段芸人」というのがある。数多くの芸人が2段、あるいは3段の席に座っていて司会者がいる。このような番組の制作費のほとんどは出演者の人件費（ギャラ）なのだが、これが安い。なぜなら、壇に乗っている芸人は、たとえギャラがもらえなくても、いわゆる「営業」…テレビに放映されない寄席やイベントで「テレビでおなじみ」であることによって出演の機会を得て高いギャラをとることができる。このような芸人にとって、テレビ出演はギャラをもらうためではなく、自分自身の広告宣伝の場所になっている。

　芸人だけではない。俳優もそのバラエティ番組と同じテレビ局で放映される

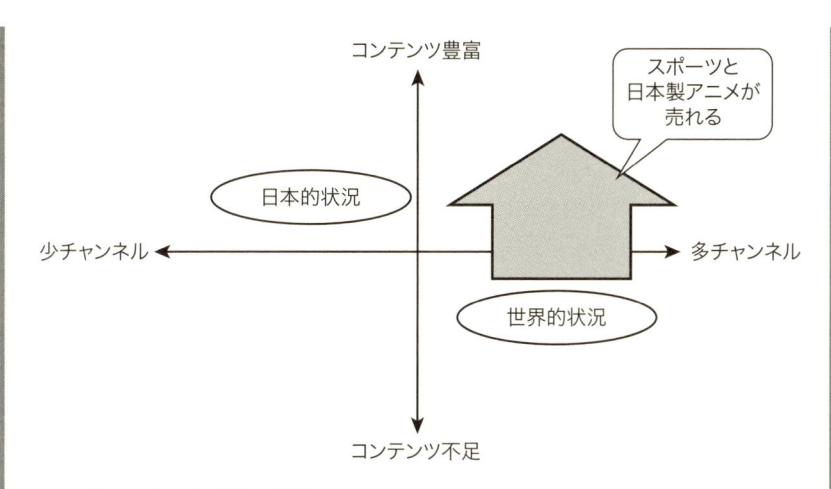

```
              コンテンツ豊富
                   ↑         ┌─────────┐
                             │スポーツと│
                             │日本製アニメが│
          ┌──────┐           │ 売れる  │
          │日本的状況│        └─────────┘
          └──────┘      ⬆
少チャンネル ←────────────────────→ 多チャンネル
                         ┌──────┐
                         │世界的状況│
                         └──────┘

                   ↓
              コンテンツ不足
```

図9●日本の放送権料はなぜ低いのか

　番組の宣伝、あるいは映画・舞台の宣伝のために、無料ないし破格の低いギャラでバラエティ番組に出演する。彼ら、彼女らがテレビに出るメリットは、自分が出演しているテレビ番組、映画、舞台の宣伝ができるからだけではない。もう1つの大きなメリットは、知名度と好感度が上がることによって、コマーシャル出演の依頼が増えることである。

　米国に行ってテレビをつけるとわかるのは、ハリウッドの俳優がCMに出ていないことである。トップクラスになると映画1本のギャラは4000万ドルくらいになる。CMに出るとかえってイメージが低下すると考えられているようだ。これだけのギャラをもらえるなら、俳優がCMに出演する必要はないのだろう。ついでに言えばハリウッドの俳優はテレビのドラマにも出演しない。日本では映画出演があまりお金にならないので、俳優はテレビのドラマに出演し、バラエティ番組で「番宣」をし、CMに出演する。芸人はノーギャラでテレビに出ることによって「営業」で収入を得、場合によってはテレビドラマや映画に進出し、CMを獲得する。結果としてバラエティ番組は、本来であれば高いギャラを出さなければ出演しないような芸人・タレント、俳優で番組を制作し、コストを安く済ませている。他の先進国では見られないようなビジネスモデルが成立している。標語的に言えば、日本のスポーツは「吉本（興業）に負けている」のである。

障壁はない。これに対して、ドイツやイタリア、あるいはベルギーのように広域国家の統一が遅れたために植民地を持たない国への移民は旧植民地からではない。そうだとすると言葉の問題は大きいと言えるだろう。つまり、国内が多言語になっている。したがって、その中の特定の言語で制作されるテレビ番組の潜在的な視聴者数は国民人口より少ない。したがって、番組制作にかけられるコストは、より小さなものになる。欧州に行ってホテルでテレビをつけると、チャンネル数はとても多いのだが、番組はその国の言語で放送されているものばかりではない。単に多チャンネルというだけでなく「多言語・多チャンネル」である。これらのチャンネルで放送される番組が、異なるセグメントを対象に放送されている。そして、このような言語環境を克服して見られているのがアニメ、そしてスポーツなのである。

第3節
視聴率から見た投資価値の計算

　本節では、放送権料がどのような論理で決定されるのかを試算してみたい。現実にはいろいろな要因があるが、基礎的な数値を確認しておくことには意味がある。

1. 基本概念の整理

　放送権料をスポーツ組織がいくらに設定するのかについては、相場、交渉の世界であって科学的ではない。わかりやすいのは視聴率から考えることである。
　日本では、1時間のテレビ番組で流せるCMの時間量は10％、つまり6分が上限になっている。30秒のCMであれば12本である。したがって、仮に視聴率が10％であった場合、視聴率の累積は、

$$12（本）× 10（％）= 120$$

になる。一般的には累積視聴率はGRPであるが、これも一般的にはGRPは特定のCMの累積について用いられる概念である。したがってGRPという概念は該当しない。番組スポンサーが12本同じCMを1つの番組で流し続けることは想像しにくいからである。とはいえ他に適当な概念がないので、ここでは「番組GRP」と表記する。
　プロ野球であれば、放送は約2時間である。この視聴率が10％だとすると、番組GRPは240％になる。いろいろな報道を見ていると、ジャイアンツ戦の放送権料はかつては1億円を超えていたが、現在は5000～8000万円程度らしい。これに依拠して、放送権料7200万円、番組制作費1200万円とすると合計で直接経費は8400万円である。これに間接費と利益を乗せてスポンサーに販売する。仮に売価を1億800万円としよう。1億円でもよいのだが12の倍

数だと計算が楽なのでそうしている。この場合、番組視聴率1％あたりのテレビ局の収入は1080万円である。番組GRP一単位あたりの収入は、

 10800（万円）÷ 240（％）＝ 45（万円）

である。CM1本あたりでは、

 10800（万円）÷ 24（本）＝ 450（万円）

となる。

◉2014ブラジル・ワールドカップの放送権料は割高か

　ここで、サッカー・ワールドカップにこれを当てはめてみよう。第Ⅱ章でみたように、2014年のブラジルでのワールドカップの日本の放送権料は約400億円である。制作費については見当がつかないのでとりあえずは除外して考えると、この400億円が30秒CM何本分になるかというと、視聴率20％とすると単価は上記の450万円の2倍で900万円になるので、

 400（億円）÷ 900（万円）＝ 4444（本）

である。つまり、ジャイアンツ戦なみのCM単価の2倍で4444本を流せばほぼもとがとれる。1時間当たりの30秒CM本数は12本なので、この4444本を流すための番組の放送時間は、

 4444（本）÷ 12（本）＝ 370（時間）

となる。
　ワールドカップの試合数は、参加32か国が4か国ずつのグループリーグをまず戦う。1組6試合なので、8組で48試合である。決勝トーナメントは16か国なので15試合だが3位決定戦があるので計16試合、したがって総試合数は64試合である。全試合を放送するとして、1試合あたりの放送時間を2.5時間とすると、全放送時間は、

 2.5（時間）× 64（試合）＝ 160（時間）

になる。つまり、上記370時間と比較すると、放送時間は2分の1以下である。日本代表が登場しない試合を含め、平均視聴率20％が確保できるとしても、ワールドカップの放送権料は、かなり割高だということになる。おそらく全試合の平均視聴率は20％には届かないと思われるし、日本代表戦については映像をもらうだけではなく一定の制作費をかけると思われるので、実際にはさらに割高だと言えるだろう。

◉視聴率と視聴人口

つぎに視聴率1％がどれだけの人数の国民に見られている数字なのかについて。全国の世帯数は5200万程度である。日本の人口は減少し始めているが、世帯数は増加を続けている。視聴率は世帯の視聴率なので、1％は52万世帯である。総人口は1億3000万人なので、すべての世帯員、つまり全国民がテレビを見ていれば1％で130万人になるが、曜日、時間帯、そして番組内容による。平均して世帯員の半数がテレビを見ているとすると、世帯視聴率1％の時の視聴人口は65万人になる。10％で650万人である。

ここで前述のように視聴率10％の番組の30秒CM1本の価格が450万円とすると、450万円で650万人に1回到達するので、1人あたりは、

　　450（万円）÷ 650（万人）＝ 0.69（円）

になる。ただし実際には全国放送の番組ばかりではない。例にとりあげたジャイアンツ戦も関東圏中心のはずで、そうであるとすれば人口は全国の3分の1弱である。したがって世帯視聴率10％の時の視聴人口は650万人ではなくてその3分の1を若干下回る200万人とすると、1人あたりのCM投下費用は、

　　450（万円）÷ 200（万人）＝ 2.25（円）

となる。

◉テレビ広告費とチーム・スポンサー料の比較

つぎに、スポーツ・チームの胸スポンサーの費用とテレビ広告費を比較してみよう。胸スポンサー料はどれくらいなのか。報道によれば、マンチェスター・

> **TOPIC** 欧州サッカーのユニフォームスポンサー料
>
> 2010年10月28日のロイターによれば、調査会社Sport＋Marktによるものとして、欧州各国リーグのユニフォーム・スポンサー収入総額が以下のように報道されている（数字は1チーム平均）。
>
> - ブンデスリーガ　　　　　　　　　658万ユーロ（9億2200万円）
> - イングランド・プレミアリーグ　　640万ユーロ（8億9600万円）
> - イタリア・セリエA　　　　　　　330万ユーロ（4億6100万円）
> - フランス・リーグ1　　　　　　　294万ユーロ（4億1100万円）
> - スペイン・プリメーラ　　　　　　288万ユーロ（4億200万円）
>
> 日本のJリーグによる経営情報開示によれば、J1の平均広告収入は2012年度シーズンで約14億円である。この中にはユニフォーム・スポンサー以外の収入も含まれているので単純には比較できないが、欧州各国のリーグと比べて遜色ない水準だということができるだろう。一方で欧州と日本ではクラブの収入規模に、とくに上位において大きな差がある。この理由が放送権料なのである。

　ユナイテッドはGMと2014-15シーズンからの7年間のスポンサー契約を交わし、年間スポンサー料は3000万ポンド、邦貨で38億円近くになる。これは別格として、サムスンがチェルシーに支払っているスポンサー料は年間1500～1800万ポンド、約20億円である。欧州は長引く不況で下位のチームにはスポンサーがつきにくいが上位は順調である。

　ではこのスポンサー料に基づく広告露出を誰が見ているのか。まず観客については、各国リーグの平均入場者数は図10のとおりで、イングランドはドイツに次いで2番目に多い（日本を比較のために載せているが5位ではなく、11～12位あたりである。米国のメジャーリーグサッカーは歴史が浅いが日本より観客数が多い）。

　ブンデスリーガの1試合当たり平均観客数は42,000人強である。リーグ戦は18チームでホーム・アンド・アウェイ方式で行われるので、ホームゲームは1年間で17試合になる。したがって、累計の延べ観客数は71万4千人である。

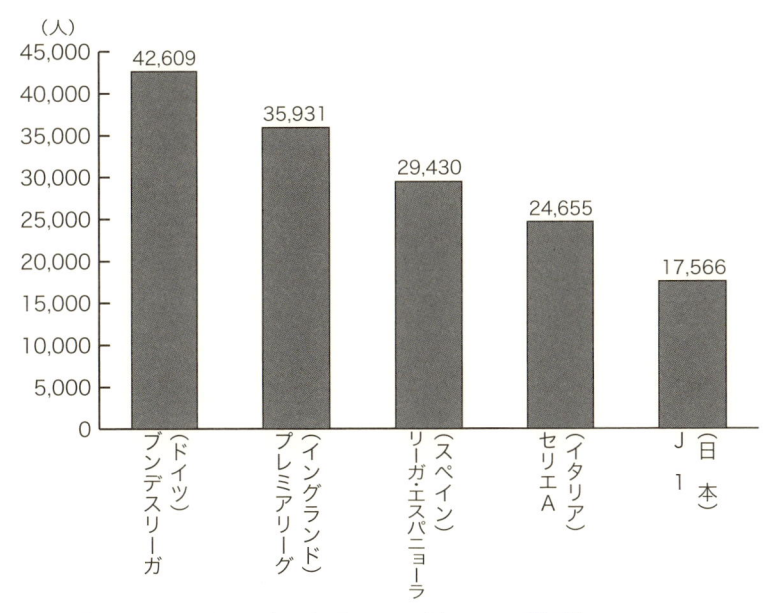

第Ⅲ章　スポンサーとメディアからみたスポーツ組織の投資価値 | 105

	(ドイツ)ブンデスリーガ	(イングランド)プレミアリーグ	(スペイン)リーガ・エスパニョーラ	(イタリア)セリエA	(日本)J1
(人)	42,609	35,931	29,430	24,655	17,566

［注］2012-13年シーズン（日本は2012年）のリーグ戦平均

図10 ● プロサッカー1部リーグの平均観客数

　ドイツの人口は8200万人程度なので、1つのクラブの全試合の延べ観客数は、人口の0.9％弱ということになる。1試合あたりでは0.05％強である。世界で最も観客の多いリーグでもこの程度ということである。アウェーを加えても0.1％でしかない。

　UEFAチャンピオンズリーグの試合数はすでにみたとおり本選から出場するチームで7～10である。この観客数もリーグ戦と同程度だとすると、最大10試合になる。加えて国内のカップ戦がある。名称はDFBポカールで、ポカールは優勝杯（カップ）を指す。地域協会のチームも出場するので参加全64クラブ。1回戦方式（つまり、ホーム・アンド・アウェーではない）のトーナメントになっている。したがって優勝・準優勝チームは6試合を戦う。これを加えた累計観客数はアウェーを含めて50試合（リーグ戦34、カップ戦6、チャンピオンズリーグ10）で、平均42,000人として210万人である。

　ここで、上述のようにテレビ視聴1人あたりのCM投下費用は多めに見て2.25

円（ただし日本の数字である）なので、チーム・スポンサーがテレビ視聴と同じ費用しか負担しないのだとすれば、チーム・スポンサードの対価はこの2.25円に210万人をかけて472.5万円となる。もちろん、番組スポンサーであれば、日本なら2時間番組で12分、つまり24本のCMをすることができる。472.5万円の24倍は1億1340万円である。これが、ブンデスリーガにおいて、テレビ広告と比較した場合の「観客への露出」のスポンサーの価値になる。

日本について同様に計算するなら、J1の平均観客数は少し減ったようなので16,000人とするとホームゲーム17試合で27万2千人、アウェーを加えると54万4千人。これ以外にはヤマザキナビスコカップがある。試合方式は予選（グループリーグ）が各チーム6試合、準々決勝と準決勝は2試合ずつ、決勝は1試合なので最大11試合だが、前シーズン上位のクラブはAFCチャンピオンズリーグに出場するため予選免除になる。つまり試合数が少ないのだが、「最大」を考えるとすると11試合である。これもリーグ戦程度に観客が入るとすると、全45試合で72万人である。したがって、テレビと比較したチーム・スポンサードの対価は、

$$2.25（円）\times 72（万人）\times 24（本）= 3888（万円）$$

となる。

2. テレビ放送によるスポンサー価値の向上

ドイツにせよ日本にせよ、以上の計算式から得られる額は、実際に各クラブが得ているスポンサー収入と比較すると、かなり少ないと言えるだろう。またチーム・スポンサーは1社ではなく、かつ胸スポンサーと袖のスポンサーでは金額も異なる。1試合で露出されるのは対戦している2チームのスポンサーであるのも、テレビとは単純比較できないところであろう。だからチーム・スポンサーは割高とは言えないのだが、金額が大きくなる理由がある。それがテレビ放送である。

すでにみたとおり、日本の視聴率1％がどれくらいの人口規模になるかとい

TOPIC　ボスマン判決とチャンピオンズリーグ視聴率

　本書は日本と比較して欧州サッカーがビジネスとしてうまくいっており、その最大の要因がチャンピオンズリーグの存在だと考えている。ただし、論者の中にはチャンピオンズリーグの人気が次第に低下しているという人もいるようだ。そしてその要因として指摘されるのが「ボスマン判決」である。

　ボスマンはプロサッカー選手の名前で、ベルギー2部のチームに所属していた。この選手が契約満了後に同じリーグの別のチームに移籍しようとした際、もとの所属チームがボスマンの所有権を主張した。ボスマンは国内の裁判所に持ち込み勝訴する。そしてさらに欧州司法裁判所に対して、契約満了後は選手に移籍の自由があることと、EU域内における就労の自由がプロサッカー選手にも適用される…つまり、EU域内であれば別の国のチームに移籍する自由があることを訴え勝訴した。

　移籍の自由があるということは、移籍に際して移籍金が発生しないことを意味する。つまり、選手は移籍しやすくなる。各チームは対抗策として選手との契約を複数年で取り交わすようになった。契約期間中の移籍であれば、移籍金…ではなくて「違約金」を請求することができる。本来これは選手が支払うべきものだが、慣行として移籍先のチームが支払う。つまり実態としては移籍金である。

　この判決に加えて、各国プロリーグが外国人枠を緩和したことも選手の移籍を容易にした。イングランドを例にとれば、ウェールズ・スコットランド・北アイルランドの選手は「国内」であり、アイルランド国籍の選手についてもこれに準じる。加えてEUおよびEFTA加盟国（アイスランド、リヒテンシュタイン、ノルウェー、スイス）の国籍を持つ選手は登録に制限がない。これ以外の国の選手は、プレミアリーグの場合、その選手が直近2年間の国際Aマッチに75％以上出場していることが労働ビザ発給の条件になる（「青田買い」ができないということである）。またホーム・グロウン・ルールという規制が2010-11シーズンから新たに設けられた。これはトップチーム登録選手（25人まで）のうち8人以上が21歳未満の時期に3シーズン以上イングランドかウェールズのチームでプレーしていなければならないというものである。ドイツでも外国人枠は撤廃されており、そのかわり、「ドイツ国籍の選手が12人以上」「そのうち半数は地元出身」という条件がある。

> 他の国については省略するが、基本的な制度設計としては、
>   1. EU加盟国（およびこれに準じる国）の選手については制限なし
> というのがEU法（労働移動の自由）の影響で基本である。これに加えて、
>   2a. 上記以外の「外国人選手」の数に制限を課す
>   2b. 自国出身選手の数を条件とする
> のいずれかの制度が採用されている。
>   このような制度改革で起きたことは、各チームに所属する自国選手が減ってしまったことである。チャンピオンズリーグに出場する、とくに上位になるクラブほどその傾向が強い。一方、欧州各国の人々は、チャンピオンズリーグ出場チームを、自分のホームタウンのチームでなくても、疑似的に自国の代表とみなしてきた。ところが、そのチームの出場選手が半数以上、場合によってはすべて外国人で占められるとなると「自国代表」とみなして感情移入することが難しくなる。結果として、チャンピオンズリーグの視聴率が低下しつつあるという意見が見られる。

うと、世帯平均視聴率1％で視聴人口は全国放送で65万人程度、関東圏だと約20万人になる。この視聴者数がスポンサーにとって露出対象に加わる。欧州であれば国ごとの人口は少ないが、全体では7億人を超える。日本の6倍である。1％の視聴人口は700万人、これに単価（2.25円）とチャンピオンズリーグの試合数（10）を掛け合わせると、広告価値は、

$$700（万人）\times 2.25（円）\times 24（CM本数）\times 10（試合）= 37.8（億円）$$

となる。

　UEFAチャンピオンズリーグの視聴者数は正確な数字がわからないが、過去の報道をみると決勝戦で「世界で」1億人程度のようである。したがって、欧州の視聴人口が7000万人程度、人口比（つまり個人視聴率）10％というのが、「当たらずといえども遠からず」の数字だといえるだろう。仮に世界での視聴者数を1億人とすると、1試合の広告価値は54億円である。率で表現すると数字が小さいが、母数（人口）が多い。このことによって、放送権料収入だけでなくスポンサー収入も上昇しているということなのである。

3. Jリーグの放送権料を評価する

　日本ではどうか。現在、Jリーグの放送はスカイパーフェクTVが中心で、1節につき1試合が地上波で流れている。視聴率は試合にもよるが「1桁台前半」のようである。

⦿ 有料放送の広告価値換算

　ではスカイパーフェクTVでどれくらいの人数がリーグ戦を見ているかというと、よくわからない。わかっているのはスカイパーフェクTVの契約数で、400万件弱である。全世帯の8％弱ということになる。このうち、Jリーグの試合が見られるサービスに契約しているのは1割程度であると言われる。つまり全世帯の0.8％弱、実数だと40万世帯になるのだろう。50万人くらいが見ていると考える。1契約あたり年間の視聴回数（試合数）を30とすると、広告価値は、

$$50（万人）\times 2.25（円）\times 24（CM本数）\times 30（試合）= 8.1（億円）$$

となる。この金額は一見すると大きいのだが、これを40チームで割ると2025万円である。数字としてはちょっと寂しい。

⦿ 有料視聴者の負担額

　実際の放送権料は8億円ではなく、50億円程度と想定される。ただし、この50億円は放送局がリーグに対して支払っている金額なので、放送局が有料の視聴者から得ている額ではない。

　そこで、視聴者がテレビ局に支払う料金から考えてみる。スカパーのJリーグセットというのは2012年で販売が終了しているが月額2500円程度であった。現在はJリーグMAXがあり、これは3000円弱である。他の番組の視聴もできるようなので、ここでは仮にJリーグの視聴ができる契約が月額2500円とすると、年間3万円である。

　放送局の収入は40万契約とすると120億円、ただしリーグ戦は3月初めから12月の初めまでなので、年間9〜10か月しか契約しないファンもいる。多

■スカパー（個人契約件数）
（千件）

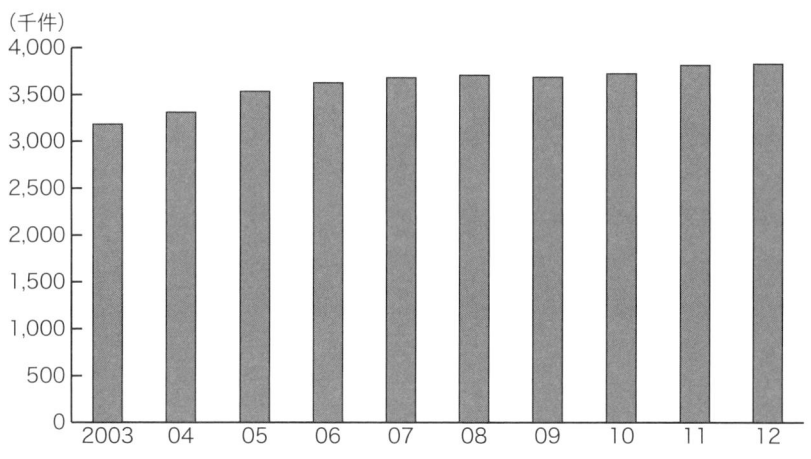

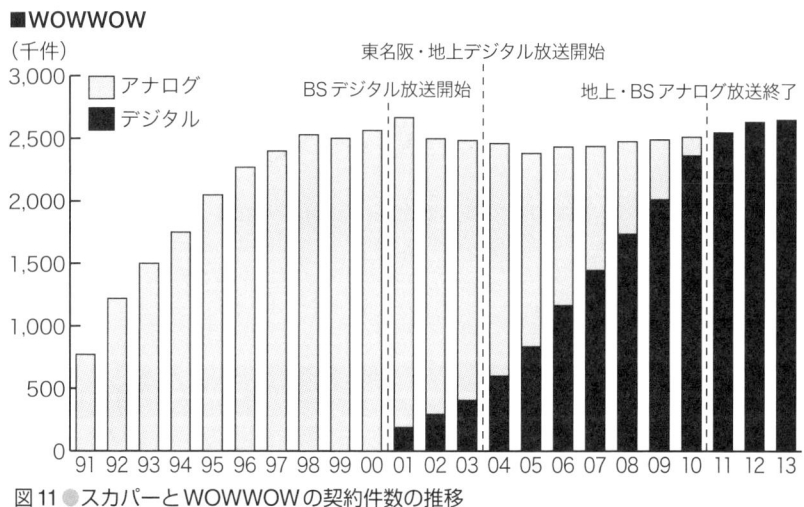

■WOWWOW
（千件）
□ アナログ
■ デジタル

BSデジタル放送開始
東名阪・地上デジタル放送開始
地上・BSアナログ放送終了

図11 ● スカパーとWOWWOWの契約件数の推移

少割り引いて考えたほうがよいのかもしれないので110億円程度とする。一方、Jリーグに支払っている放送権料が50億円だとすると差額は60億円で、この中から放送権料以外の原価（番組制作費など）や間接コストを賄うことになる。いずれにせよ視聴者が放送局に支払っているのは110億円である。

これを前述の式にあてはめて、1人CM1視聴換算あたりの収入を算出すると、

110（億円）÷ 30（試合）÷ 24（本）÷ 50（万人）＝ 30.6（円）

になる。これは無料放送の2.25円と比較される数値である。つまり、無料放送なら番組スポンサーが視聴者1人あたり2.25円をテレビ局に支払うが、有料放送ではその13.6倍の価格を視聴者がテレビ局に支払っていることになる。参考までに、1人の視聴者に1試合見てもらうことで得る収入は、30.6円にCM本数（24本）をかけたものなので735円である。年間の1視聴者あたり負担額は2.2万円（110億円÷50万人）となる。

こう書くとテレビ局が暴利をむさぼっているようにも思えるがおそらくそうではない。なぜなら、リーグ戦の総試合数は、

- J1　18チーム＝306
- J2　22チーム＝462

なので、768本の番組が制作されるからである。放送局は1試合あたり約650万円を支払って番組を買っていることになるが、これに制作費が加わる。コストは1試合あたりは低くても、768本もあるので、全体としてはかなりの額になるはずである。

以上の議論からわかることは、日本のプロサッカーのテレビ放送は、視聴率を考えると無料の地上波では難しく、有料放送でファンが視聴料を支払ってくれていることで成立していると思われるという点である。

◉地上波で必要な視聴率の計算

地上波でペイする、つまり有料放送が視聴者から得ているのと同じだけの広告収入を得るための視聴者数は、

110（億円）÷ 30（試合）÷ 24（本）÷ 2.25（円）＝ 679（万人）

となる。ただしこれは年間30試合見る視聴者が何人かについての数字であり、逆に言えば他の人は見ないという前提なので、地上波「らしく」計算すると、

110（億円）÷ 38.4（試合）÷ 24（本）÷ 2.25（円）＝ 530（万人）

となる（J1は34試合、J2は42試合で、この加重平均が38.4試合である）。つ

まり、1シーズンに1回の人でもよいので、38.4試合の1試合あたり視聴者数が530万人となる。世帯数では424万である。全国ネットであれば世帯視聴率8.2％だが、これはゴールデンタイムを確保する視聴率としては「ぎりぎり」の低い数字だということができるだろう。とはいえ、現在のリーグ戦の地上波視聴率の2倍程度である。換言すれば、50億円の放送権料は、視聴率から考えると割高である。

無料の地上波と有料放送ではコスト構造が異なる。そこで、本節の冒頭に仮定として置いた「固定費＋利益」の割合、すなわち放送権料の7分の9倍が放送局の目標収入だとしてみる。そうすると、放送局の期待収入は110億円ではなく、50億円×(9/7)で、約64.3億円である。これをあてはめると、

64.3（億円）÷ 38.4（試合）÷ 24（本）÷ 2.25（円）＝ 310（万人）

となる。世帯数は約250万である。世帯視聴率に換算すると約4.8％となる。つまり、4.8％の視聴率がとれるなら、放送局は50億円の放送権料を支払うのだが、これではゴールデンタイムでは放送できない。

⦿都道府県あるいはチームごとの視聴率

では諦めるのかというと、そうでもないというのがつぎの計算である。手順としては以下のとおり。

1) まず、40のチームが所在する都道府県の世帯数を確認する（a列）
2) bの列は、各都道府県に所在するクラブ数である。
3) 250万世帯が、チームごとに「均等の視聴率」でテレビを見てくれると仮定する。「都道府県ごと」ではなくて「チームごと」なので、たとえば4チームある神奈川県の場合は、目標となる視聴世帯数の「対世帯数比」が、1クラブしかない都道府県の4倍になる。そんな計算である（c列）。
4) それぞれの都道府県で、「全国250万世帯視聴」を実現するための視聴率を算出する（d列）

結果は表11のとおりであるが、ここからいくつかの面白い事実に気づく。
1) 上述のように、250万世帯視聴を実現するためには、全国で4.8％の視聴

表11 ●放送権料50億円を実現するための地上波視聴率

	a 世帯数 （千世帯）	b チーム数	c 250万世帯の配分 （世　帯）	d 1節あたりの 視聴率（％）
北 海 道	2,685	1	85,733	3.2
宮　　城	918	1	29,312	3.2
山　　形	401	1	12,804	3.2
茨　　城	1,142	2	72,929	6.4
栃　　木	766	1	24,459	3.2
群　　馬	778	1	24,842	3.2
埼　　玉	2,978	2	190,178	6.4
千　　葉	2,616	2	167,060	6.4
東　　京	6,390	2	408,072	6.4
神 奈 川	3,993	4	509,994	12.8
新　　潟	859	1	27,428	3.2
富　　山	393	1	12,549	3.2
山　　梨	339	1	10,824	3.2
長　　野	825	1	26,343	3.2
岐　　阜	757	1	24,171	3.2
静　　岡	1,463	2	93,429	6.4
愛　　知	2,947	1	94,099	3.2
京　　都	1,132	1	36,145	3.2
大　　阪	3,963	2	253,081	6.4
兵　　庫	2,381	1	76,027	3.2
岡　　山	793	1	25,321	3.2
広　　島	1,239	1	39,562	3.2
徳　　島	323	1	10,314	3.2
香　　川	416	1	13,283	3.2
愛　　媛	635	1	20,276	3.2
福　　岡	2,222	2	141,899	6.4
佐　　賀	314	1	10,026	3.2
長　　崎	616	1	19,669	3.2
熊　　本	744	1	23,756	3.2
大　　分	514	1	16,412	3.2
全　　体	45,542	40	2,500,000	5.5

資料：世帯数については総務省『住民基本台帳要覧』（2012）による。

率が必要である。しかしこの全国にはJリーグのチームがない県が含まれているので、これを分母から除外すると、必要な世帯視聴率は5.5％まで上昇する。
2) そう書くとゴールが遠くなるようにも思えるのだが、都道府県内にチームが1つしかない場合は、放送権料50億円に見合う目標視聴率は3.2％でよい。かなり低いということである。ゴールは、急に近づく。
3) このように数字が小さくなる理由は、世帯数の多い都府県に、複数のチームが所在しているからである。たとえば神奈川県は4つのチームがある。1チームあたりの世帯視聴率は3.2％で、これは他の都道府県のチームと同じなのだが、チームが4つあるので、視聴率はそれぞれ3.2％であったとしても、累計視聴率は4倍になる。そして世帯数が多いので、1％あたりの視聴人口が多く、これが他の都府県の「目標負担」をかなり軽減しているのである。

◉J1のほうが視聴率が高いと仮定した場合の試算

　3.2％という平均視聴率は、チームにとって目標として重荷だろうか。たとえば、J1とJ2では目標とする平均視聴率が違ってよさそうである。また浦和レッズであれば埼玉県以外の視聴者も見たいと思うかもしれない。ここでは仮に、
- J2のチームの視聴率が低いとすると
- 250万世帯の視聴を実現するために
- J1の平均視聴率（都道府県内）は何％なければならないか

を計算してみよう。結果は以下のとおりである。
- J2平均視聴率が1.5％の場合：J1の目標視聴率＝4.6％
- J2平均視聴率が3.0％の場合：J1の目標視聴率＝3.4％

　1.5％とか3.0％という数字は、土曜（J2は土曜開催である）のゴールデンタイムでは「ありえない数字」だが、J2は地元のクラブで新聞や放送局も支援している。あくまで仮にであるがこれで放送されると仮定する。そしてそうだとすると、J1の目標視聴率は4％前後ということになる。つまり、J1の視聴率は「1桁の前半」でも構わないということなのである。これは、リーグ関

係者にとっては驚きかもしれない。

　J1が開催される日曜日のゴールデンタイムで5％というのは、目標としては少し低すぎる。とはいえ50億円の放送権料を得るための視聴率としてはJ1は4％内外でよいということなのである。このことからわかるのは、

- 現在の放送権料は主に有料放送から得ていて、ファンが高い額を支払ってくれることによって成り立っている。
- では同じ放送権料を無料放送で得ようとした場合、期待（目標）視聴率がものすごく高くなるかというとそんなことはない。J1で4～5％、J2では1.5～3％程度でよい。
- しかし、リーグ戦を実況するための時間帯でこの視聴率では、テレビ局に機会損失（もっと視聴率の高い番組を流すことができる）が生じる。

といった点である。換言すれば、

- Jリーグは50億円の放送権料に見合うコンテンツなのだが、無料放送では流す時間帯がない

のである。

　ただし、地上波にしては視聴率が低いものの、無料の衛星放送であればゴールデンタイムで「1桁台の前半」というのは一般的である。というより、かなり高いと言えるだろう。問題は無料衛星放送を見られる世帯数が限られることで、（一社）衛星放送協会によればNHK-BSの加入契約数は1791万台（2013年10月末）で、全世帯の3分の1程度である。NHKの場合、契約していなくても見ている世帯が少なからず存在する。とはいえCATVや光テレビと契約していない世帯ではアンテナを立てないと受信できない。だからBS無料放送を見られる世帯は全世帯の2分の1程度と考えると、上記の目標視聴率は実質的に2倍に跳ね上がることになる。目標としてはハードルがかなり高いが、重要なのは現在の放送権料は地上波であっても決して割高ではないという点であり、今後衛星放送受信可能世帯が増えていくと、リーグは無料衛星放送との契約ないし放映を考えることができるようになる。さらに言えば、多くの無料衛星放送局は地上波と同じ会社が運営しているので、放送局（会社ないしNHK）は、コンテンツの魅力度によって放送するチャンネルを変えることもできる。たとえば開幕戦、シーズン最後の優勝が決まる試合、昇降格のかかった試合などは

高い視聴率が期待できるので地上波に回す等である。

　無料の地上波は地域ごとにコンテンツを変えることができる。これに対して衛星放送は、特定のエリアでしか見られない試合でも仕組みとしては全国放送になる。どちらがよいのか、悩ましいところだが、結論としてはビジネスとして成功すると考える放送局がコンテンツを求める。自然体、あるいは市場原理に委ねるということなのだろう。

⦿地域（都道府県）別放送権料

　つぎに、各クラブはどれくらいの放送権料を得ることができるのかについて。計算の手順としては、
1) 世帯視聴率1％あたりの視聴人口を計算する（表12のa列）。世帯を人口に割り戻すために1.25を掛けている。ここまでの計算方法と同じである。
2) この視聴人口に広告がリーチした場合の放送権料を計算する（b、c列）。
　J1とJ2では総試合数が違うので放送権料も異なる。
　式としては、

　　　2.25（円）×　（7/9）× 24（本）× 試合数 × 視聴人口

である。表のd～gの列は、視聴率によって放送権料がどれだけ変動するかを示している。J1のない都道府県、J2のない都道府県にも数字を入れてあるのは、昇降格で今後変動があり得るので参考値として示しているものである。

　直感的には、J2がJ1より「1％あたりの放送権料」が高いことに違和感があるかもしれない。しかし、J1とJ2のテレビ番組コンテンツとしての魅力の違いは視聴率の違いに反映されるので、1％あたりであれば魅力の違いを反映しない。したがって、試合数の多いJ2のほうが値が大きくなる。

　平均視聴率1％あたりの放送権料を計算すると、世帯数（人口）の少ない都道府県のチームは不利である。佐賀県（サガン鳥栖）だと、J1なので試合数が少ないため、1％あたり692万円にしかならない。視聴者数では4000人弱で、1試合あたりの放送権料は視聴率4.6％で76万円(2,578万円の34分の1)、3.4％の視聴率では1試合だと56万円である。寂しい数字に思えるが、40チームでこれが積み重なると50億円になるというのも事実である。なお念のために言

表12 ●地域別放送権料の試算

(人、万円)

	a 視聴率1% あたりの視 聴者数	b 1%あた り放送権 料 (J1)	c 1%あた り放送権 料 (J2)	d J2 1.5%	e J2 3.0%	f J1 4.6%	g J1 3.4%
北海道	33,563	4,793	5,920	8,881	17,761	22,047	16,295
宮　城	11,475	1,639	2,024	3,036	6,073	7,538	5,571
山　形	5,013	716	884	1,326	2,653	3,293	2,434
茨　城	14,275	2,038	2,518	3,777	7,554	9,377	6,931
栃　木	9,575	1,367	1,689	2,534	5,067	6,290	4,649
群　馬	9,725	1,389	1,715	2,573	5,146	6,388	4,722
埼　玉	37,225	5,316	6,566	9,850	19,699	24,452	18,073
千　葉	32,700	4,670	5,768	8,652	17,305	21,480	15,877
東　京	79,875	11,406	14,090	21,135	42,270	52,468	38,781
神奈川	49,913	7,128	8,805	13,207	26,414	32,787	24,234
新　潟	10,738	1,533	1,894	2,841	5,682	7,053	5,213
富　山	4,913	702	867	1,300	2,600	3,227	2,385
山　梨	4,238	605	747	1,121	2,242	2,784	2,057
長　野	10,313	1,473	1,819	2,729	5,457	6,774	5,007
岐　阜	9,463	1,351	1,669	2,504	5,008	6,216	4,594
静　岡	18,288	2,611	3,226	4,839	9,678	12,013	8,879
愛　知	36,838	5,260	6,498	9,747	19,494	24,198	17,885
京　都	14,150	2,021	2,496	3,744	7,488	9,295	6,870
大　阪	49,538	7,074	8,738	13,108	26,215	32,540	24,051
兵　庫	29,763	4,250	5,250	7,875	15,750	19,550	14,450
岡　山	9,913	1,416	1,749	2,623	5,246	6,511	4,813
広　島	15,488	2,212	2,732	4,098	8,196	10,173	7,519
徳　島	4,038	577	712	1,068	2,137	2,652	1,960
香　川	5,200	743	917	1,376	2,752	3,416	2,525
愛　媛	7,938	1,133	1,400	2,100	4,201	5,214	3,854
福　岡	27,775	3,966	4,900	7,349	14,699	18,245	13,485
佐　賀	3,925	560	692	1,039	2,077	2,578	1,906
長　崎	7,700	1,100	1,358	2,037	4,075	5,058	3,739
熊　本	9,300	1,328	1,641	2,461	4,922	6,109	4,515
大　分	6,425	917	1,133	1,700	3,400	4,220	3,119

えば、鳥栖は福岡県との県境にある市で、人口は7万人だが隣接する福岡県久留米市の人口は30万人である。そして久留米市はサガン鳥栖支援を表明している。ホームタウン「外」の「ネイバーシティ・サポーター」である。その意味では、サガン鳥栖には入場者だけでなく視聴者拡大の「しがい」がある。

　鳥栖は立地が少し特殊なので、2番目に人口が少ない徳島を取り上げるなら、視聴率1％の視聴人口は4000人強、放送権料はJ1なので視聴率4.6％であれば2,652万円、3.4％で1,960万円である。1試合あたりではそれぞれ78万円、57万円である。これもかなり小さい。

　数字が大きくなるのはもちろん東京で、平均視聴率1％あたりの放送権料は、J1で1億1千万円、J2で1億4千万円である。視聴者数でいうと平均8万人弱である。視聴率4.6％だとJ1で37万人が見て5億2千万円、1試合あたりでは約1,500万円となる。

　このような数字を見ていてわかるのは、人口（ないし世帯数）と視聴率に応じて放送権料を得られる仕組みが必要なのではないかということだ。プロサッカーは昇降格があるので、極論すれば戦力均衡のための資金配分調整は不要である。現在はJリーグが放送局と契約して得た放送権料を各チームに配分しているが、各チームが地元の放送局と個別交渉するのでもよいかもしれない。この方式の問題は、視聴率が必ずしも把握できていないことである。ここまでの論理展開では、J2はJ1より視聴率が低いに違いないという前提を置いたが、人口の少ない地域ではかえってプロサッカーの視聴率は高いかもしれない。このあたりをデータで明らかにしていかなければ、放送局に対するチームの交渉力は生まれない。

　もう1つ指摘しておきたいのは、有料放送と無料放送との視聴者数の違いである。すでにみたとおり、有料放送でJリーグが見られる契約の数は40万程度と見込まれる。これに対して、無料放送では同じ放送権料を得るために必要な世帯数は250万である。つまり6倍以上なので、無料放送のほうがハードルが高いようにも思えるのだが、視聴率でいえばそれほど高くはない。

　また無料放送の大きな長所は、たまにしか見ない視聴者もいるという点である。このような人はファンのいわば予備軍である。有料放送は好きな人だけが契約する。ファンを拡大していくうえでは、地上波のほうが有利である。

第III章　スポンサーとメディアからみたスポーツ組織の投資価値 | 119

　これに関連して、シミュレーションを1つ示してみたい。表13のa列は、J1のチームがある地域で無料放送をしているとして、1シーズン1回テレビで見る人、2回、3回、……34回見る人の人口がすべて同じであるとした場合の、各試合の視聴者構成である。34回見る人はすべての試合でカウントされる。これに対して1回しか見ない人は1試合でカウントされるだけなので割合が少なくなる。ここで視聴回数1～4回を「たまに見る人」とすると、この人たちの各試合での構成比の合計はわずか1.7％である。

　つぎに、試合ごとの視聴者構成比が、シーズン全体の視聴回数によらず一定だとする。つまり、1つの試合を取り上げると、シーズンで1回しか見ない人、2回の人、……34回の人の構成比がそれぞれ34分の1ということである。この場合、視聴回数別の人口の構成比は列bのようになる。つまり「たまに見る人」が全視聴者の半数以上になっている。

　また列aのケースで、1回以上試合をテレビで視聴する人が何人いるかというのを計算すると、「34回」の人は毎回の視聴者数を平均視聴者数より少し多めの350万人とするとその5.7％なので20万人である。視聴回数ごとの人口は同じにしてあるので、総視聴人口（ネット）はこれを34倍して680万人になる。列bのケースでは、ネットの視聴者人口は1441万人になる。わかりにくいかもしれないので少し解説すると、シーズンに1回見る人が、1つの試合を見る人数は350万人の34分の1なので10万人強である。ついでに言えば、視聴回数によらずこの数字は等しい。そして別の試合を見る人も同じ人数だが、最初の試合を見ている人とは別の人々である。1回しか見ない人なのでそうなる。ということは、34試合について、1回だけ見る人の人数の合計は、

　　350（万人）÷ 34（視聴回数別のカテゴリーの数）
　　　　　　× 34（試合）÷ 1（年間視聴回数） ＝ 350万人

となる。そしてこの350万人は、1441万人の24.3％、すなわちb列の数字に等しい。

　同様に、シーズンに2回見る人は、この式の「年間視聴回数」が2回になって、あとは同じなので、途中の34を2つ省略すると、

表13 ● 1試合あたりと全試合の視聴者構成の違い

年間視聴回数	a 視聴回数別の視聴者数がすべて同じであった場合の1試合の視聴者構成 （％）	b 試合ごとの視聴回数別の視聴者数がすべて同じであった場合の視聴者構成 （％）	c bのケースの視聴者人口 （ネット、万人）
1	0.2	24.3	350
2	0.3	12.1	175
3	0.5	8.1	117
4	0.7	6.1	88
5	0.8	4.9	70
6	1.0	4.0	58
7	1.2	3.5	50
8	1.3	3.0	44
9	1.5	2.7	39
10	1.7	2.4	35
11	1.8	2.2	32
12	2.0	2.0	29
13	2.2	1.9	27
14	2.4	1.7	25
15	2.5	1.6	23
16	2.7	1.5	22
17	2.9	1.4	21
18	3.0	1.3	19
19	3.2	1.3	18
20	3.4	1.2	18
21	3.5	1.2	17
22	3.7	1.1	16
23	3.9	1.1	15
24	4.0	1.0	15
25	4.2	1.0	14
26	4.4	0.9	13
27	4.5	0.9	13
28	4.7	0.9	13
29	4.9	0.8	12
30	5.0	0.8	12
31	5.2	0.8	11
32	5.4	0.8	11
33	5.5	0.7	11
34	5.7	0.7	10
合　計	100	100	1,441

350（万人）÷ 2 ＝ 175（万人）

である。以下同じで、合計が1441万人である。国民の9人に1人が、シーズンに少なくとも1回はサッカーのリーグ戦の試合をテレビで見ている。

　この数字は大きすぎるだろうか。リーグ戦ではなくて代表戦、それもワールドカップになると、視聴率はケタ違いになる。最近では2010年南アフリカ・ワールドカップでの日本代表とパラグアイの試合が世帯視聴率50％を超えている。視聴世帯数は全国だと3000万である。これに対して上記の680万人や1441万人は、1シーズンで少なくとも1回見る人の人数なので、定義としてはかなり「おとなしい」…無理のない数ではないかと考えている。

4. 地上波無料放送に必要な視聴率

　つぎに、無料放送ではどの程度の視聴率が必要かを考えてみよう。
　「必要か」というのは、機会損失がないための条件である。放送する番組の視聴率が低ければ、別のコンテンツにすればもっと視聴率が取れたはずだということになる。
　必要な視聴率は、曜日と時間帯によって異なる。深夜や早朝であれば、そもそもテレビを見ている人が少ない。だから期待される視聴率も低いが、いわゆるゴールデンタイム（19時〜22時）あるいはプライムタイム（19時〜23時）であればテレビを見る人も多くて高い視聴率が期待できる。ゴールデンタイムとプライムタイムはかなりかぶるのだが、2つの概念がある理由としては、日本人の生活時間が夜型になって22時台でも視聴率がとれるようになったことと、ゴールデンタイムは和製英語だがプライムのほうはまともな英語で、かつ日本のテレビ局が持株会社方式で株式を上場するようになり、英語でのIRが必須になったことであるように思われる。なおプライムタイムは英語での共通概念だがどの曜日のどの時間帯を指すのかについては国・地域によって異なる。

◉視聴人口からの検討

　では、どれくらいの人がテレビを見ているのか。視聴率についてはビデオリ

表14 ●サッカー高世帯視聴率番組

順位	番組名	放送日	放送開始時刻	放送時間(分)	放送局	番組平均世帯視聴率(%)
1	2002 FIFA ワールドカップ グループリーグ・日本×ロシア	2002. 6. 9(日)	20:00	174	フジテレビ	66.1
2	2002 FIFA ワールドカップ 決勝・ドイツ×ブラジル	2002. 6. 30(日)	20:57	93	NHK総合	65.6
3	ワールドカップサッカーフランス'98 日本×クロアチア	1998. 6. 20(土)	21:22	128	NHK総合	60.9
4	ワールドカップサッカーフランス'98 日本×アルゼンチン	1998. 6. 14(日)	21:22	128	NHK総合	60.5
5	2002 FIFA ワールドカップ 1次リーグ 日本×ベルギー	2002. 6. 4(火)	18:53	67	NHK総合	58.8
6	2010 FIFA ワールドカップ 日本×パラグアイ	2010. 6. 29(火)	22:40	150	TBS	57.3
7	サッカー・2006 FIFA ワールドカップ 日本×クロアチア	2006. 6. 18(日)	21:35	175	テレビ朝日	52.7
8	ワールドカップサッカーフランス'98 日本×ジャマイカ	1998. 6. 26(金)	22:52	126	NHK総合	52.3
9	2006 FIFA ワールドカップ 日本×オーストラリア	2006. 6. 12(月)	21:50	155	NHK総合	49.0
10	2002 FIFA ワールドカップ決勝トーナメント 日本×トルコ	2002. 6. 18(火)	16:25	95	NHK総合	48.5
11	2002 FIFA ワールドカップ 準決勝 ドイツ×韓国	2002. 6. 25(火)	20:00	165	日本テレビ	48.3
12	ワールドカップサッカーアジア地区最終予選 日本×イラク	1993. 10. 28(木)	22:00	135	テレビ東京	48.1
13	'98 ワールドカップサッカーアジア地区第3代表決定戦 日本×イラン	1997. 11. 16(日)	21:50	195	フジテレビ	47.9
14	2002 FIFA ワールドカップ ブラジル×トルコ	2002. 6. 26(水)	21:27	63	NHK総合	47.6
15	サッカー・2006 FIFA ワールドカップ アジア地区最終予選 日本×北朝鮮	2005. 2. 9(水)	19:17	136	テレビ朝日	47.2
16	2010 FIFA ワールドカップ 日本×カメルーン	2010. 6. 14(月)	23:54	61	NHK総合	45.5
16	2002 FIFA ワールドカップ サッカー チュニジア×日本	2002. 6. 14(金)	15:00	174	テレビ朝日	45.5
18	サッカー・2006 FIFA ワールドカップ アジア地区最終予選・北朝鮮×日本	2005. 6. 8(水)	19:22	136	テレビ朝日	43.4
19	2010 FIFA ワールドカップ 日本×オランダ	2010. 6. 19(土)	20:10	150	テレビ朝日	43.0
20	2002 FIFA World Cup・アルゼンチン×イングランド	2002. 6. 7(金)	20:10	145	TBS	41.6

資料：ビデオリサーチ

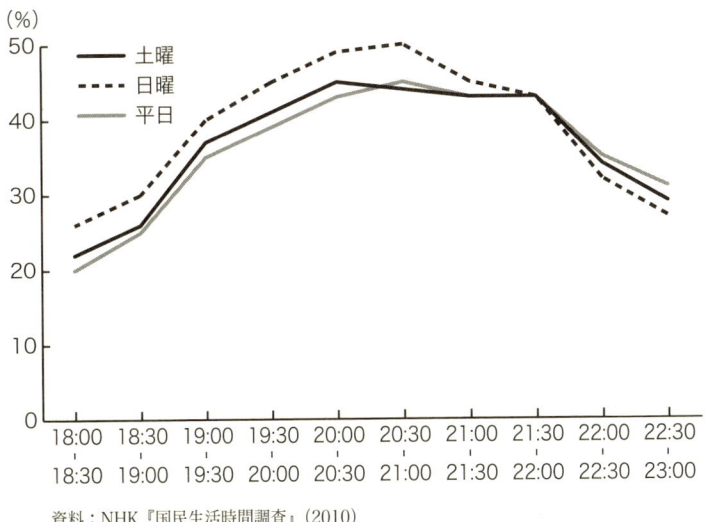

```
(%)
50 ── 土曜
    ---- 日曜
40  ── 平日
30
20
10
 0
  18:00 18:30 19:00 19:30 20:00 20:30 21:00 21:30 22:00 22:30
  18:30 19:00 19:30 20:00 20:30 21:00 21:30 22:00 22:30 23:00
```

資料：NHK『国民生活時間調査』(2010)

図12 ● 時間帯別テレビ視聴者率

サーチ社のデータがほしいところだが、残念ながら同社のホームページで確認できるのは番組視聴率、それも率の高い番組についてだけである。そこでNHKの『国民生活時間調査』(2010年版)から、時間帯別にどれくらいの割合の人がテレビを見ているかを確認すると図12のようになる。

最も視聴者率が高いのは日曜の20時30分から21時の間で50％である。つまり国民2人に1人がテレビを見ているのだが、ではこの時、世帯視聴率は何％になるだろう。50％ではない。これより高くなるはずなのである。

1人世帯の場合は、個人視聴率と世帯視聴率が等しくなる。平日18時から18時30分を例にとると、個人視聴率は20％なので、世帯視聴率も20％である。これはわかりやすい。では2人世帯の場合はどうか。この計算はつぎのようになる。

- 2人ともテレビを見ている確率　　20％×20％＝4％
- 2人ともテレビを見ていない確率　80％×80％＝64％
- 1人がテレビを見ている確率　　　100％－4％－64％＝32％
- 世帯での視聴率　　　　　　　　　100％－64％＝36％

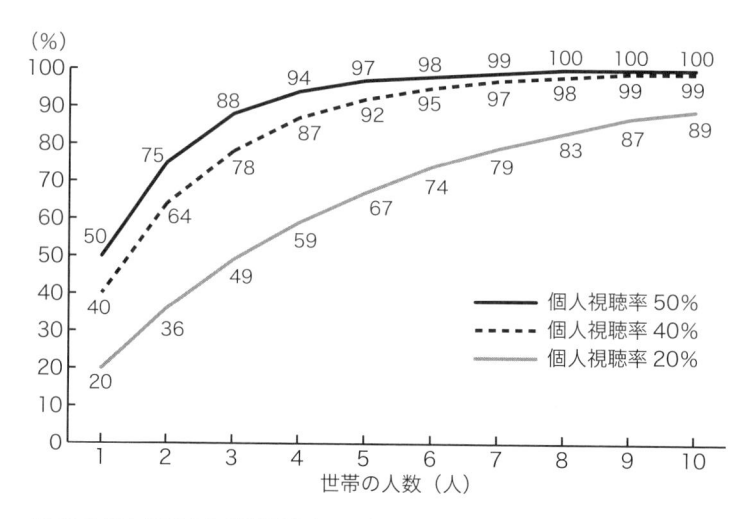

```
(%)
100                              97    98    99   100   100   100
                          94                            99    99
 90                 88                 95    97    98
                          87    92
 80           75                                         87    89
                    78                             83
 70                                          79
              64                       74
 60                       59    67
 50   50
              49
 40   40
              36
 30
 20   20
 10
  0
      1   2   3   4   5   6   7   8   9   10
              世帯の人数（人）

凡例:
―― 個人視聴率 50%
---- 個人視聴率 40%
―― 個人視聴率 20%
```

図13 ●個人視聴率と世帯視聴率の関係1──世帯人数別

　実態がこうなるかどうかはわからない。上記は数学的に言えば「家族一人一人のテレビ視聴行動が、お互いに独立している場合」を想定している。実際には家族団らんでテレビを見るという家庭もあれば、逆に家族が揃っている時にはあまりテレビを見ないという家庭もあるだろう。つまり個人の行動は実際には家庭の影響を受けているものと思われるが、これを考えだすときりがないので、まずは試算してみるということである。

　計算を簡略化するためには、全員がテレビを見ていない確率をまず計算し、これを100％から引けば「世帯の中で少なくとも1人がテレビを見ている確率」＝世帯視聴率になる。したがって、

〈3人世帯の場合〉
- 3人ともテレビを見ていない確率　　　　80％×80％×80％＝51.2％
- 誰かがテレビを見ている確率（世帯視聴率）　48.8％

〈4人世帯の場合〉
- 誰もテレビを見ていない確率　　　　　　80％の4乗＝41.0％
- 誰かがテレビを見ている確率（世帯視聴率）　59.0％

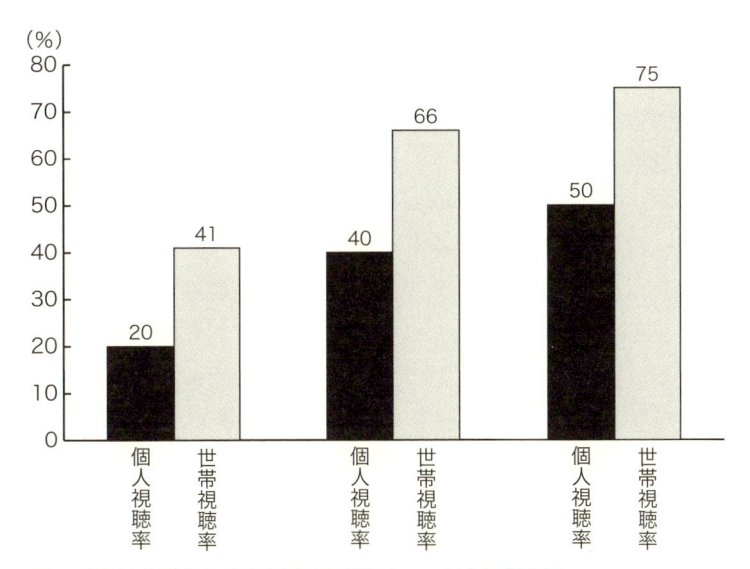

図14 ●個人視聴率と世帯視聴率の関係2──個人視聴率別

　つまり、世帯人員が多いほど、誰かがテレビを見ている確率が高くなる。個人視聴率20％、40％、50％の場合についてこれを示すと図13のようになる。
　さて、以上のようなことがわかると、つぎの手順は「世帯数別の世帯視聴率に、世帯数を掛け合わせる」ことである。これはデータを国勢調査から得ることができる。この数字の合計を日本の総世帯数で割ったものが、日本全体の世帯視聴率（世帯の少なくとも1人がテレビを見ている世帯の割合）となる。結果の例は図14のとおりで、個人視聴率が20％なら世帯は41％、個人40％で世帯66％、そして個人50％で世帯は75％である。つまり、日曜午後8時には、日本の4分の3の世帯、実数としては3680万世帯でテレビのスイッチが入っている。そして見ている国民は、全体の50％である。

◉視聴人口の獲得競争

　つぎにこの世帯視聴率75％の中でどれだけを確保できるのか、すればよいのかについて。関東のテレビ局はNHK（チャンネル1）、NTV（4）、テレビ朝日（5）、TBS（6）、テレビ東京（7）、フジテレビ（8）の6局が主なところで、

これにNHKのEテレと衛星放送等が加わる。全体で7局くらいの感覚で捉えるとすると、75％の世帯視聴率をこの7で割ると10.7％になる。
　だから局別の平均的な世帯視聴率は、この10.7％である。つまり、11％程度の番組視聴率を稼げているのであれば「合格」である。もちろん、日曜20時からは大河ドラマが始まる。2014年初の視聴率は約19％である。昔に比べれば低いのだが、75％からこれを引くと56％。これを6局で割ると10％弱である。つまり、この時間帯であれば、10％の世帯視聴率があれば「合格」になる。逆に言えば、日曜20時台に放送してほしいと思うのであれば、10％の世帯視聴率がないとテレビ局は困る。一方で前述したように日本のプロサッカーの世帯視聴率は「1桁台の前半」、つまり5％未満だし、現在得ている50億円の放送権料に見合う視聴率は4％程度である。つまり、日曜20時台に放送することができない。つまり、Jリーグを生放送しようというテレビ局は登場しない。
　では、どのような時間帯であれば放送が可能なのだろう。理論的には、個人視聴率が4.2％あれば世帯視聴率は10.2％になる。この時、7局の個人視聴率の合計は4.2％×7局＝約29％である。シミュレーションをしてみると、個人視聴率29％で世帯視聴率53.5％となる。これは、「日曜日18時30分〜19時」の、平均的な視聴率の番組であれば、世帯視聴率10％をクリアでき、その時の個人視聴率が4.2％であることを示している。ついでに言えば、世帯視聴率4％の時の個人視聴率は1.6％である。7局ではそれぞれ28％、11.2％になる。つまり、日本の家庭のテレビが28％スイッチが入っていて、国民の11％がテレビを見ている時間帯であれば、Jリーグのコンテンツは平均的な競争力を持っている。しかしその時間帯は、ゴールデンでもプライムでもない。
　残念ながら、平日、あるいは週末でも、19時から23時までの時間帯の個人の「視聴者率」は、最低で20％である。そしてこの時間帯に、少なくとも日本の家庭の40％ではテレビがついているのだが、4％の世帯視聴率では、勝ち組になれない。勝ち組になるためには、40÷7＝6％程度の世帯視聴率が必要になる。今のプロサッカーの視聴率では放送されないし、逆に言えば、放送されるだけの視聴率が稼げるなら、50億円では安すぎるということでもある。
　もちろん、（世帯）視聴率が7局計で40％以上の時間帯は、テレビ局の「激

戦区」である。だとすると、単純平均の視聴率より若干低くても、テレビ局は放送しようと考えるかもしれない。たとえば、その時間帯に視聴率16％の番組があるとすると、他局の平均視聴率は4％になる（4×6＋16＝40なので）。

とはいえ、ずっとこの低い視聴率が続くということがわかっているとすると、やはりテレビ局は逡巡するだろう。ドラマやバラエティであれば、番組が変われば視聴率が劇的に変わる。これに対して、毎年、それも毎週放送されているスポーツ放送の場合は、劇的に変わるということがない。

もちろん、あるチームが珍しく優勝に「絡む」とか、降格の危機を迎えるということはあるだろう。この場合、該当する地域の視聴率は上がることが確実なのだが、一方でこのような展開のない地域は沈滞する。優勝争いや昇降格に絡むチーム数は一定だとすると、局地的には毎シーズン視聴率が上がるとしても、全体としては変化がない。変化がない、換言すれば視聴率が読めるという点においてプロスポーツは安心できるコンテンツなのだが、逆に言えばそれ以上の数字が稼ぎにくいとすると、予め放送できる時間帯が決まってしまうのである。率が読みにくければ番組が成立しにくいが、読めすぎることも制約になる。そしてリーグ戦型のスポーツの場合、全試合を放送するとなると、1チーム当たり十数試合の放送契約をかわすことになるのだとすると、視聴率が思ったように上がらないとしても「後の祭り」である。1回だけの「特番」と比べるとリスクが大きい。それだけコンテンツを「売りにくい」ということである。

たとえば、世帯視聴率40％の時間帯に、有名なお笑いタレントが司会をつとめるバラエティ番組をあてるとする。原価にもよるが、6％の視聴率がとれていればまあよいということになるのだろう。この番組の視聴率が6％よりもかなり低い、たとえば3％くらいで第1回から3回までが推移したとすると、打ち切りになる可能性が高い。この場合、収録した回まではコストが発生するが、その後は発生しない（たとえば1クール13週分の司会者のスケジュールをおさえてあったとすると未収録分についてもコストは発生するかもしれない。契約次第である）。これに対して、リーグ戦型のスポーツであれば1シーズン分を予め契約していたとすると、コストは固定的である。とはいえ買い取った放送権を捨てるのももったいないので期待視聴率の低い時間帯に放送を移すとすると、おそらくさらに視聴率が下がる。それに、その時間帯には、その時間

帯にふさわしい番組の放送が予定されているはずである。そうだとすると期待視聴率4％の時間帯には放送できない。もう少し条件の良くない時間帯に番組は移されることになるのだろう。

　このような検討の結果が示しているのは、コンテンツの数の多い（つまり試合数の多い）スポーツの放送権料を買うことは、テレビ局にとって、かなりリスクがあるのだという点である。ただし、昨シーズンの視聴率が満足のいくものであればリスクは小さい。スポーツは「率が読める」という点では優れたコンテンツなのだが、その「率」が低ければ、逆にそれが足枷となる。

第4節
新興国市場の価値

　放送権料で近年重要な地位を占めるようになったのが新興国市場である。世界で最も多く放送権料収入を得ているのはイングランドのプレミアリーグだが、2013-14シーズンにおいて、その放送権料収入は総額50億ポンド（3シーズン合計）で、内訳は国内向けが約30億ポンド、国外向けが約20億ポンドと見られる。邦貨ではそれぞれ年間で1600億円、1100億円程度になる。プレミアリーグは20チームで編成されているので、単純平均すると1チーム当たり年間135億円程度になる。この額は、J1で最も事業収入（すべての）が大きいクラブの2倍以上になる。たちうちできないような格差がついている。

1. 放送権料の配分方式とその背景

　プロサッカーは昇降格のある競技なので、米国の4大スポーツのようには戦力均衡を追求しない。そうであるのにちょっと不思議なのは、放送権料についてはチームの人気（視聴者の数）によって事業収入に差がつくかというとそうでもないという点であろう。かつてイングランド（およびウェールズの一部）のサッカー協会（FA）は、放送権料の単純平均額を各チームに配分していた。これで不満が生じたことがのちのプレミアリーグ創設の一因なのだが、現在でも、リーグ全体としていったん放送権料収入を受け取り、これを各チームにリーグが配分しているという例は少なくない。知る限りでは、スペインでは各チームが直接放送権料収入を得ている。これに対して、イングランド、ドイツ、イタリアそして日本では、リーグから各クラブに放送権料が配分されている。ちょっと考えるとこれはおかしいのだがそれが現実である。
　このような「リーグ集約方式」が採用されている理由は、おそらく、相手（放送局）が1つないし少数だからであると思われる。たとえば放送局が1社であ

るとすると、チームごとに放送権に関する交渉を行うのは非合理である。チームから見ても、リーグに集約されているほうが取引コストが小さくて済むというメリットがある。

　スペインは、各チームは個別に放送局と契約するのだが、おそらくこの理由は、スペインにはカタロニアとバスクがある、つまりリーグは1つだが国が3つあるためなのだろう。ビルバオのファンもバルセロナのファンも、地元のテレビで地元のチームの試合を見る。それならリーグを分けてもよさそうなのだが、リーグが1つであることによって、スペインリーグの試合はそもそもが国際試合になっている。対抗意識が人気を高める。

⦿国内は均等、国際試合で格差がつく

　では具体的にどのような配分ルールがあるのか。公開されているデータはとぼしい。日本については、よくわからない。そんな状況であるが、リーグによって、配分の仕方はかなり違うらしい。報道されている範囲でのフラグメント（情報の断片）をかき集めてみると、プレミアについてはつぎのようになっている。

- 国内の放送権料：2分の1は20クラブに均等配分する。残り2分の1は、順位と放送回数に応じて配分する。
- 海外向け放送権料：20チームで均等配分する。

　つまり、国内の1600億円のうち800億円については均等配分なので各チーム40億円である。また海外の放送権料については均等配分とすると各チーム55億円である。合計すると、均等配分方式で各チームはまず95億円を手にする。この段階で既に、Jリーグで最も事業収入の多いチームの総収入を上回っている。

　国内向けの半額、つまり残る800億円については、順位や人気（放送回数）で傾斜配分されるのだが、結果として、各チームが受け取る放送権料は、収入1位のチームと降格する最下位のチームとで、1.5倍程度の格差が生じるだけである。このシーズンでは、最下位でも年間100億円以上の放送権料収入になるものと思われる。1位なら170億円程度だろうか。格差は小さいのだが、リーグ戦で上位に入ると、何度も述べているようにこれにカップ戦（チャンピオンズリーグ）の放送権料が上乗せされる。リスクテイクと格差拡大は、ここから先なのである。

2. 海外放送権料

　本節で深掘りしてみたいのは海外からの放送権料である。プレミアリーグはこれが年間1100億円で、これだけでJリーグが得ている放送権料総額の20倍である。ブンデスリーガは成功したリーグとしてはプレミアと双璧だが、その放送権料は国内、海外あわせて1000億円程度である。イタリアのセリエAは同じく1200億円程度。つまりプレミアリーグだけが群を抜いている。またスペインについてはリーグ一括ではなくて個別契約方式だが、レアル・マドリードとバルセロナが国内だけでなく海外向けの放送権料収入についても突出して高いようだ。

⦿イングランドとスペインの海外放送権料収入が多い理由

　ではその理由は何か。日本に比べて欧州の一部のチームの収入が多い理由、そして欧州の中でもプレミアリーグとスペインの一部が多い理由としては、以下のような点を指摘できるだろう。

①人口と経済成長（所得の上昇）

　欧州サッカーというコンテンツを買おうとするのは、新興国である。とくに当面はアジア圏、典型的にはASEANであろう。欧州には自国リーグの他にチャンピオンズリーグとヨーロッパリーグとがある。これに対して、ASEAN各国には、ワールドクラスの選手が出場するような国内リーグがない。競技水準もかなり劣ると言ってよいのだろう。だから欧州サッカーのコンテンツとしての価値が高い。

　ついでに言えば、国内リーグにワールドクラスの選手（国内選手と海外選手）が出場していないという点は、日本にもあてはまる。そういった選手は欧州に集中している。欧州サッカーの放送は日本でも人気が高くなる。もっと面白いのは、バルセロナのソシオを国別にみると、最も多いのはスペインでこれは当然として、2番目はなぜか日本人だというところである。ソシオになればシーズンチケットを購入する権利が生まれる（と言っても、買えるようになるまでは何年か待たされるらしい。それくらい人気が高い）。日本人のファンがバルセロナの試合を見に行くかというと、日本に住んでいればなかなかすべてとい

表15 ● BRICs、アジア新興国と欧州主要国の人口と経済規模

	人口 (千人)	GDP (10億ドル)	1人あたりGDP (ドル)
ブラジル	196,665	2,088	10,716
ロシア	142,836	1,479	10,351
インド	1,241,492	1,722	1,406
中国	1,347,565	5,739	4,354
インドネシア	242,326	707	2,949
タイ	69,519	319	4,613
フィリピン	94,852	200	2,140
ベトナム	88,792	104	1,183
マレーシア	28,859	238	8,373
ミャンマー	48,337	42	876
バングラデシュ	150,494	99	670
英国	62,417	2,253	36,327
ドイツ	82,163	3,280	39,857
スペイン	46,455	1,407	30,543
イタリア	60,879	2,051	33,877
日本	127,817	5,458	43,141

注：人口は2011年、GDPおよび1人あたりGDPは2010年。

うわけにはいかない。にもかかわらずソシオになる。生で見る試合は少ないのだろうが、ソシオの一員として、試合の多くをテレビで日本で見ているのである。

　新興国の特徴は、人口が多いことである。典型はBRICsだが、比較のためにアジア新興国、日本と欧州主要リーグを有する国を含めて人口、GDP、1人あたり国民所得（GDPと同じである）を示せば表15のようになる。

　中国とインドは別格で桁が違う。ブラジルも1.9億人で日本よりはるかに多い。ロシアを新興国と呼ぶわけにはいかないが、欧州では唯一日本より人口の多い国である。また近年はBRICsはBRICSになっていて、大文字のSは南アフリカを指す。

　参考までに世界で人口の多い国をあげると、1位中国、2位インドに続くのはつぎのとおりである。

　3位　米　国

4位　インドネシア
5位　ブラジル
6位　パキスタン
7位　ナイジェリア
8位　バングラデシュ
9位　ロシア
10位　日　本

　米国と日本を除くと平均所得が低い。ロシアの平均所得は1万ドルであり日本の4分の1程度である。

⦿BOP（Base of Pyramid）

　平均所得が低ければ購買力も低く、無料放送の広告の露出対象としても、有料放送の契約者としてもあまり期待できないと考えてよいのだが、新興国の強みは「人口」に加えて「成長力」である。

　BOP、つまりピラミッドの底辺とは、所得が最も低く人口の多い階層を指す。ただしそれだけでは市場性がない。企業が事業の対象と考えるのは、加えて、所得上昇の可能性が高い国である。それも、人口の多い所得階層、つまり、あまり所得が高くない人々の所得が上がることに経済的な価値、市場としての魅

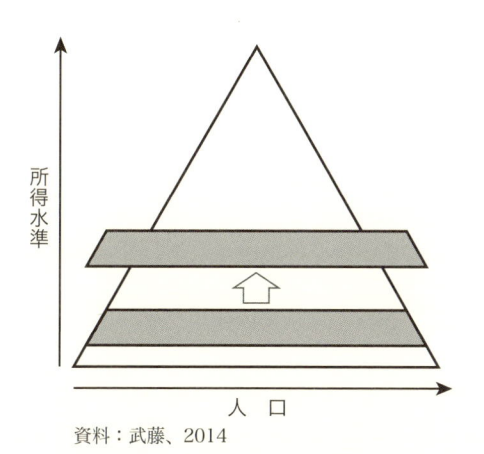

資料：武藤、2014

図15●企業にとってのBOPの位置づけ

表16 ●各国の経済成長率

(％)

	2011	2012	2013	2014
世界全体	3.9	3.1	3.1	3.8
先進国・地域	1.7	1.2	1.2	2.1
米 国	1.8	2.2	1.7	2.7
ユーロ圏	1.5	−0.6	−0.6	0.9
ドイツ	3.1	0.9	0.3	1.3
フランス	2.0	0.0	−0.2	0.8
イタリア	0.4	−2.4	−1.8	0.7
スペイン	0.4	−1.4	−1.6	0.0
日 本	−0.6	1.9	2.0	1.2
イギリス	1.0	0.3	0.9	1.5
カナダ	2.5	1.7	1.7	2.2
その他先進国・地域	3.3	1.8	2.3	3.3
新興国および途上国・地域	6.2	4.9	5.0	5.4
中央および東ヨーロッパ	5.4	1.4	2.2	2.8
独立国家共同体	4.8	3.4	2.8	3.6
ロシア	4.3	3.4	2.5	3.3
除ロシア	6.1	3.3	3.5	4.3
アジア途上国	7.8	6.5	6.9	7.0
中 国	9.3	7.8	7.8	7.7
インド	6.3	3.2	5.6	6.3
ASEAN-5	4.5	6.1	5.6	5.7
ラテンアメリカおよびカリブ諸国	4.6	3.0	3.0	3.4
ブラジル	2.7	0.9	2.5	3.2
メキシコ	3.9	3.9	2.9	3.2
中東・北アフリカ・アフガニスタン・パキスタン	3.9	4.4	3.1	3.7
サブサハラアフリカ	5.4	4.9	5.1	5.9
南アフリカ	3.5	2.5	2.0	2.9
(再掲)				
欧州連合	1.7	−0.2	−0.1	1.2
中東および北アフリカ	4.0	4.5	3.0	3.7

資料：IMF 世界経済予測（2013. 07）

力がある。たとえば中国の人口は13〜14億人で、一部には所得の高い人もいるが大半は低い。仮に13億人の人々の年間平均所得が1万円上がったとすると総額で13兆円になる。日本の人口は中国の約10分の1なので、同じ13兆円の所得上昇を実現するためには、平均所得が10万円上昇しなければならない。オランダなら80万円、スウェーデンだと130万円である。数の力はすさまじいということである。

　では現在どのような新興国の成長率が高いのかというと、簡単に言えば「ほぼすべて」ということになる。

　IMFによれば、世界経済の成長率は2011、12年の実績がそれぞれ3.9％、3.1％で、2013、14年の予測値は3.1％、3.8％である。つまり全体として成長しているのだが、その構成はいわゆる2 Speed Economy、つまり成長速度の遅い先進国と、速い新興国・途上国に大別される。2012年の先進国の成長率は1.2％であった。これに対して新興国・地域は4.9％である。この年は東アジアとブラジルの成長が停滞したが、現在は持ち直し、新興国・地域全体としては13、14年にそれぞれ5％の成長が達成されると見込まれている。

　おおざっぱに言えば、新興国の経済成長は2つの段階を経る。第一段階は投資主導型であり、公共投資や設備投資で経済が成長する。そして第二段階では国民の賃金と所得が上昇し、消費で経済が成長する。つまり、図15のようにBOPが上にあがっていくのである。

②言語と宗主国――植民地関係

　2012年のロンドン五輪開会式で、英国女王は007と一緒にバッキンガム宮殿からヘリコプターで出発し（もちろん本人ではない）、五輪開会式会場にパラシュートで降りた。ちょっと残念だったのは、早稲田大学のスポーツ科学部の学生が、意外にこれを知らなかったことである。自分がしていない競技とか、競技と関係ない開会式とか、そういうものに関心がない。自戒を込めて言えば教育の失敗であろう。

　もちろんおそらく、英国人の多くはこの光景を見て喜んでいる。女王だけでなく、ポール・マッカートニー、Mr. ビーン…英国をよい意味で、そして覇権を感じさせることなく（何しろ今は覇権国ではない）代表するもの、それがビートルズやMr. ビーンなのだろう。

そして英国人と同じくらい女王陛下のパラシュートを楽しんでいたのは、コモンウェルス（英連邦）に代表される、旧植民地である。
コモンウェルスには現在以下の各国が加盟している。
〈欧　州〉
キプロス、マルタ
〈アジア〉
インド、シンガポール、スリ・ランカ、パキスタン、バングラデシュ、ブルネイ、マレーシア、モルディブ
〈北中米〉
アンティグア・バーブーダ、カナダ、グレナダ、ジャマイカ、セントクリストファー・ネイビス、セントビンセント・グレナディーン、セントルシア、ドミニカ国（ドミニカ共和国ではない）、トリニダード・トバゴ、バハマ、バルバドス、ベリーズ
〈南　米〉
ガイアナ
〈アフリカ〉
ウガンダ、ガーナ、カメルーン、ケニア、ザンビア、シエラレオネ、セーシェル、スワジランド、タンザニア、ナイジェリア、ナミビア、ボツワナ、レソト、マラウィ、南アフリカ共和国、モーリシャス、モザンビーク、ルワンダ
〈大洋州〉
オーストラリア、ニュージーランド、キリバス、サモア、ソロモン諸島、ツバル、トンガ、ナウル、バヌアツ、パプア・ニューギニア

英国の植民地の特徴は、北中米、アフリカ、大洋州に多く、南米に少ないことである。南米についてはほとんどがスペイン（およびポルトガル）領だった。アフリカは英仏でいわば「山分け」された。アジアの旧大英帝国植民地はインド等人口の多い国が並ぶ。
これらの旧植民地が、2012ロンドン五輪にこぞって賛成する光景を想像してみる。英国女王を元首としている国が多い。たとえば、カナダもオーストラリアもそうである。もちろん、開催都市を決めるのはIOC委員なので、旧植

民地が多ければ勝てるというものではないが、ホントのことを言えば、かつて搾取されていた（と書くと語弊があるだろうがある程度真実である）国や地域が今や宗主国を応援してくれるという、リベラルというか左翼の人々から見ると説明に困るような事態が起きている。スペインもフランスも同じである。

　オランダは植民地開発に少し乗り遅れた。余談だがマンハッタン島を所有していたのはかつてはオランダで、ニューアムステルダムという名前が付いていた。1667年にオランダ政府はこのマンハッタン島と、英国が保有するインドネシアの小さなルン島を交換し、ニューアムステルダムはニューヨークになる。オランダの歴史的失敗の1つといえるだろう。ルン島の資源は、ナツメグであった（ルクーター＆バーレサン、2011）。ニューアムステルダムには輸出できる資源など当時はなかった。もったいないことをしたものである。そして決定的に乗り遅れたのは近代広域統一国家の出現が遅れたドイツ、イタリア、そして日本で、植民地を持たない3つの国がまとまって多数派に挑んだのが第二次世界大戦だと考えるといいのかもしれない。

　多くの旧植民地を持つ英国のサッカー中継は、これらの国では歓迎されるのだろう。言葉は通じるし、人口も多い。だからアジアがプレミアリーグの放送権料の市場として魅力的なのである。またしたがって、ドイツ・サッカーの放送権料は新興国ではあまり売れないものと考えられる。

　南米については、人口が最も多いブラジルは旧ポルトガル領で人口約1.9億人である。ポルトガルの人口はおよそ1千万人で、正確な統計はないがアフリカ北部にポルトガル語を話す人が3〜4千万人いると考えられている。つまり、ポルトガルリーグのサッカー視聴人口は、国内1千万人、海外2億人以上なのである。

　中南米でブラジル以外の国はカリブの一部を除くと旧スペイン領で、人口で言うと合計3.8億人程度である。アジアとは違いこれらの国はサッカーがそもそも盛んなので視聴人口は多い。自国リーグよりスペインリーグを見るかというとそうではないかもしれないが、自国出身選手が活躍していれば見たいと考えるだろう。さらに言えば、米国人のうち3500万人が家庭で普段スペイン語を話している。この3500万人は、メキシコの人口1億1700万人、コロンビア4700万人、アルゼンチン4100万人に次いで、中南米のスペイン語国中4位に

あたる。つまり、米国はある意味において、現在スペイン語圏の国なのである。

③コンテンツの成熟度（がまだ高くないこと）

すでに述べたように、欧州各国は人口が少ないのでテレビ局が自国語の番組を独自に制作して放映しても、もらえるスポンサー料収入が人口規模に応じて少ないので採算に乗りにくい。結果としてコンテンツがスポーツとアニメになる。アジアは人口が多いので欧州的な問題は発生しにくい、つまりスポーツとアニメに頼らなくてもよいのかもしれない。

とはいえスポーツはテレビにとって重要なコンテンツである。またテレビの発展期において、ドラマ、バラエティなどの制作能力の不足を補うという面でもスポーツは「すぐに使えるコンテンツ」として価値を持っている。

日本の歴史を振り返るなら、テレビ放送の開始は1953（昭和28）年である。そしてこの年からすでに、プロ野球と大相撲の中継がはじまっている。ラジオで放送していたものをテレビにしたと考えればわかりやすい。プロレス、つまりラジオの経験を持たないコンテンツの放送は1957年からである。

外国、とくに米国のアニメやドラマを買ってきて放送するというのも初期の特徴であった。ディズニー・アワー（放送開始1957）、ポパイ（1959）、サンセット77（1960）、ララミー牧場（1960）、ルーシー・ショー（1963）といったところである。

日本製のバラエティは放送開始の1953年にはじまったのがNHKの「ジェスチャー」で、おとなの漫画（1959）、シャボン玉ホリデー（1961）などが人気であったように思う。ドラマについて言えば、NHK大河ドラマが1963年の「花の生涯」からで、主役（井伊直弼）は尾上松緑、つまり歌舞伎役者である。歌舞伎など、別の分野の俳優がテレビに登場したというのは米国にはない日本の特徴だが、このような「人的交流」も、テレビドラマを当初から質の高いものにするのに役立っていたと言えるだろう。NHK朝の連続テレビ小説は1961年の「娘と私」からである。

このようないわば「振り返り」からも、アニメやスポーツがテレビのコンテンツとして、欧州だけでなくアジア諸国においても歓迎されることが理解されるだろう。

◉アフリカ？

　そして、アジアのつぎはアフリカである、と、常識的には考えることになる。IMFの資料で示したように、アフリカも成長率が高い。ただし、アフリカの成長には、鉱物資源価格次第というところがある。現在は価格が高いので経済は数値としては成長しているし、世界全体の経済成長は資源価格を高めるので、これはアフリカにとってプラスの要因である。

　しかし、アフリカの多くの国では鉱業以外の産業が発展していない。アジア圏と比べて著しく遅れているのは農業である。経済が鉱業中心に発展し、衛生面の改善が進んで人口が増加するようになっても、増加した国民の栄養を自国の農業で賄うことが難しい。人口増に伴う食料需要増分は輸入することになる。輸入でなければ援助である。

　ここから先はスポーツの議論とは離れるので詳細を控えるが、私は、アフリカの将来についてあまり楽観していない。産業化、とくに農業改革をすすめる政策当事者がいないように思える。あり得るとすれば民間投資だが、灌漑施設や輸送インフラのない地域で農業を独自に成功させることのできる民間資本があるかというと難しい。何度も書くが例外はつきもので、アフリカの中にも産業化に成功する国があるのだろう。しかしそれがアフリカの多くを占めるようになるには時間がかかる。

第 IV 章

スタジアム・ファイナンス

第1節
誰がスタジアムを建設するのか

　日本的な感覚では、スポーツで最もコストがかかるのはスタジアムである。「日本的な感覚では」という留保をつけたのは、スタジアム建設費用と比較すると、日本のスポーツのチームの事業規模（売上高）が相対的に小さいからで、たとえばプロサッカーで最も規模が大きい浦和レッズの年商は60億円内外だが、埼玉スタジアムの整備費はその10倍くらいかかっている。一方、欧州サッカーの上位チームであれば、一般的なスタジアムの建設費用とチームの年商はほぼ等しいか、チーム年商のほうがむしろ大きい。

　もちろん、これは建設費用と年商を比較しただけのことであって、もしチームがスタジアム建設費用を賄うのだとしたら、売上高から費用を差し引いた残り（つまり利益）でスタジアムを建設できるかというと、これらの欧州チームでも難しい。そうなると、事業収支の黒字以外で、誰がどのようにして建設費を捻出するのか、どのようなキャッシュフローを建設に充当するのかというのがテーマになる。

1. 3つのキャッシュフロー

　企業会計では、キャッシュフロー（以下CFと略記する場合がある）は「事業CF」「投資CF」「財務CF」に区分される。事業CFは事業から生み出されるキャッシュの収支である。損益と違う点は、実際にお金が入ってくるかどうかという点だが（たとえば請求書を発行しても入金が3か月先だとすると、その間はもし売上高に計上できてもキャッシュ収入は発生しない）、似たようなものだと考えておけばよい。事業がうまくいっていればプラスである。投資CFは事業のための投資で、本来的に先行投資であり、その回収は事業CFで行われる。したがって、一般的には投資CFはマイナスになる。

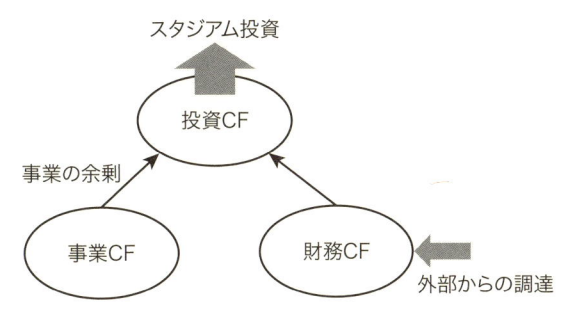

図16 ● 3つのキャッシュフロー

投資CFを賄う手段の1つが事業CFである。しかし、上述のように事業CFだけで投資することは難しい。とくにスタジアムのように、長期間にわたって使用する資産への投資を賄うためには、外部から資金を調達することが必要になる。この調達が計上されるのが財務CFである。調達すれば財務CFはプラスになる。負債を増やすとプラスになるという点には違和感があるかもしれないが、そんな構造になっている。つまり、企業は事業CFと財務CFによって投資CF（投資すればお金が出ていくのでマイナスになる）を賄う。図16では投資CFがスタジアム建設に使用されるイメージを示しているが、一般企業では設備投資等が主なものである。以下の議論は、この投資を実現するための財務CFを検討することになる。

2. 日本の課題状況

スタジアムの建設主体として重要なのが政府、すなわち国と地方政府（日本風に言えば地方自治体）である。日本には国体開催を契機として県立陸上競技場が数多く整備されている。アマチュアスポーツで使用される競技場だけではなく、プロスポーツが使用するスタジアムやアリーナ（体育館）についても公設が多い。これは日本だけではない。イタリア・サッカーのセリエAで使用されているスタジアムは公設である。フランス1部リーグのパリ・サンジェルマンも1998年のフランス・ワールドカップで建設された公設のスタジアムを使用している。しかし、日本には財政難という、公設に頼りにくい事情がある。

バブル崩壊以降、しばらくは景気対策としていわゆる「ハコモノ」が数多く作られた。しかし国と地方の負債が合計して1000兆円をはるかに超えるという状況の中では、このような施策を継続することはできない。結果として、ハコモノの典型である競技場の整備は、これまでと同じやり方では不可能になっている。とはいえスポーツは良質な競技場を求める。日本には公設の競技場が多いが、これ以上の整備が難しいとなると、では誰がどのように整備費を調達するか、負担するのかという課題が生じることになるのである。

⊙二元論を超えて

2020年オリンピック・パラリンピック大会の東京開催が決まったことで、とくに東京については関連施設の整備が進められていくが、言うまでもなく、経済合理性があるから整備されるわけではない。

一方で海外に目を向けるなら、たとえば米国のプロ野球（MLB）では近年大都市の集積地にスタジアムが続々と新設されている。また日本でも、東京ドームを保有するのは同名の株式公開会社である。つまり、投資採算を問われる主体がスタジアムを保有している。甲子園球場も株式公開会社の資産である。スタジアムはカネにならないと言って切って捨てるのは簡単だが、それだけでは重要な点を見逃すことになるのだろう。

プロサッカーについては公設のスタジアムが中心で、加えて企業スポーツの時代から福利厚生のために整備していたスタジアム（柏レイソルやジュビロ磐田のものが該当する）が一部見られたが、最近になってガンバ大阪が自前のスタジアムを建設する計画を策定し資金を集めている。また海外では、地方政府と民間が共同で整備するスタジアムというのが、少なからず見られる。やや結論を先取りして言えば、公設か民間かという二元論は、もはやあまり有効ではないのだろう。公と民が、協働する時代になっている。

3. スタジアム建設資金の出し手

では、誰が資金を出すのかについて。これを検討するためには、整備費がどれだけかかるのかを知ることが必要である。例として、2002年に開催された

TOPIC　ガンバ大阪の新スタジアム

　Jリーグのガンバ大阪は吹田市にある万博記念公園内の陸上競技場をホームにしているが、現在練習場として使用している土地にサッカー専用の新スタジアムを作ろうとしている。収容者数は4万人を予定している。現競技場の収容人数は21000人だが、これには立見席4000人分が含まれ、椅子席は17000人分しかない。また椅子のある座席も「長椅子席」が14000人である。チームの人気を考えると、明らかに収容力が小さい。ガンバ大阪の2012シーズンの平均入場者数は14778人でJ1平均より少ないのだが、スタジアムの収容人数が大きければもっと観客が多くなっていたものと思われる。機会損失である。図17は2012シーズンのホームゲームの入場者数を見たものだが、リーグ戦17試合のうち、観客数が座席数の17000を超えている試合が6回ある。

　建設資金として集めようとしている額は140億円、このうち30億円強が助成金で、残る110億円程度を法人・個人の寄付により調達する計画である。寄付は自治体に対して行われるので税額控除の対象となる。

　なお建設されたスタジアムは吹田市に寄贈される。つまりスタジアムの所有者は吹田市であり、スタジアムの運営については吹田市が行う（指定管理者制度を活用することも可能であろう）。

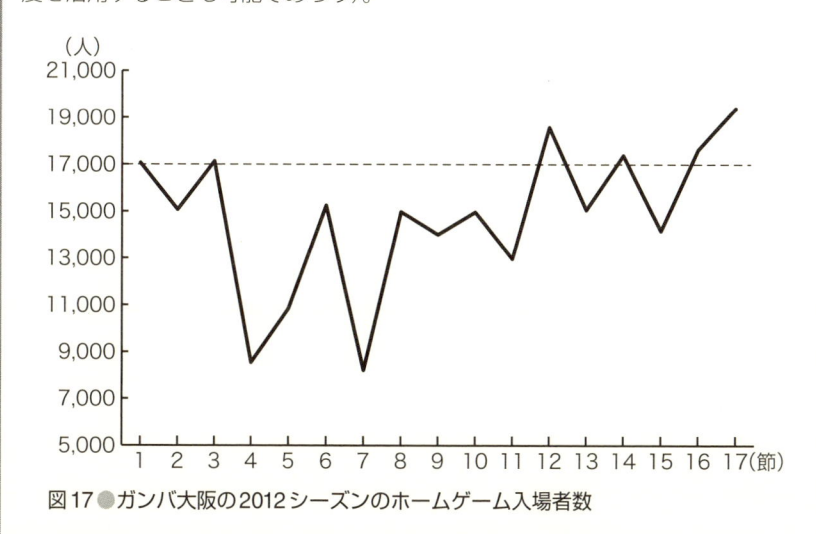

図17 ● ガンバ大阪の2012シーズンのホームゲーム入場者数

日韓ワールドカップのために新設されたスタジアムの整備費用は、土地代を除いて200〜600億円程度である。ガンバ大阪の新スタジアムは上述のように140億円程度で構想されている。土地代を別としても整備費はやはり巨額である。

⦿ PFIの限界

　資金の第一の「出し手」は、歴史的には、主に地方自治体であった。地方財政の現状を考えるなら、自治体を主体として想定してよいのかという意見もあるだろう。これに対する比較的「安易」な回答の1つはPFIであり、自治体の資金負担を平準化（つまり整備費を単年度で支出するのではなく長期にわたり負担する）することができる。とはいえPFIでものごとがすべて解決するのであれば整備費に悩むことはないはずで、どんどんスタジアムができていっておかしくない。しかしそうならない理由は、整備費はともかく、整備後も運営収支が赤字であるとすると毎年の自治体の歳出は小さくないからである。一方で投資採算の見込める施設については民間が開発参加意向を持つ。つまり、PFIは消去法の結果として選択されるファイナンス・モデルなのかもしれない。

⦿ 地域間競争と集客施設の必要性

　ともあれ、自治体は主要な整備主体であり続ける。これは海外でも同じで、イングランドのリーボック・スタジアム（ボルトン）とリコー・アリーナ（コベントリー）はどちらも市有地に建設されており、建設費に占める公的部門の拠出割合はそれぞれ18％、21％である（日本プロサッカーリーグ、2008）。この2つのスタジアムは市の再開発計画の一環として整備されており市の役割が大きい。リコー・アリーナについては所有者もコベントリー市である。サッカーではないが米国のMLB（野球）やNFL（アメリカンフットボール）のスタジアムも、前述のようにチームと市が資金拠出しているものが多い。

　なぜ自治体が資金を出すのかといえば、自治体の目的は、スタジアムを含む、より広い敷地の開発なのである。地域は現在、地域間競争にさらされている。開発された商業施設が成功するかどうかは、人がやって来るかどうかで決まる。そうであれば、さまざまな集客要因の中で、差別化の源泉となるものが必要に

なる。このための手段の1つが、スタジアムやアリーナなのである。

⦿日本のスポーツの集客力

では日本のスポーツにはどの程度集客力があるのか。たとえばJ1はリーグ戦とカップ戦を併せて1チームあたり18〜20試合が開催される。平均観客数が1万8000人であるとすると、年間の入場者はのべ35万人内外となる。プロ野球であればホームゲーム70試合、平均観客数2万人とすると年間の延べ入場者は140万人である。そして、試合がない日については、イベントが開催される。この集客力が追加されることによって、開発は優位性を実現する。

比較のために言えば、東京ディズニーランドとディズニーシーの年間入場者数はそれぞれ1000万人を超える。ユニバーサルスタジオジャパンは850万人である。これらと比較すると140万人はいかにも少ないが、テーマパークは投資額が大きい。旭山動物園（170万人）、葛西臨海水族園（150万人）、江戸東京博物館（120万人）あたりと同じ集客力であると考えるとプロ野球は大したものだということができるだろう。

⦿資金拠出者としてのプロチーム

第二の資金の出し手は、スタジアムを利用するプロチームである。言うまでもなく、チームにとって、集客力のあるスタジアムはビジネスの大きな成功要件である。

問題は、プロチームがそのような資金を持っているかどうかという点である。プロチームの第一の目的は勝つことなので、余裕資金は強化に投入される。資金に余裕がなくても強化にお金を使い、勝てばこれを回収できると考える。したがって、スタジアム整備費に投入できるだけの自己資金を持つチームは例外的であろう。

イングランドの場合は、前述したようにヒルズボロの悲劇を契機としてスタジアムの改修が義務付けられたことと、BスカイBによる高額の放送権料、そして新興企業上場ブームが時期的に重なったことにより、結果としてプレミアリーグのチームは放送権料と上場で得た資金をスタジアムに充当することができた。とはいえ、これは言わば「偶然の産物」であるし、新たなスタジアム建

設には地方政府からの資金も投入されている。放送権料と株式上場が最適な調達手段かというとそうでもない。

実際には、資金を拠出するのはチームというよりオーナーである。1社（個人の場合もあるだろう。たとえばMLBのオーナーは原則として個人である）ないし少数のオーナーがチームの発展のために投資する。方法としてはチームに資金を出すケースと、直接スタジアムに投資することが考えられる。チームに資金を出してチームがスタジアム整備費を負担する方法の場合は、スタジアムの部分的な所有権がチームに帰属することになる。

第三は、地元のファンである。これも、建設主体に直接支払う方法と、チームを介する方法とがあるだろう。

第四に、米国のアメリカンフットボールのスタジアム建設で見られるものとしては、観客席の長期占有権ないし優先的なシーズンチケット予約権を売るというのがある。有期限、たとえば10年間の長期占有権は、シーズンチケットを10年分予約するようなものだと考えればよい。無期限の占有権であれば、これは日本のゴルフ場の会員権のようなものになる。すなわち、権利が顧客間で相対で売買される。チームに人気があり、よい座席をなかなか確保できないという前提があるとすると、この権利の購入者は購入時と同額、あるいはそれ以上の価格で売却できるかもしれない。だから高額でも買いたいという人がいる。

第2節
借り入れと返済

1. 返済の試算

　これでも資金が不足する場合には借入を行う。借入なので返済原資がなければならない。つまりチームの収入が増えなければならないのだが、その手段はつぎのようなものである。
①入場者収入の増加
②ファンクラブ会員の増加——会員でなければシーズンチケットを購入できないという例が多い。
③物販・飲食の増加——入場者が増えることにより増加する。
④ラグジュアリーシート——シーズンシートの高級なものである。飲食のできるラウンジ使用権とセットになっているものが多い。
⑤ラグジュアリールーム——シーズン単位で契約する、部屋の使用権である。飲食についてはラウンジ、あるいはケータリングを利用する。富裕層や企業が購入する。1室1000万円を超えるものも見られる。
⑥施設命名権（ネーミングライツ）
⑦スタジアムの貸し出し——ただしサッカーの場合は天然芝なので制約が多い。人工芝ならコンサートやイベントに使用できる。NBA（バスケットボール）のアリーナ（体育館）はよく見本市に使われる。

　試算の例を表17に示す。借入金を100億円とする。金利と減価償却費で年6億円程度と考えればいいだろう。スタジアム新設効果によってファンクラブ会員が5000人増加し、ラグジュアリーシートとルームがそれぞれ400席、50室売れ、命名権が年3億円で売れたとすると、収入増は8億円弱である。ただし、

表17 ●スタジアム建設資金回収の試算例

	販売数 (増加分)	平均単価 (円)	年間収入 (千円)	粗利率 (％)	粗利額 (千円)
年会費とシーズンシート	5,000	15,000	75,000	90	67,500
物販飲食	5,000	10,000	50,000	60	30,000
ラグジュアリーシート	400	150,000	60,000	75	45,000
ラグジュアリールーム	50	5,000,000	250,000	75	187,500
施設命名権	1	300,000,000	300,000	100	300,000
計			735,000		630,000

注：物販飲食については1試合1人あたり消費額500円、年間20試合で10,000円とした。
　　500円は少ないようにも思われるが何も買わない人もいるのでそれを含めた平均である。

命名権以外のものについては原価…たとえば会員向け会報、飲食物販原価、あるいはラウンジ・ケータリングの飲食材料費や人件費がかかるのでこれを差し引くと粗利が6億円余になる。建設主体はこのような試算を金融機関に示して融資を受ける。

2. 他のキャッシュフローについて

⊙入場料収入の増加

　収容人数の多い、新しいスタジアムを建設したとしても、そこから上がってくる収入が借り入れの返済に回るだけではチーム強化ができない。この表の試算の隠れたポイントは、前売券や当日券の購入者がもたらす入場料収入の増加を返済のキャッシュフローに組み込んでいないことである。換言すれば、この表のファイナンスモデルでは、入場料収入の増加によって、チーム強化を行うことが前提になっている。

　たとえば、ガンバ大阪の新スタジアムの収容人数は40000人である。これに対して現在の平均観客数は15000人弱で、すでにみたように、スタジアムが小さいことによって機会損失が生じている。ここで、新スタジアムの平均入場者数が30000人になるとすると、増分は1試合あたり15000人となる。ただし、表の試算（これはガンバ大阪のものではないが）では、このうちシーズ

ンシート増分の5000席は返済に回るので、残席販売は10000である。試合数はリーグ戦で17、カップ戦を加えて20試合として、累積の入場者増分は20万人である。チケットの平均単価を3000円とすると6億円が「返済に回さなくてよい収入純増」になる。

　Jリーグの経営情報開示資料をみると、ガンバ大阪の2012シーズンの売上高は32億8500万円、入場料収入は5億2900万円であった。人気の割に入場料収入が少ないのはスタジアムの収容人数と指定席を多く作れない（個席が少ない）ことの制約によるものなので、スタジアム新設でこのチームの収入構造は劇的に変わることが期待される。

第3節

増　　資

　ここまでで議論していないもう1つの収入源が増資である。スタジアムは固定資産なので、借入返済のためのキャッシュフローは事業CFであってよいが、建設のための財務CFについては、株式会社であれば増資によって得ることが合理的であろう。ガンバ大阪のように寄付であっても構わない。寄付であれば、増資のように配当を考えなくてもよい。

　増資すれば配当が必須だとすると、その原資に事業CFをつかうことは借り入れの返済と同じである。ただしスポーツのチームの場合、株主が配当を求めない（その資金＝事業CFを強化に充当することを期待する）ことも考えられる。増資が検討されてよいということである。

　問題があるとすれば、増資で新たに株主になった個人や法人には、当然のことながら株主権があるという点であろう。株主の権利の中で重要なものは、配当と経営参加である。いずれの権利も、1株について1単位が付与される。したがって、増資の額が大きく、またこれを引き受ける主体が少数、すなわち大株主になるとすると、オーナーシップもおのずと変わることになる。

　いくつかの例で考えてみることにしよう。なお以下では「MLB型」等の名称を用いているが、たとえばすべての米国のプロ野球の球団がこの「型」に該当するということではないという点に留意が必要である。例外は常にある。代表的な事例と考えていただきたい。

1. MLB型

　米国プロ野球のオーナーは、1人ないし複数（と言っても少数）の個人である。資産家が前オーナーから株式を有償で譲り受けてオーナーになる。MLBはこの20年以上発展を続けているので、オーナーになり、その後権利を売却した

個人は、キャピタルゲインを得ることができた。米国の大統領であったブッシュ・ジュニアもチームの共同オーナーの一人だったことがある。

　MLBのチームが増資をする場合、オーナー数の急増はガバナンスの障害になる。方法としては、現オーナーが引き受けるか、現オーナーが安心して新オーナーとして迎え入れることができる個人が引き受けることになるはずである。したがって、ガバナンス上の混乱が生じる可能性は極めて低い。

2．（日本の）企業スポーツ型

　日本の企業スポーツのほとんどは法人格を持たず、親会社の一組織として運営されている。組織といっても事業をしているわけではないので、会社の組織図に開示されることもないような組織である。

　このような組織については増資を議論する必要がないのだが、例外としては、男子バレーボールの堺ブレイザーズをあげることができる。親会社は新日鉄住金（歴史的には新日鉄）で、堺ブレイザーズは100％子会社である。この堺ブレイザーズが増資をするとなると、引き受けるのは新日鉄住金で、これ以外にあり得るとすると同社の親密な取引先であろう。これについても、ガバナンスの問題は生じない。

　企業スポーツに近いのが、Jリーグのいくつかの上位チームである。企業スポーツの歴史を持つチームも多い。具体的には、

- 鹿島アントラーズ　　　　新日鉄住金
- 大宮アルディージャ　　　NTT東日本
- 浦和レッズ　　　　　　　三菱自動車
- ジェフユナイテッド千葉　JR東日本、古河電工
- 柏レイソル　　　　　　　日立製作所
- 川崎フロンターレ　　　　富士通
- 横浜F・マリノス　　　　日産自動車
- ジュビロ磐田　　　　　　ヤマハ発動機
- 名古屋グランパス　　　　トヨタ自動車
- ガンバ大阪　　　　　　　パナソニック

- セレッソ大阪　　　　　日本ハム、ヤンマー

などが該当する。ガバナンス上の問題が起きにくい「顔ぶれ」だということができるだろう。

　もちろん、大企業ならつねに安泰ということではない。たとえば、横浜F・マリノスのFは横浜フリューゲルスのFで、このチームは1998年に破綻したのだが、オーナーは全日空と佐藤工業であった。日本テレビも2008年以降の世界同時不況と広告収入の減少を契機として、東京ヴェルディの経営から手を引いている。オーナー（Jリーグの用語にしたがうなら「母体企業」）の交代、それも円滑でない交代というのは、あり得るのである。

　増資についての実務的な例としては、日立製作所が保有していたスタジアムをチーム会社に「現物出資」したことがあげられる。結果としてスタジアムはチームの資産となるので、チームは補修費を負担し、減価償却を行う。そのかわりスタジアム使用料は発生しない。親会社による増資の例である。

3. Jリーグの地域密着型

　Jリーグに属するチームの増資で特徴的なのは、リーグの方針として、ホームタウンの自治体に出資を仰ぐというのがある。持分の割合は多くないが、自治体がチームの株主になる。チームから見れば、自治体は支援してくれる主体、支援してほしい主体である。出資によって自治体とチームの関係は緊密なものになる。あわせて重要なのは、自治体が出資によってチームを監視する主体になるという点であろう。資本政策としては、意図が明確なものの1つである。

4. 持株会型

　Jリーグのチームの持株会については、武藤（2008）で説明しているので詳細を控えるが、その多くはチームの経営危機に際して、債務超過を解消する手段として、いわば緊急避難的に実施されているものである（川崎フロンターレのような例外もある）。

持株会方式の問題は、出資者にチーム経営についての関心が薄く、一方、一人ひとりの持株会への拠出額が少なくても、持株会全体としての株数（＝議決権の割合）は大きくなるので、意思決定に歪みが生じ得るという点である。

⦿持株会会員は適切な代表を選べるか

西崎（2010）は、この見解に対して異を唱えている。西崎の調査対象はイングランドのサポータートラストなので厳密には同じ仕組みではないが、サポータートラストに個人が資金を拠出し、これをチームに出資して財務上の危機を回避するという点は日本の持株会と同じである。またサポータートラストがチームに取締役を出す例も見られる。西崎はこれを民主的なチーム運営の仕組みであると評価している。

西崎と筆者との見解の相違は、持株会あるいはサポータートラストの代表者が、それぞれの組織を代表して、的確な経営上の判断ができるかどうかという点についての判断が異なることによるものである。西崎は代表者を信頼し、筆者は必ずしも信頼していない。結果として見解が異なることとなる。換言すれば、同じ組織に対する見解の違いではない。西崎はイングランドのサポーターを信頼し、筆者は日本のサポーターを、経営の意思決定主体としては必ずしも信頼していない。

より詳しく言うなら、西崎はイングランドのサポーターが、適切な代表者を選べると考えている。筆者は、日本ではそうでないこともあるだろうと思っている。たとえば持株会に資金を拠出した個人が他界したとする。相続人が持株会のメンバーになる。この相続人がチーム経営について一定の見解を持っている可能性は高くない。結果として、長期間存続する持株会は、サッカーにほとんど関心のない人によって構成されることになるのだろう。民主的なガバナンスは機能しなくなる。

⦿相続人への拠出金の返還：持株会会員は「新陳代謝」する

これを回避するためには、物故者について拠出金を（相続人に）返還する制度が必要になる。この場合、もし持株会が拠出金のすべてを出資に充当していたとすると、返還額に見合う新たな拠出者を見出さなければならない。一人二

人、あるいは5万円程度であれば何とかなるかもしれないが、長い目で見ると、たとえば30年で拠出者が全員入れ替わるのだとすると、その場しのぎの施策では対処が難しい。この問題を解決するためには、個人からの拠出金のすべてを株式購入に充当するのではなく、一部の資金を会が留保することが現実的であろう。もちろん、チームは少しでも多くの引き受けを期待すると思うので兼ね合いの問題が生じるかもしれない。この点、サポータートラストは拠出金のすべてではなく一部を株式購入に充当しているので見習うべきところがあるように思われる。

なお、相続に伴いチームに関心のない相続人がチーム株式を保有することは、個人株主についてもあり得る。これへの対処も、考えておきたいテーマである。方法としては、チームが自社株を買うことが考えられる。

⦿資金留保の方法について

他の施策としては、持株会が会員から年会費を徴収する、あるいは企業の従業員持株会のように少額の積み立て（拠出）を継続するというものが考えられる。従業員持株会の場合は、購入しようとする株式は上場されているので、集まった資金は株式購入に充当される。これに対して、チームが非上場だとすると、積み立てられる資金は、株式購入には充当されず、持株会がプールすることになる。そしてチームのつぎの増資に際して、この資金で新規発行株式の割り当てを受けることも可能であるし、一般（持株会以外の）株主が売却を希望する場合、この資金で譲り受けることができる。問題は、つぎの増資と言っても具体的な計画が見えないという点であろう。とはいえ、会員が入れ替わるという前提に立てば、プールされた余資は返還に回すこともできる。

⦿留保金に関する試算

簡単な試算例を示してみたい。会員が30年で入れ替わるとする。毎年の入れ替わり（会員の入れ替わり＝拠出金の入れ替わり）は、持株会拠出額の30分の1である。これを新規会員からの拠出、あるいは既存会員の買い増しによって賄うことを想定するが、これがうまく集まらない場合、あるいは年によって返還が30分の1よりかなり多くなることもあるだろう。会が持つべき余裕資

金（チーム株式の購入に充当せず、プールしておくお金）は、出資額の10分の1としよう。この場合、持株会はチームへの出資額の10％にあたる金額をプールする。つまり、持株会への個人の拠出額の10/11を出資に充当し、1/11を余裕資金としてプールする。

たとえば、チームに対して持株会が6億円の出資を行う。持株会が個人から集める拠出金は6億6千万円である。このうち6千万円が持株会にプールされる。拠出者数は3000人とすると、1人あたりの平均拠出額は22万円である。

翌年、拠出者の30分の1、すなわち100人が何らかの理由で退会する。持株会設立のつぎの年に多数の退会があるとは思えない。いわゆる「平年」のことであると考えたほうがよいだろう。100人の退会に伴い、返還する金額は、株式の現在価値が発行当時と変わらない、あるいは持株会を経由する売買については発行価額と同一とすると仮定すると、

$$22（万円）\times 100（人）= 2200（万円）$$

である。プールしている資金は6000万円なので、持株会は退会者に資金を返すことができる。そして新たな会員を探す。

この試算で重要なのは、持株会は資金を集めればそれで役割の大半が終わるのではないという点であろう。毎年の返金は、意外に大きい。加えて、わずかとはいえ総会開催費などの事務費がかかる。やはり余裕資金が必要だということになる。

⦿ 退会事由の制限

上場会社の従業員持株会であれば、退職時に退会する。在任中であっても、多少の波風のある場合も想定されるが、住宅取得などの理由で株を売るのは一般的である。これができるのは、その株式が上場されているからで、買い手は市場で見つかる。

これに対して非上場のチームの株式については、自由な売買ができない。このため、持株会退会を、死亡時に限定しておく必要がある。この場合、持株会への拠出金は相続されるが、相続人がチームに対して関心がないとすると、持株会構成員にふさわしくない。相続人に対する意思確認のうえで、拠出金を返

還することが適当であろう。上述した「30年の入れ替わり」は、拠出者の平均余命が拠出後30年であることを想定している。実際はもう少し長いかもしれない。

⊙余資の運用

　プールしている資金を遊ばせておくのはもったいない。日本のような低金利だとそうは考えないかもしれないが、6000万円を運用すれば事務経費ぐらいは出るだろう。そう考えるのが財務的には健全である。

　このあたりは、持株会の定款に、会の事業（ないし活動）として何を書くのか、また持株会は一種のファンドなので、法令が認める範囲がどこまでなのかを確認する必要がある。この項を書くに当たり何人かの専門家に照会したのだが、事例がないことなので実際に動き始めてみないとわからないところが多いようである。少なくとも定款に余資の運用、すなわちチーム株式の購入の余資については運用することを明記し、定款とは別に、運用に関する細則をもうけたほうがよさそうである。

　運用方法であるが、一般的な定期預金はあるとして、チームとの関係で言えば、チームに対する貸付金、あるいは私募債の引き受けを行うかどうかがチーム支援の観点から重要であろう。チームに貸し付けた資金、あるいは引き受けた債券については、つぎの増資の際には出資金に振り替えることも可能である（ただし新規に拠出金が集まらない状態で振替を行うと余資がなくなるという問題がある）。

⊙チームによる自社株買い

　チームに資金的な余裕がある場合は、死亡退会者の持ち分に該当する株式について、チームが買い取ることも可能である。買い取った株式は、つぎの拠出者が現れた際に持株会に対して割り当てるか、増資の際に持株会以外の株主に割り当てる。このあたりの施策は、チームとしてどのような株主構成を目標とするのかによって変わる。持株会の持ち分が大きすぎると考えるなら、買い取りが有効な施策となる。

⦿持株会で「民主主義」は機能するか

　西崎と筆者のもう1つの見解の違いは、西崎の言う民主主義的な意思決定システムの良しあしに関するものである。たとえば持株会方式で会員の間に意見の相違が見られたとしても、持株会としての意見は半数をわずかでも上回る支持を得た1つに集約される。個人株主であれば、意見の相違はそのまま相違として議決に反映される。持株会の会員は、会と意見が異なる場合は個人で議決権を行使することもできるが、そこまで強く主張を持つ人は多くないと思われるし、拠出額が1株に満たない場合は議決権が生まれない。たとえば1株5万円の株式を持株会で引き受けるために1人1万円の拠出を求めるとすれば、会員にはチーム会社の株主総会における議決権がない。換言すれば、持株会方式は内部の意思決定は民主的なのだが、会全体としての権利の行使の仕方は、民主的にならないかもしれないのである。

　上場会社の従業員持株会であれば、従業員個人には持株会を脱退する自由がある。したがって、会全体の意見が自分と著しく異なるのであれば脱退すればよい。しかし、チーム持株会には脱退の自由がないとすると、この問題を解決できない。このことはおそらく、持株会があまり大きな持分を持ってはならないことを意味している。シェアが小さければ、意思決定に与える影響は小さい。もちろん、その小さなシェアがキャスティング・ヴォートを握るかもしれないが。

5. 種類株型

　マンチェスター・ユナイテッドが採用したものである。マンチェスター・ユナイテッドは種類株を上場したが、上場しないという選択肢もある。典型的な種類株は議決権がないか、あるいはマンチェスター・ユナイテッドのように議決権が「希釈」されたものである。この方式であれば、増資に伴うオーナーシップの変更の問題を考慮しなくて済む。

6. 公募型

 ひろく新たな株主を募る。この方式であっても、上述のマンチェスター・ユナイテッド、あるいはスポーツではないがすでに例示したサントリー食品インターナショナルのように、オーナーが持分を維持する…換言すれば増資額を一定の範囲にとどめることでオーナーシップは維持される。

 ただし、上場株式、および譲渡制限のない非上場株式については、発行企業の意思とは無関係に株式が売買される。つまり、大株主が登場し得ることに留意が必要である。

TOPIC　株式の譲渡制限

　非上場会社は、発行している株式について、譲渡制限を設けることができる。予めこれが定められていると、株主は取締役会の承認なしに株式を譲渡することができない。したがってチームは、株式がチームから見て適切でない第三者に譲渡されるのを防ぐことができる。

第4節
ネーミングライツ

1. 米国の命名権ビジネス

　第2節の試算表をみてわかるのは、収入増加要因として、ラグジュアリールームと施設命名権が極めて重要だという点であろう。ここでは命名権（ネーミングライツ）について検討しておきたい。

　米国の4大スポーツの競技場（スタジアム、アリーナ）に命名権が導入されるようになったのは1980年代末からである。その後普及が進んだということは、命名権に価値があることをスポンサー企業が認識するようになったことを意味している。

　一例として、かつてイチローが活躍したワシントン州シアトル・マリナーズの本拠地であるセーフコ・フィールドを例にとれば、1998年から20年間、毎年180万ドルで命名権が売られている。同じシアトルのセンチュリーリンク・フィールド（セーフコ・フィールドに隣接。NFLシアトル・シーホークス、MLS〈メジャーリーグ・サッカー〉のシアトル・サウンダーズFCが使用している）は2004年から15年、毎年50万ドルである。この2つのスタジアムはどちらも所有者がWashington-King County Stadium Authorityで、FGI社に運営委託されているし立地も同じなので、スタジアムの集客力が価格差に反映されているとみることができるだろう。野球は試合数が多い。だから命名権も高いと考えることができる。もちろん、地域や使用チームが異なれば、価格感は異なることになる。

　第2節の試算では、チームがスタジアムを保有することを前提としている。換言すれば、チーム収入とスタジアム収入を一体のものとして試算している。しかし実際には、チームが単独でスタジアムを持つ例というのは一般的ではな

い。たとえば、パワーバランス・パビリオン（カリフォルニア州サクラメント。NBAのキングスとWNBAのモナークスが使用しているアリーナ）の所有者はマルーフ・ファミリー、つまり民間である。セーフコ・フィールドとセンチュリーリンク・フィールドについては前出のWashington-King County Stadium Authority、つまり日本風に言えば郡（カウンティ）の外郭団体と、民間企業であるFGIが建設費を出し、FGIが、これも日本風に言えば指定管理者として運営に携わっている。日本の指定管理者と異なるのはFGIが建設費を部分的とはいえ負担しているところであり、PFIと指定管理両方の機能についてFGIが役割を担っていると考えればよいだろう。

このようなスタジアムでは、スタジアムはチームの収入とは別に、施設使用料で投資を回収し、運営費を賄う。これの、いわば「副収入」となるのが命名権料収入なのである。

チームではなく、施設整備・運営者からみるなら、施設のキャッシュフローは、スタジアム使用料からだけ入ってくるわけではない。これに加えて、
- スタジアム内の商業施設（賃貸料または事業収入）
- 一体開発された商業施設の賃貸料
- 駐車場収入

などが主なものである。またしたがって、整備されるスタジアム・商業複合施設に求められるのは集客力であり、スタジアムと商業施設は相互に集客力を高める。そしてこの結果として、命名権の価値が高まる。

2. 価格設定の論理

命名権の「価値」の妥当性については、計算が難しい。まず第一に、原価からは算出できない。製品やサービスであれば、原価（投資コストを含む）と販管費から損益分岐点を計算することができるが、命名権料収入の原価は何かというとはっきりしない。顧客である企業が命名権によって得る便益から計算できるかというとこれも難しい。結論としては「大体の相場」で決まっているものだとしか言いようがない性格のものである。

とはいえ大体の相場は決まっているので、その論理を考えるならつぎのよう

になるだろう。

①開催される競技やイベントの集客力

競技場にどれだけ人が来るかによって露出が決まる。集客力の源泉は、
- この競技場をホームとして使用するチームの人気
- 対戦相手の人気
- 開催される他のイベントの魅力

である。

1年は365日だが、プロ野球の試合（ホームゲーム）は日本では70試合程度、プロサッカーだと20試合程度である。つまり、競技場はほとんどの営業日を、そこをホームとするプロチームの試合「以外」に貸し出している。このことが示しているのは、競技場名の露出は、集客という観点からは、スポーツ以外の要因に依存する度合いが高いということである。

スポーツ以外のイベントの集客力はそのイベントの魅力で決まるのだが、大前提は、集客力のある立地かどうかという点である。集積地の複合施設であれば、スポーツにも、他のイベントにも人が集まる。

②競技（チーム）のメディア露出

集客と併せて重要なのは、この競技場をホームとするスポーツチームのメディア露出、つまり試合が放送されることである。スポーツの開催日数は少ないが、この露出があることによって命名権の価値が高まる。換言すれば、視聴人口の多いスポーツは、命名権の価値を上げることに貢献する。

③報道での露出

競技の放送だけでなく、試合結果の新聞やテレビでの報道も同様に重要である。報道されるスポーツの価値が高い。

以上をまとめるなら、命名権の価値は「立地特性」と「チームの人気」で決まる。人気のあるチームに「地価負担力」がある、すなわち、集積地の競技場の使用料を負担するだけの収入があるのだとすると、命名権の価値は結局のところチームの人気で決まることになる。このことは、チームの人気が入場料収入、スポンサー収入、放送権料収入だけでなく、命名権料収入にも反映されることを意味している。

この論理を克服し、人気が高くないチームでも入場者を増やし、命名権料も上げていくためには、競技場を含むエリア全体の集客力が高いことが必要である。すなわち、集積地としての集客力が高いことによって競技場入場者が増加し、チームの収入も増えて強化が実現されるという好循環が期待できる。逆に言えば、長い目で見た場合、命名権料は集積地としての集客力に依存しているのである。

3. 日本の命名権ビジネスは遅れているか

日本の競技場の命名権については、米国に15年ほど遅れて2003年から本格的に導入されるようになった。この年に味の素スタジアム（サッカー）、Yahoo! BBスタジアム（野球）の名称が使われ始めている。

◉命名権には効果があると認識されている

味の素スタジアムの命名権は当初年間2億4千万円、Yahoo! BBスタジアムは1億円であった。味の素はその後JOCのナショナルトレーニングセンター（2009）と西が丘サッカー場（2012）の命名権も取得しているので、味の素スタジアムの命名権に効果があったと認識しているものと思われる。Yahoo! BBスタジアムのほうは2年弱で契約が終わっているが、これはソフトバンク（ヤフー）が福岡ホークスのオーナーになったことによるもので、ヤフオクドームの命名権料は年間5億円である。つまり、ソフトバンク社も命名権に価値があると認識したものと思われる。そして、契約額はさまざまだが、日本でも数多くの施設、あるいはその一部に命名権が利用されている。

◉日本の命名権の契約額は低くない

日本の命名権の問題について、よく指摘されるのは、
- 金額が低い
- 契約期間が短い

の2点であろう。

まず契約額について、執筆時点で年間契約額が5000万円を超えているのは

以下の施設である。契約期間と併せて示す。

〈プロ野球〉
- 楽天Koboスタジアム宮城　　　　　2億円強　　3年
- QVCマリンフィールド　　　　　　　2.75億円　　9.5年
- MAZDA Zoom-Zoom スタジアム広島　2.5億円　　10年
- 福岡ヤフオクドーム　　　　　　　　5億円　　　不明

〈サッカー〉
- ユアテックスタジアム仙台　　　　　7000万円　不明
- 味の素スタジアム　　　　　　　　　2億円　　　16年
- 日産スタジアム　　　　　　　　　　1.5億円　　11年
- デンカビッグスワンスタジアム　　　7000万円　3年
- ノエビアスタジアム神戸　　　　　　6500万円　3年

〈その他〉
- 日本ガイシスポーツプラザ　　　　　1.2億円　　10年
（名古屋市総合体育館）

　上記の例を「5000万円以上」としたのは、前述したシアトルの2つの競技場の命名権料が、それぞれ年間1.8億円、5000万円だからである。MLBのマリナーズはあまり強くないが、NFLのシーホークスは2013年のスーパーボウルに勝っている。それも「まぐれ」ではなく、2004-2013の10年間で6回地区優勝の強豪である。このチームが使用するスタジアムの命名権料が年額5000万円なのである。

　このことからわかるのは、日本の競技場の命名権料は、もはや低くないという点であろう。前述のように、命名権料の価値を高めるのは立地とチームの人気だが、日本のプロサッカーは、立地が必ずしもよくないにもかかわらず高額の命名権料収入を実現している。プロ野球もマリナーズのセーフコ・フィールドより命名権料の高い球場が見られるし、その額はスーパーボウルに勝っているNFLの強豪チームのホームスタジアムよりはるかに高いのである。日本の命名権の価値は確立されている、あるいは少なくとも「つつある」ということ

◉契約期間について

つぎに契約期間が短いとされる点であるが、これについては、
- 本当に契約期間が短いのか
- 契約期間は長いほうがよいのか

に分けて検討してみたい。

まず契約期間が短いかというと、短いのもあれば長いものもある（ヤフオクドームについてはソフトバンクグループが施設のオーナー、かつ野球チームのオーナーなので、契約期間を議論する必要はないといってよいだろう）。

契約額の下限を少し下げて1000万円以上とし、契約期間5年以上を探すと以下のようなものがある。

	契約額（百万円）	期間（年）
● 真駒内セキスイハイムアイスアリーナ・スタジアム	42	9
● セキスイハイムスーパーアリーナ（宮城）	10	6
● NDソフトスタジアム山形	21	9
● ケーズデンキスタジアム水戸	21	5.5
● NACK5スタジアム大宮	20	8
● フクダ電子アリーナ	30	10.5
● 味の素ナショナルトレーニングセンター	40	7.9
● 味の素フィールド西が丘	15	5
● ニッパツ三ツ沢球技場	40	8
● 俣野公園・横浜薬大スタジアム	10	10
● 三條機械スタジアム	10	6
● 新潟アサヒアレックスアイスアリーナ	13	5.2
● 山梨中銀スタジアム	20	5
● IAIスタジアム日本平	30	5
● わかさスタジアム京都	25	5
● ハンナリーズアリーナ	25	10

● キンチョウスタジアム	36	6.8
● ブルボン ビーンズドーム	21	6.3
● コカ・コーラウエスト スポーツパーク	10	6
● kankoスタジアム	10	5
● 鳴門・大塚スポーツパーク	25	10
● レクザムスタジアム	10	6
● レベルファイブスタジアム	30	9
● ベストアメニティスタジアム	30	7
● 大分銀行ドーム	40	6
● 沖縄セルラースタジアム那覇	20	8

　以上からわかるのは、日本の命名権の契約期間が短いかというと、もはやそんなことはないという点であろう。たしかに10年超という例は少ないが、5年というのは企業活動の常識、あるいは企業の収益変動の観点から見ると「おそろしく長い」期間である。

◉長期契約のメリットとデメリット

　つぎに、長期契約は施設にとって好ましいものなのかどうかについて。

　命名権は長期契約であることによってキャッシュフローの安定が実現される。海外のスタジアムは建設資金を賄うことを目的として命名権を販売するので設定される権利期間が長い（10年を超えるものがほとんどである）が、日本では既存のスタジアムのとりあえずの収入増加を目的とするため期間が短い。結果として命名権の販売が収入の中長期的な変動要因になるという問題が生じる。つまり、長期契約は施設にとって好ましいと考えられる。とくに施設建設費をファイナンスする場合には長期のほうがよい。

　命名権の契約はいわゆる「取引」なので、ビジネスでよく言うWin-Winの関係（あまり好きな言葉ではないが）が長期契約において成立するならそれでよい。そこで、命名権を買う企業の立場で考えると、長期契約のメリットは、チームの人気が上昇し、あわせて施設を含むエリアの集客力が高まった場合…つまり命名権の価値が契約時より上がった場合に大きくなる。換言すれば、命名権

表18 ● 命名権長期契約のメリットとデメリット

	施設にとって	スポンサーにとって
メリット	● 長期のキャッシュフローが確保できる。	● チームの人気と施設の集客力が高まれば「安い買い物」になる。 ● インフレになれば割安になる。
デメリット	● 命名権の価値が上がっても収入が変わらない。	● 企業業績が低下しても支払い義務を負う。 ● チームの人気や施設の集客力が低下するリスクがある（契約金に見合う価値が実現されない）。

の価値が契約時より少なくとも下がらないと考えるのであれば、長期契約というリスクをとることになる（なお、米国のようにインフレが当たり前だという前提を置くと、たとえば年額100万ドルで10年という契約の実質的な価値は、年とともに低下する。このことも、長期契約を促進する要因になるのだろう）。

このように考えてみてわかることは、施設にとって長期契約は、命名権の価値が契約時より上昇する場合の「機会損失リスク」を伴うものなのだという点である。前述したシアトルのセンチュリーリンク・フィールドの例で言えば、契約は15年間、毎年5000万円なのだが、この契約開始が2004年で、この年からシーホークスは急に強くなった。5000万円は、おそらく安すぎたのである。とはいえ、結果が出てみなければ高いか安いかはわからない。これが長期契約の難しいところなのだろう。

第5節
ラグジュアリースペース

　ラグジュアリースペースは日本風に言えば接待費、交際費および一部は福利厚生費の世界に属するもので、海外のスタジアムでは数も多い。あまり知られていないと思われるが国立競技場にも少数だがある（もはや「あった」と言うべきか）。しかし国体を主な目的として整備された地方の競技場には、貴賓室は1つあるがそれがすべてであるというところが多い。スポーツに人気があってスタジアムに取引先を招待することが一般的に行われている国と、接待は料亭かゴルフ場かという国との文化・慣行の違いであると言ってしまえばそれまでで、そうであればラグジュアリースペースを設けても需要がないという結論になるのだが、一方でプロ野球やプロサッカーのシーズンシートは大量ではないにせよ需要があり、大相撲の桟敷席もリピーターが多い。需要を開拓することには意味がある。

1. 大相撲

　大相撲は本場所が年6回、そのうち3回が東京（国技館）で開催される（他の3回は大阪、名古屋、福岡）。国技館の料金表（2014年5月場所）を示す（表19）。1階は溜席（土俵のそば）と枡席で、料金は9500円から14800円である。これ以外にファミリー桝席があり、1人あたりでは5000〜6000円と割安になる。

　桝席は要は「1階の指定席」なのだが、国技館に20軒ある「相撲案内所」を通じてチケットを購入すると、案内所がお弁当や飲み物とみやげものを用意（予約が必要で有料）してくれる。かつては相撲茶屋と呼ばれた。一種のケータリングサービスである。この仕組みがあるので桝席は企業の接待にも使われる。ついでに実務的に重要なことを言えば、大相撲が18時に終わることは接

表19 ●大相撲の料金表（国技館）

席　種			料　金（円）
1階	溜席		14,800（1人あたり）
	マス席	マスA席（1〜4人用・6人用）	11,700（1人あたり）
		マスB席（1〜4人用・6人用）	10,600（1人あたり）
		特別2人マスB席	10,600（1人あたり）
		マスC席（1〜4人用・6人用）	9,500（1人あたり）
		特別2人マスC席	9,500（1人あたり）
		ファミリー・シニア桝	
		5人ファミリー・シニア桝B席	31,000（1桝あたり）
		6人ファミリー・シニア桝B席	37,200（1桝あたり）
		6人ファミリー・シニア桝C席	31,200（1桝あたり）
2階	イス席	イスA席	8,500
		イスB席	5,100
		イスC席	3,800
		ファミリー・シニア椅子	
		4人ファミリー・シニア椅子A席	20,800（1組あたり）
		4人ファミリー・シニア椅子B席	15,600（1組あたり）
		自由席大人　イス自由席	2,200
		自由席小人（4〜15歳）　イス自由席	200
		自由席15日通し券	20,600

待の観点からはかなり重要である。18時までに取組が終わって、そのつぎは日本橋で会食、場合によっては会食の後に銀座に回る。相手が夫人や家族同伴の場合は、国技館か日本橋で家に帰し、接待の相手本人に居残ってもらえばよい。

　もう1つ重要なのは、大相撲は18時に終わるので、プライムタイムにかからないという点であろう。期待される視聴率が高くない時間帯である。NHKが大相撲中継を続けていることの合理性の根拠の1つは、この時間帯なのだろう。

⦿維持員制度

　これより「ラグジュアリー」なものとして維持員制度がある。維持員になるには6年分で390万円以上の維持費を支払う。大阪、名古屋、福岡は130万円で、価額が3分の1なのは本場所の回数が3分の1だからであろう。東京なら1年65万円、1場所あたり22万円弱、本場所1日あたり14400円程度になる。

割り当てられるのは土俵下の溜席で、これをスポットで買うと14800円なので、ほぼ同額だが、45日観戦に行く人はあまりいないと思われるので（ただし貸与することができる）、実質的には少し割高であろう。

維持員に割り当てられる溜席の上限は各地区300席だが、平成22年5月現在の会員（東京、名古屋、福岡は溜会、大阪は東西会）は東京が69名、4都市合計で300名強である。また各地区の会員から2〜3名がそれぞれの場所において協会から三賞選考委員に委嘱される。

この他、各会員組織に対しては協会から以下が要請される。

①日本相撲協会の運営に関し提言を行う。
②力士等の適格者を紹介する。
③協会が行う相撲の指導普及活動に協力する（児童等の相撲大会）。

つまり、維持員とは半ば協会側の構成員であって、マーケティングでいう「ロイヤルカスタマー」とは少し趣を異にする存在である。財団法人には構成員（社員）がいないので、財団の理念や目的を良しとして、経済的に支援しながら事業に協力する人や法人がいることは不自然ではない。維持員とはこのような性格のものであると理解すればよいのだろう。

2. プロ野球（日本）

つぎに日本のプロ野球の例として、読売ジャイアンツ（東京ドーム）のシーズンシートと一般席を見ることにしよう（表20）。ホームページを見る限りでは、ラグジュアリーシートないしルームに該当する席を1日単位では販売していない。すべてシーズンシートで、個人でも買えるが想定しているのは法人需要である。

最も価格帯が高いのはエキサイトシートで、グラウンドに設置されている。ヘルメット必須であり、試合を見るだけの場所と言ってよいだろう。シーズンシートの継続購入者だけが買える。希望者が多く抽選になるようだ。

つぎの価格帯はプレミアムラウンジで、ブッフェ（別料金）がある。1階のレギュラーシーズンシートと2階のスカイシートは座席だけでとくに飲食等のサービスはない。ラグジュアリーシートないしルームに該当すると考えられる

表20 ● 東京ドーム　ジャイアンツ戦観戦料金
● シーズンシート料金

(円)

	料金（1席）	1試合あたり
レギュラーシーズンシート（1階スタンド）		
スターシート	1,055,000	16,746
オーロラシート	858,000	13,619
ビームシート	543,900	8,633
エキサイトシートＡ	1,150,000	18,253
Ｂ	1,100,000	17,460
Ｃ	1,000,000	15,873
スカイシート（2階スタンド）		
スカイ1	543,900	8,633
スカイ2	435,200	6,907
スカイ3	346,500	5,500
スカイ4	277,200	4,400
スカイ5	199,800	3,171
プレミアムラウンジ（中2階バルコニー・スタンド）		
ロイヤルウィング	1,097,250	17,416
グランドウィング	957,600	15,200
スーパーウィング	638,400	10,133

注1：エキサイトシートはシーズンシート継続購入者を対象として2席のみ販売される。
　2：プレミアムラウンジは偶数席単位で販売される。

● 1試合ごとのチケット料金

(円)

チケット種類	料　金	チケット種類	料　金
指定席S	6,100	オレンジシート	3,900
指定席A	5,300	オレンジシート（3人）	9,300
指定席B	3,900	オレンジシート（4人）	12,400
指定席FC	2,400	ファミリーシート（3人）	5,400
指定席C	2,300	ファミリーシート（4人）	7,200
指定席D	1,700	プレミアムYGシート	5,300
外野指定席	2,200	YGシート	3,900
レフト巨人応援席	2,200	Girls' Giants Seat	3,900
外野ビジターチーム応援席	2,200	立ち見　おとな	1,000
内野ビジターチーム応援席	3,900	立ち見　こども	300
エキサイトシート	8,000	外野指定見切り席	1,500
		車いす席	2,500

のは、プレミアムラウンジである。

　1試合ごとのチケットとシーズンシートの価格を比較してみてわかることは、シーズンシートに割安感がないという点であろう。むしろ高い。観戦しやすい席を割り当てているので価格が高い。また主な購入者は法人なので、社員の福利厚生や顧客招待のために席を確保する費用だと考えればよい。

3. プロ野球（米国）

　読売ジャイアンツとの比較のために、シアトル・マリナーズの2014年チケット価格を見ることにしよう（表21）。1シーズンのホームゲームは81試合である。
①シーズンシート
⒜ダイヤモンドクラブ（13580〜27350ドル／シーズン）
　席はネット裏でラウンジの飲食代金が上記に含まれている。注文すると席まで食べ物を持って来てくれる。1試合あたりの価格は17000〜33000円であり、飲食込みとしても33000円はかなり高い。
⒝テラスクラブ（3818、3064ドル／シーズン）
　2階席で、料金は内野が3818ドル、外野が3064ドルである。1試合あたり日本円では4700円、3800円であり飲食は別料金だが注文すると席まで持って来てくれる。
⒞オールスタークラブ（8720〜9935ドル／シーズン）
　3階席でラウンジがついており、フードバーは無料だがアルコールは有料である。1試合あたりの価格は10700〜12200円。
②法人向けラグジュアリールーム
　観戦試合数は10、20、40、81の4つのプランがある。81試合（シーズン全試合）だと価格は24人収容の部屋を貸切で17万5000ドルで、飲食2万ドル分と他のチケットも「おまけ」でついている。81試合に24人が来場すると、無料の飲食チケットは1人あたり1000円強にしかならない。実際には来場者が半数だとしても2000円であり、少し追加料金が必要そうである。1試合1人あたりのチケット代は81試合24人来場で9000円、その半数なら18000円（2000円分の飲食つき）になる。

③ラグジュアリールーム

日本ではほとんど例がなく、逆に海外で一般的に見られるのは、観戦用の個室である。それも数が多い。

シアトル・マリナーズのセーフコ・フィールドでは、プレミアムシートとして、つぎのような種別で販売されている。以下の通り合計56室ある。

- PRESS BOX SUITE　　　　　1室
- HOME PLATE SUITE　　　　1室
- INFIELD SUITES　　　　　　25室
- OUTFIELD SUITES　　　　　21室
- グループ用個室（30〜40名）　2室
- グループ用個室（40〜49名）　6室

表21● シアトル・マリナーズ　ラグジュアリールームの概要

PER PERSON PRICES

MAIN LEVEL	TICKETS	PARKING	CATERING CREDIT	HOLIDAY	VALUE	STANDARD	PREMIUM
PRESS BOX SUITE	18-25	6	Premium Package	$250	$305	$360	$500
HOME PLATE SUITE	22-26	6	Premium Package	$180	$230	$275	$320
INFIELD SUITES (16-27 & 43-55)	20-24	4	$500	$100	$150	$175	$190
OUTFIELD SUITES (1-7 & 56-69)	14-24	2-4	$250-$500	$75	$100	$140	$160
GROUP SUITES A-B	30-40	6-8	$750-$1,000	$65	$75	$105	$115
GROUP SUITES C-H	40-49	8	$1,000-$1,250	$65	$75	$105	$115

料金表を見ると、1試合単位で買えることがわかる。価格で意外なのはHOLIDAYが安いことで日本の常識と違う。PREMIUM価格の試合の半額程度になっている。紋切り型の解説をするなら、米国人は残業をしないので、ウィークデイの19時からの試合を見に来ることができる。逆に休日は他の活動があるので来にくいということになるのだろう。

価格はPRESS BOX SUITEとHOME PLATE SUITEが飲食込みというせいもあるが高い。それぞれ250〜500、180〜320ドルである。これ以外の部屋はある程度飲食費込みだが少し安い。たとえばグループ用の部屋を30人で

休日に予約すると、チケットは1人65ドル、これにCATERING CREDITが1人あたり25ドル分（750ドルの30分の1）ついている。チケットは最も価格の高い日でも115ドルなので、日本と変わらないというより、飲食費がついている分割安感がある。

⦿ラグジュアリースペースの収入貢献度

ここで、料金収入を計算してみたい。前提として、
- 各室は、想定されている最低人数が入る。たとえば、PRESS BOX SUITEであれば18人である。
- 価格はSTANDARDを適用する。

ものとする。

すべての部屋が売れたとすると、1日の料金収入は17万2690ドルである。81試合では約1400万ドル、日本円では14億円になる。これに対して一般席の平均価格を4000円、席数4万とすると、1日の収入は1億6000万円、81試合で約130億円である。つまり、1100人程度の席（部屋の収容人数の最小数の合計）で売り上げの1割以上になっている。

4. 日米の比較から

以上からわかることは、第一に、日本には個室がなくて、米国にはあるという点である。2つ、3つの事例から導き出すような結論ではないが、この事実は日本のスポーツ関係者ならよく知っている。日本のプロ野球は企業の接待にも使われるが、多くの場合、球場に行くのは招かれる側の人だけで、招く人は行かない。だから個室と飲食スペースがとくに必要ないのだろう。

第二に、したがって米国のラグジュアリースペースには飲食が必須である。なにごとにつけ例外はあるが、試合を見るだけではなく、歓談の場が求められている。

第三に個室の数が多い。それだけ需要があるということなのだが、飲食サービスのコスト（食材原価、人件費、厨房の整備）を考えると、ある程度の規模があったほうが合理的であろう。

第四は、意外に価格が低いことと、とはいえ価格には格差があるという点である。飲食つきとはいえ1人3万円や5万円のチケットがある。米国は所得格差の大きい国だと言って片づけてしまうこともできるが、日本ではこの可能性があるかないかということを考えてみるのも重要である。

　参考までに、プロスポーツの施設としてはおそらく最新の広島新球場のグループ席とパーティー席の概要を掲げておきたい（表22）。これを見ると、日本にもラグジュアリースペースがあるのだという印象を持つ。ラグジュアリーかどうかはともかくとして、おおぜいで観戦して飲食もすることを前提としたものであることは確かである。

　ただし、料金は1人あたり4000円内外であまり高くない。つまり、集客にはおそらくおおいに貢献するが、これらのスペースで売り上げの1割を見込もうというようなものではないということである。

◉運営管理者が設計段階から関与する

　さて、広島の新球場を除けば日本にはこのような施設の「しつらえ」がない。期待するとすれば改修と新設だが、ありがちな議論は、公設にはラグジュアリールームはふさわしくないというものだろう。結果として、公設を指定管理者等で民営にしても、予め施設のスペックは決まっているので、海外の競技場にならうことができない。設計段階で民間の運営者に参画してもらうことができればスタジアムコンセプトも一新されるのだろう。

　あらためて指摘するなら、シアトルのセーフコ・フィールドとセンチュリーリンク・フィールドは、スタジアム建設費を運営者であるFGIが一部（といっても少額ではない）負担している。日本の制度を前提とするなら、PFIのSPCに運営者が入り、資金負担もし、経済的に最適なスタジアムを提案するというのが現実的かもしれない。指定管理者の入札を事前に行うということになる(今の制度ではこれは指定管理者入札にはならないが)。またしたがって、数年おきに指定管理者の入札を行うことはできない。運営管理者が開発当事者だからである。すべての施設に同じ制度枠組を適用しようとするのではなく、採算を見込める可能性のある施設については、独自の方式を適用することが考えられてよいだろう。

表22 ● 広島新球場のグループ席とパーティ席の料金

(円)

グループ席	コカ・コーラテラスシート	5人掛け	正面1塁寄り 正面3塁寄り 1塁側	22,500
		6人掛け	正面1塁寄り 正面3塁寄り 1塁側	27,000
		7人掛け	1塁側 3塁側	31,500
	ゲートブリッジ(6名まで)			21,000
	鯉桟敷(8名まで)			36,000
	プレミアムテラス(8名まで)			36,000
	コージーテラス(7名まで)			28,000
パーティー	パーティーベランダ(150名まで)			450,000
	ラグジュアリーフロア(50名まで)			210,000
	auスマートバリューパーティーフロア	貸切(200名まで、全7ブロック全て使用)		780,000
		大(30名まで、全4ブロック)		120,000
		小(25名まで、全3ブロック)		100,000
	パーティーデッキ 内野3塁側(25名まで)			90,000
	パーティーデッキ 外野レフト側(20名まで)			70,000
	スポーツバー(40名まで)			150,000
	エバラ黄金の味びっくりテラス	貸切(100名まで、3段全テラスを使用)		350,000
		大(50名まで、1・2段目のテラスを使用)		190,000
		小(40名まで、3段目のテラスを使用)		160,000
	エバラ黄金の味 パーティーグリル(30名まで)			120,000

第6節
運動公園から複合商業施設へ

1. スタジアムのKFS

　さて、ここまでの検討からわかることは、競技場について地方自治体以外の資金拠出主体は、ほとんどがチーム…おそらくはプロチーム関係だということである。当然と言えば当然だが、魅力的なコンテンツがあってはじめて資金が拠出され、投資が回収される。また、地方自治体がスタジアムを整備する理由が都市開発だとすると、目的は人が集まることである。したがってこの場合も、優れたコンテンツがあることが求められる。そうなると、結果として、集客力のあるプロチームがあることが好ましい。議論は、プロチームに収斂していく。そしてそうであれば、スタジアムの整備に際しては、プロチームがあるかどうか、なければ誘致できるかどうかがKFS（Key Factor for Success）になる。

　きっとこの結論は、ほとんどの既存スタジアム、あるいはこれから整備されるスタジアムにとって、面白いものではない。プロ野球は12球団（ファームを加えれば2倍だが）、サッカーはJ1、J2あわせて40チームである。そしてすべてのチームが、中には不満をもつところもあるだろうがホームスタジアム、グラウンドを有している。それをどう改修していくか、あるいは新設するのかという議論は、テーマとしてはかなり小さいし、すでに多くの議論がなされてきたテーマでもあるのだろう。

◉スタジアムは大きくなければならない

　少し議論を整理してみよう。わかっているのは、以下の各点に「強い正の相関」が見られるだろうということである。
- 立　　地

- コンテンツの魅力
- 集客力
- 経済効果
- キャッシュフロー（収益力）
- 収容人員
- 建設コスト

つまり、立地がよくてコンテンツに魅力があれば集客力が高い。そしてそうであればキャッシュフローが見込めるので、建設コストをかけて収容人員の多いスタジアムをつくることができる。言い方を変えるなら、立地とコンテンツがよくないと集客力が低いので、投資採算を考えるとスタジアムは小さくなる。また、小さいとは言ってもスタジアムにはそれなりに整備費がかかるので、小さなスタジアムの整備費に占める公的資金の割合は高くなるだろう。もちろん、集客力と関係なく大きなスタジアムを作れば、公的資金の割合はさらに高くなるはずである。

ところで、採算の合わないスタジアムを公的部門が整備するのは、体育振興という目的を一旦措いて経済合理性だけから考えるとすると、経済誘発効果を期待してのことである。そしてそうだとすれば、あまり小さなスタジアムには意味がないということになるだろう。つまり面白いことに、公的部門主体で整備されるスタジアムは、小さなものと大きなものとに合理性がある。そして経済効果を考えるなら小さなスタジアムには合理性がない。スタジアムは大きくなければならない。

2. ブレークスルーは「都市開発」

このような、一見すると出口のない問題にブレークスルーはあるのだろうか。

第一のブレークスルーは、集客力の高いコンテンツを持つことである。人気のあるプロチーム数は有限なので、それ以外でコンテンツを開発ないし誘致できるかというテーマである。もちろんスタジアム運営者はそのために必死に努力するのだろうが、難易度は極めて高い。

第二は、大きなスタジアムを作ることである。小さければそもそも投資採算

を考えるスタジアムになりにくい。大規模なスタジアムを整備すれば、集客が実現できるという前提の下では経済効果が期待できるので政策として合理的である。

ただし問題は本当に人が集まるかどうかなので、コンテンツがあるのかという第一の問題に戻ることになる。つまり難易度の高いテーマにたどりつく。出口がない。

第三は、立地を変えることである。といっても、地理的な意味での立地を変更することは非現実的である。新設ならなるべく集客力の高い立地を選定すべきだが、既存施設であればそうはいかないし、新設であっても用地には制約があるだろう。

そうなると、スタジアムの場所は与件であるとして、その立地の集客力を高めることが課題となる。結論はスタジアムだけでなく、複合開発を実現していくことになるだろう。前述のように、近年新設されている欧米のスタジアム（欧州ならプロサッカー、米国はプロ野球である）は、集積地再開発の一環として建設されているものが少なからず見られる。複合開発と言っても日本とは違って郊外ではない。

◉総合運動公園の問題点

日本で大規模スポーツ施設を整備するということになると、多くの場合構想されるのは総合運動公園である。ほぼ例外なく、立地がよくない。そこに行けばあらゆるスポーツを楽しむことができる。しかしたとえば、午前中に野球をして、午後に水泳か剣道、あるいはサッカーをする人というのは、皆無とは言わないが考慮する必要がないほど少ない。すなわち、総合運動公園は、開発者にとっては複合であることの合理性があるが利用者にとっては合理性がない。利用者はたとえばスポーツの前後に買い物をしたり、食事をしたり、要はワンストップを求めている。もちろんそんなことは施設整備の関係者は百も承知であろう。このような複合化が実現できればうまくいく可能性が高い。重要なのは「そうすればうまくいく」ではなくて「そうしなければ成功しない」という認識から出発することである。

3. 広域回遊：日本的な解決策

◉ソウルの1988年と2002年

　学生をゼミ合宿に連れて行く場所の1つが韓国のソウルである。目的は、1988年のソウルオリンピックの会場と、2002年の日韓サッカー・ワールドカップの会場を見ることで、14年のあいだに、スタジアムについての考え方が変わったことを実感してもらうことである。

　1988年の会場は東京で言えば代々木と千駄ヶ谷と同じであり、競技場が集積している。周辺は都市化が進んでいて高層ビルも多いのだが、オリンピック会場とその周辺は人があまりいない。商業施設も見られない。

　これに対して2002年のスタジアムは、地下鉄6号線の「ワールドカップ競技場」駅に隣接していて、駅を降りて地上に出るとまず目に入るのは中層の集合住宅群である。スタジアムの建物の中には、シネマコンプレックス、ショッピングセンター、フードコートなどが整備されている。ゼミ合宿は毎年2月なのでサッカーの試合はまだ始まっていないのだが、やってきている人の数は極めて多い。フードコートも席を確保するのに苦労する。要は、住宅地と隣りあった商業集積の中にスタジアムが作られているという印象である。都市開発的な観点から言えば、ワールドカップスタジアムは「理詰め」で作られている。

◉立地は変えられない

　日本では、「複合化しなければ成功しない」とわかっていても、なかなか実現できない。それに、これまでに建設された「レガシー」の多くは、利便性の低いところにある。ではどうするかというのが、本節の最後のテーマである。

　立地は変更することができない。とすると、建設地周辺に集積が実現されるまでは集客が実現できないという結論になる。それでは困るので、発想を逆転させる必要がある。スタジアムに人が集まるのなら、集積地でなくても構わないはずである。人を集めればよい。マーケティング、とくにプロモーションが重要だということになる。

　人が集まらないと言って諦めている理由は、利便性である。すなわち、人口

集積地から遠い、あるいは最寄駅から遠いといったものである。しかし、このような条件を克服して集客を実現しているのが日本の郊外型ショッピングセンターである。

かつての大店法、あるいは現在の「まちづくり三法」によって、大規模商業施設は中心市街地に作ることが難しい。だからショッピングセンターは<u>郊外に出店するのだが</u>、<u>その集客力は高い</u>。来場手段は、ほとんどがマイカーである。またしたがって、郊外型ショッピングセンターは大きな駐車場を設けている。

◉ショッピングセンターからスタジアムへ、スタジアムからショッピングセンターへ

面白いのは、ショッピングセンターもスタジアムも郊外型で、それゆえに、住民の居住地からは遠くて利便性はよくないのだが、この両者が、マイカーを使えば比較的近い場所…30分以内のところに立地している例が少なからず見られるという点である。図18で示しているのは、自宅からスタジアムまでは遠くても、いったんマイカーで家を出てショッピングセンターまで行けば、スタジアムが近くにあるという例である。

集客施設の立地と採算を考える場合、とくに重視されるのは周辺人口である。そして周辺人口という場合、人口は居住地でカウントされる。しかし、郊外や地方での人の移動はマイカーが多いので、距離が遠いということは、駐車場の問題を除くとあまり制約要因にならない。それなら遠くから観客がスタジアムに来てもよさそうだが、自宅から遠くのスタジアムに行くというのは、競技者が総合運動公園に行くのと同じである。一日の余暇行動が一定のエリア…マイカーで動ける範囲の中に納まることが重要になる。ショッピングセンターとスタジアムが相互に行きやすい場所にあれば、人々はこのエリアの中で「回遊」する。これが広域回遊のコンセプトである。

したがって、スタジアムあるいはチームは、人が数多く集まるショッピングセンターからスタジアムへ観客を誘導するためのプロモーションを考えればよい。具体的には、

- ショッピングセンターの買い物の領収書で当日の試合のチケットあるいはスタジアム内の駐車場の料金をディスカウントする
- ショッピングセンター内にチームのショップを置く

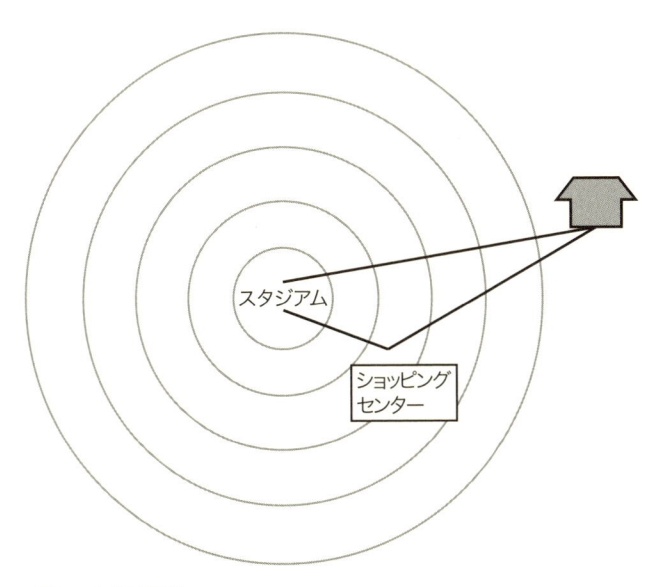

図18 ● 広域回遊

- ショッピングセンターのオープンスペースで試合のパブリック・ビューイングを行う

等である。またショッピングセンターにとって、スタジアムにやってくる観客をショッピングセンターまで誘導できれば集客に貢献するので、

- 観戦チケットでショッピングセンターの駐車料金を割り引く、あるいは飲食店の1ドリンクを無料にする
- 競技場でショッピングセンターのイベントの案内やクーポンを配布する

といったことが考えられてよい。

第7節
スポーツMICEコンプレックスへ

　ところで、ワンストップの複合施設を求めるのは地域住民だが、スタジアムの利用者は近隣住民にとどまらない。大きな競技会には全国から競技者や関係者が集まる。

⦿毎月1回は各都道府県で全国大会が開催されている

　日本体育協会に加盟する競技別全国団体は57ある。準加盟を含めると61である。加えて日本ワールドゲームズ協会加盟団体が42（体協加盟と重複がある）ある。これらの団体が各カテゴリー（男女、社会人など）の全国大会を開催している。そしてこれ以外に障害者（身体障害者、知的障害者）の競技がある。中にはスタジアムを利用しない競技もあるが、ざっと言えば100を超える競技で500〜600の総カテゴリーの全国大会が毎年開催されていると考えると、各都道府県で月に1回（1日ではない）は何かの全国大会が開催されているということになる。

　そしてそのために必要なのは競技施設だけではない。宿泊、会議、飲食などの施設が必須で、私はこれらの施設を集約したものを「スポーツMICEコンプレックス」と名付けている（MICEはMeeting、Incentive、Conference、Exhibitionの頭文字である。詳細は武藤〈2013b〉の連載第3回の項を参照されたい）。

⦿複合化から「メタ複合化」へ

　つまり、競技関係者が集まる大会を誘致するだけでも一定の集客が実現される。そしてそのための条件はやはり複合化であり、複合される施設には近隣住民がワンストップで利用するものも多い。その意味では、スポーツMICEコンプレックスにおいては、競技関係者のための複合化と住民のための複合化が同

第Ⅳ章　スタジアム・ファイナンス　185

```
              Meeting
          ・競技団体の理事会、
            委員会
          ・上部団体の委員会
          ・全国団体理事長と
            知事、市長の会議

 Incentive                    Exhibition
・次年度開催地関係者           (Event)
  による視察                ・競技会
                            ・用具メーカー等に
                              よるプロモーショ
                              ンイベント

           Conference
           (Convention)
         ・指導者全国会議
         ・審判全国会議
```

［注］一般的な MICE の図は、ツーリズムの 4 要素を並べただけのものである。
　　これに対してスポーツ MICE では、4 つの要素が「同時に生じる」という大き
　　な特徴がある。

図19 ● スポーツMICEコンプレックス

時に達成される。いうなれば「メタ複合化」が重要なのである。

　スタジアム整備についてこれまでなされてきた検討は、100を超える全国レベルの競技団体の大会のプレゼンスを過小評価してきたように思える。もちろん全国大会誘致は地域間競争で成功するところもあればそうならないところもあるが、この点は商業開発も同じであろう。競争優位を実現する「メタ複合化」の開発コンセプトが求められている。

全国大会は1年間で 1000 位、開催されている

第 V 章

スポーツ組織の資産価値

第1節 資産価値とは

1. 海外プロスポーツの資産価値

米国の雑誌"Forbes"がプロスポーツの資産価値ランキングを公表している。執筆時点で直近のものは2013年7月で以下のとおりである（表23）。

ランキングの対象になっているのは米国のNFL、NBA、MLB、NHLとNASCAR（モータースポーツ）、そして世界各国のサッカーとF1である。つまり、日本についてはJリーグはおそらく対象になっているがプロ野球は入っていない。といっても日本のチームは上位には顔を出しようがないほどの高額である。

ランキング第1位はサッカー・スペインリーグのレアル・マドリードで資産価値33億ドル、邦貨では3300億円程度になる。以下、マンチェスター・ユナ

表23 ●海外プロスポーツの資産価値

Team	2013 Rank	2012 Rank	Sport	Owner	Current Value ($bil)
Real Madrid	1	2	Soccer	Club Members	3.30
Manchester United	2	1	Soccer	Glazer Family	3.17
Barcelona	3	8	Soccer	Club Members	2.6
New York Yankees	4	3 (tie)	Baseball	Steinbrenner Family	2.3
Dallas Cowboys	5	3 (tie)	Football	Jerry Jones	2.1
New England Patriots	6	6 (tie)	Football	Robert Kraft	1.64
Los Angeles Dodgers	7	6 (tie)	Baseball	Guggenheim Baseball	1.62
Washington Redskins	8	5	Football	Daniel Snyder	1.6
New York Giants	9	9	Football	John Mara, Steven Tisch	1.47
Arsenal	10	10	Soccer	Stanley Kroenke	1.33

資料：Forbes, 2013. 7. 15

イテッド（3170億円）、バルセロナ（2600億円）、と欧州サッカーが続き、第4位がニューヨーク・ヤンキースの2300億円である。表にはないが"Forbes"は以下のように記載している。

- 資産価値トップ50のチームのうち、NFLが30チームである。これ以外の20チームには、サッカー7、野球7、NBA3が含まれる。
- 50チームの資産額の平均は12億4千万ドル（1240億円）である。

驚異的なのはNFL32チームのうち30が上位50に入っていることだろう。NFLについては、上位と下位の勝率の差はかなり大きいとはいえ、他のプロスポーツに比べると戦力均衡が実現されている。このことが財務面でも確かめられるということである。これに対してサッカーはランキング1〜3位を占めるが格差は大きい。

◉一般企業との比較

では資産価値とは何か。これを解説する前に、比較のために日本の一般、つまりスポーツではない事業会社の株式時価総額を掲げる（表24）。トヨタから京セラまではJリーグの（リーグの用語を使えば）母体企業、ソフトバンクから日ハムまでがプロ野球のオーナー（楽天は実質的にプロサッカーの母体企業でもある）、以下は比較のために各業界の最大手クラスをリストアップしてある。業界の選定はとくに基準はなく恣意的なものである。

トヨタの時価総額20兆円は別格としても、兆円単位の会社が多い。とはいえ、3000億円台あるいはこれ以下も見られる。これと比べると、レアル・マドリードの3300億円、あるいは上位50チーム平均の1240億円というのがかなりの高額であることが理解できるだろう。なおこれらの企業は業界最大手クラスなので、中堅の企業は一気に時価総額が下がる。またNFLの各チームを1つの主体と考えるのではなく、NFL全体を1つの経営組織と考えるなら、おそらくその資産価値は3兆円を超えるものと思われる。見方によっては「たかがスポーツ」なのだが、NFLのエンタテインメント産業としての経済的成功はあなどれないのである。

表24 ●日本企業の企業価値

(2013年3月期、億円、倍)

	a 売上高	b 株式時価総額	c 自己資本	b/c
トヨタ自動車	220,641	204,000	121,480	1.68
新日鉄住金	43,899	25,753	23,940	1.08
パナソニック	73,030	20,384	12,640	1.61
富士通	43,817	9,232	7,814	1.18
京セラ	12,800	19,238	16,461	1.17
ソフトバンク	33,783	62,074	15,690	3.96
DeNA	2,024	3,215	1,192	2.70
楽天	4,434	16,120	2,532	6.37
日本ハム	10,228	3,387	2,934	1.15
日本テレビ HD	3,264	4,086		
三越伊勢丹 HD	12,363	5,341		
東京急行電鉄	10,680	8,465		
アシックス	2,601	3,193		
東京ドーム	807	1,190		
ゼビオ	1,926	1,017		
ANA-HD	14,835	8,017		
マルハニチロ HD	8,097	944		
シチズン HD	2,720	1,982		
武田薬品工業	15,572	36,166		
明治 HD	11,265	3,427		
味の素	11,724	9,067		
キッコーマン	3,002	3,685		

注：HD はホールディングスの略である

2. 資産価値の算定方法

　さて、では資産価値とは何か。前項では、比較のために日本企業の株式時価総額を取り上げた。時価総額は、いわゆる企業価値（EV：Enterprise Value）の指標だが、上場会社の時価総額は、財務指標から計算されるものではない。証券市場で実際に株式が取引された額に株数を掛けると時価総額になる。またしたがって財務指標の裏付けによるものではないし、刻々と変わるものである。

　ではその時価総額が何を意味するのかというと、その会社を買収しようというときの所要総額である（もちろん、実際に買収を始めるとなるとおそらく株

価は上がる。多少高くても買収したい企業やファンドが買うだろうとその株式の保有者〈株主〉が考えるためである)。

　企業の財務指標には、これ以外に「資産価値」に近いもの、あるいはそう呼べるものがある。第一は総資産で、貸借対照表(B/S)の合計額である。B/Sの左項が総資産を表している。

　第二は、B/Sの右項(負債および純資産)のうちの純資産である。株主資本と準備金(要は内部留保)等が含まれる。このほうが資産価値に近い。

　しかし、上場会社の実際の株価は純資産の額と同じではない。というより、経営状況が順調な会社は、純資産額より株式時価総額のほうが大きい。PBR (Price Book-value Ratio：株価純資産倍率)という指標があり、式としては、

　　PBR ＝ 株式時価総額 ÷ 純資産額

である。つまり、株価が純資産の何倍になっているかを示す。

　参考までに、前の表の右欄に自己資本(指標としては純資産に極めて近い)と、これで株式時価総額を割ったもの(PBRと考えてよい)を一部の企業について示した。1.08から6.37までバラツキは大きいが、いずれも1より大きい。つまりB/Sに記載されている純資産の額より、これらの企業の買収価値が高いということである。

　株価についてはいわゆる美人投票型…つまり、みんなが値上がりすると思うと思われる銘柄の価格が上昇するという特徴があることと、短期的にかなり変動することによって、その会社の価値を的確に表現しているとはいえないという考え方もあるだろう。しかし、スペース・シャトル爆発事故(1986)直後に(つまり、原因が何なのか誰も知らない時点で)事故の原因となった部品のメーカーの株価が急落している例が示すように、「集合知」はあなどれない(スロウィッキー、2009)。それにもし株価が非合理なものであれば証券取引市場は成立しないだろう。ときにはエンロンのような不祥事もあるが、株式市場と株価は「おおむね健全」なのであると言えるだろう。民主主義と同じである。

◉株価の算定方法

　さて、スポーツのチームは株式会社形態であっても非上場がほとんどである。

つまり、市場で株価が決まらないので、価値の計算もできない。しかし、非上場会社でも株価計算（＝企業価値計算）が必要になることがある。具体的には、
- 増資で株式を発行する場合
- 既発行株式の授受（売買）が生じる場合
- 事業承継（相続を含む）の場合

などである。

また、前掲の海外スポーツチームの資産価値を見ると、明らかに株式会社でない組織が含まれている。そもそも第1位のレアル・マドリード、そして3位のバルセロナのオーナーがclub membersとなっている。これらについてはすでに指摘したとおり一種の相互会社で、日本の社団法人に近い。このような非営利法人についても、"Forbes"は資産価値を計算している。ドイツ・ブンデスリーガについてはこれも前述のとおり商業法人化が進んでいるが登記社団も多い。これについても資産価値の計算が可能だということである。以下では株式会社の株価算定方法を概観してみたい。

①純資産方式

　　1株あたり株価　＝　純資産　÷　発行済株式総数

で株価を算定する。したがって、

　　資産価値　＝　純資産額

である。

この式は、前述した上場会社で言えば、PBR=1のときの株式時価総額と同じである。

ただし、実際にこの方式で株価を算定する場合、純資産の計算方法が複数ある。上場会社の場合は、財務諸表に記載された純資産を使う。会社によって指標が異なるということはない。これに対して非上場会社の場合は、純資産の計算方法として、
- 簿　　価
- 時　　価
- 時価に営業権を加えた額

などが使われる。

　株価の算定は株式の時価を求めようというものなので、純資産の時価を使うというのは一種のトートロジーに思える。留意すべき点として、純資産方式の「純資産」は、B/Sの右側の「純資産」を指すのではない。このように概念が混乱している理由は、会計規則の変更でB/Sに「純資産」の項が設けられるより前から「純資産方式」の語が存在していたことである。だからトートロジーに見えるのだが「純資産方式」の「純資産」はB/Sの科目をあらわす会計用語ではないので、現実場面では、たとえば保有している不動産や他社株式の価格が上昇している場合、時価方式を採用し、B/Sの左項に時価と簿価の差額を計上し、ここから右項の負債を減じて計算することになる（もちろん逆に価値が目減りしている場合も反映すべきである）。

　この方式は、企業の収益性や成長性、配当状況を考慮していない静態的なものなので、安定的な…換言すれば成長していない、成長の見込みのない企業、利益をあまり計上していない企業に適しているとされる。逆に言えば成長を見込む企業には向かない。

②DCF（ディスカウント・キャッシュフロー）法

　企業が将来生み出すと予想されるキャッシュフローを現在価値に割り引いて株価を算出する。式としては、

　　株価 ＝ 予想ディスカウント・キャッシュフロー合計額 ÷ 発行済株式総数

なので、価値総額は予想ディスカウント・キャッシュフロー合計額と等しい。

　ここで確認が必要なのは「キャッシュフロー」と「ディスカウント」である。まずキャッシュフローだが、これについては別の項で「営業CF」「財務CF」「投資CF」に分かれると説明した。これに対して、DCFでキャッシュフローという場合には、一般的には図20のフリーキャッシュフローを用いる。

　つぎにディスカウントであるが、将来のキャッシュフローを現在の価値に割り引くことを指す。この「割引（ディスカウント）」は、M&Aのデュー・ディリジェンス（後述のTOPIC参照）に際しては、

　　資本コスト ＝ リスクフリーレート ＋ マーケットリスクプレミアム

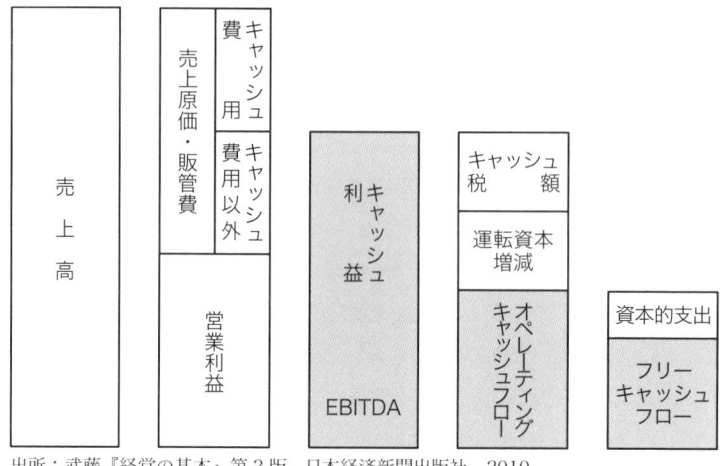

出所：武藤『経営の基本』第3版、日本経済新聞出版社、2010

図20 ●キャッシュフローの諸概念

を用いて行うというのが一般的な見解だが異論もある。

　私が一番気になるのは、この資本コスト（＝期待リターン）が高いと、割引率が大きくなり、将来キャッシュフローの現在価値が小さくなるという点である。

　資本コストをめぐる金融技術の革新は、
- 企業の資産に投資家はどの程度の収益率を要求するのか

を明らかにしたのだが、もし期待リターンの大きい企業の現在価値が現在の株価であり、これが相対的に低いのだとすると誰もが買いたい。だから結果として、この会社の株価は将来を織り込んで上がる。したがって、高い期待リターンで割り引いたことに意味がなくなるはずである。

　一方、同じ議論から、
- この会社に投資して、将来これだけのキャッシュフロー（＝リターン）を得たいのであれば、現時点でどれだけ現金を積めばよいか

が明らかにされる。これはこれで正しいのだが、株価が将来を織り込むのだとすると、これが株価＝資産価値になるはずはない。期待収益率がわかっているなら、株価のほうが高くなるからである。少し厳しい言い方をするなら、世の

TOPIC　デュー・ディリジェンスの実際

　デュー・ディリジェンスは企業買収や資本参加に際して、対象企業の価値を算定することを目的として実施されるが、その内容は財務にとどまるものではなく、表25のように「ビジネス」「法務」「会計」の3つの観点から実施される。それぞれのデュー・ディリジェンスに必要な経験と知識は異なっている。

　実際の場面では、公認会計士あるいは弁護士が経営コンサルタントの役割を兼ねていてビジネス・デュー・ディリジェンスを行うことも多いが、たとえば鉄鋼や卸売業で経験を積んできた会計士や弁護士がスポーツのビジネス・デュー・ディリジェンスができるかというとおそらく無理がある。キャッシュフローの将来予測の前提は、そのビジネスがわかっていることなので、この部分が不正確だと、その後の会計デュー・ディリジェンスでDCF法を用いても的確な企業価値を計算できないということである。

表25●3つのデュー・ディリジェンス

類　型	内　　容	実　施　者
ビジネスDD	企業の人的資源、取引先や顧客特性、事業資産の優位性を検討し、企業の優位性と成長力を評価する。	経営コンサルタント
リーガルDD	特許権や知的財産権の評価、取引契約の適正性評価、簿外債務・訴訟リスクの洗い出し。	弁護士
会計DD	財務諸表の適正性評価、上記2つのDDに基づき企業価値を算定。	会計士

注：DDはデュー・ディリジェンスの略。
資料：武藤（2007）より作成

中で株価算定を業としている会計士や税理士のホームページで、このことを理解して記載していると思われるものがとても少ない。たぶん、誰かのサイトを見て、それとわからないようにコピペしているのだと思う。学者でも似たようなことがあり、間違った記述の引用が感染、伝染していく。私はこれを「誤謬の再生産」と呼んでいるのだが、間違いを読まされる人、教わる人はいい迷惑である。

表26 ● DCF法の割引の例

名　　目	1年目	2年目	3年目	4年目	5年目	合　計
	100	100	100	100	100	500
8％で割引	93	86	79	74	68	399
12％で割引	89	80	71	64	57	360

　閑話休題。現在のようにPCとウェブが普及していない時代には、経験的に一定の割引率を用いていた。理由は物価上昇と一定のリスクを加味するためである。つまり、資本コストの理論ではフリーキャッシュフローを期待収益（リターン）で割り引くが、古典的なDCFでは物価上昇とリスクで割り引く。思想が180度違うということである（厳密に言えば期待収益には物価上昇とリスクが加味されているので180度は的確な表現ではないかもしれないが、収益を見るのか、それともリスクを見るのかという点に大きな違いがある）。また将来キャッシュフローをいつまで（たとえば5年なのか10年なのか）計算すればよいのかという問題もあり、実際に算定される数値は、計算対象期間のとりかたによってぶれが大きい。それにそもそものフリーキャッシュフローが予測値なので、リスクあるいは期待収益で割り引くと言っても、それ以前の段階でかなり恣意が入ると言ってよいだろう。表26では割引率を8％、12％にした場合の現在価値を計算しているが、8％なら5年間で399、12％なら360となり1割程度の違いが生じる。

③収益還元方式

　式としては、

　　株価 ＝ 1株あたり予想税引後純利益 ÷ 資本還元率

であるので、

　　価値 ＝ 予想純利益 ÷ 資本還元率

となる。

　ここで問題になるのは資本還元率であり、「調達金利に危険率を加味したもの」とされることが多いが、上の式の形を変えると、

資本還元率 ＝ 予想純利益 ÷ 価値（株式時価総額）

になる。ここで株価評価の重要な指標の1つである株価収益率（PER：Price Earnings Ratio）は、

　　　PER ＝ 株式時価総額 ÷ 当期純利益

なので、資本還元率とは要するに未来の予想PERの逆数である。

　PERについては企業により値がさまざまであり、これは純利益が企業によって異なり、また同じ企業でも年によって大きく変動することによる。一般的には20（倍）程度と言われる。資本還元率では20分の1、すなわち5％である。PERがこれより大きければ、あるいは同業他社より大きければ株価が割高で、小さければ割安、つまり「買い」であると評価される。

　PERは「結果として計算される指標」である。つまり、純利益は明らかだし、上場会社なら株価がつねについている。これに対して、資本還元率は、概念としては上述のとおり「調達金利に危険率を加味したもの」なのだが、はっきり言ってしまえば、たぶん誰もまじめに計算していないだろうという点は、DCFにおける割引率と同じであろう。

④比準方式

　上場している同業種の会社の株価との比較によって株価を算定する。比較される指標としては、PER、PBRなどがある。上場している会社の少ない業種、典型的にはスポーツでは、この方式は利用することができない。

⑤EV/EBITDA倍率

　EV/EBITDA倍率については、株価算定手法のいろいろなウェブページを見ていても取り上げられていることがない。上記の比準方式の1つと考えられているのかもしれないが、指標としては業種を問わないので、先行する上場会社のないスポーツチームにとって参考にできる指標だと思われるので紹介しておきたい。

◉EVについて

　EV（Enterprise Value）について、簡単な整理をしておきたい。これも専

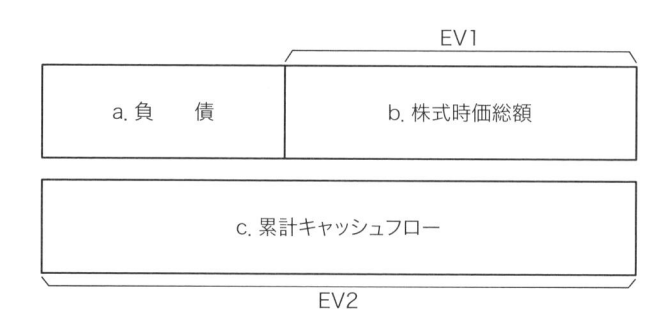

```
                              EV1
    ┌─────────────┬──────────────────────┐
    │   a. 負 債   │   b. 株式時価総額      │
    └─────────────┴──────────────────────┘
    ┌────────────────────────────────────┐
    │        c. 累計キャッシュフロー         │
    └────────────────────────────────────┘
                   EV2
```

図21 ● EV（企業価値）とは

門分野によって、少し意味が異なる指標の1つだからである。

　すでに述べたとおり、企業の価値は株式時価総額である。前述したDCF法では、これはフリー・キャッシュフローの割引現在価値と同値であるということになる。図21のEV1である。これに対して、ファンドが企業を買収しようという場合には、その費用として、株式取得額（EV1と同値である）に加えて負債（a）を計上しなければならない。買収後にこの負債を返済する必要があるためだ。これを事業主体の側からみると、事業に必要な資金はaとbによって調達され、これでキャッシュフロー（c）を生み出す。言い方を変えるなら、生み出される（と計画する）キャッシュフロー（c）から負債（a）を引くことによって、買収の適正コストが計算できる。DCF法では負債の返済をキャッシュフローから引いているので、負債が完済されればこの2つの考え方は同じ結果になるが、負債が残る場合は値が変わってくる。キャッシュ投資の観点からは、図のEV2が投資額なので、こちらを検討するほうが妥当であろう。つまり、負債（確定した額）と株式時価総額（交渉で決まる額）の合計とキャッシュフロー（計画値）を比較し、買収適正額（株式時価総額）を検討する。この図で用いられるキャッシュフローには、前出のEBITDAを用いる。

◉EV/EBITDA倍率

　企業価値を計算する方法として私が優れていると思うのは、EV/EBITDA倍率を用いる方法である。このEVは、図ではEV2である。式としては、

$$EV/EBITDA = (ネット有利子負債 + 株価 \times 総株数) \div EBITDA$$
$$= (有利子負債 - 現預金 - 流動性有価証券 + 株価 \times 総株数)$$
$$\div (経常利益 + 金融収支 + 減価償却費)$$

である。ちょっと面倒に思えるかもしれないが、下記のとおり単純化されていくので我慢して眺めてみていただきたい。

したがって、妥当な EV/EBITDA 倍率を E とすると、株式価格の総額を計算するためには、上の式から、

$$株価 \times 総株数 = E \times EBITDA - (有利子負債 - 現預金 - 流動性有価証券)$$

として価値を計算することができる。スポーツの組織が流動性有価証券を持たないとすれば（おそらくそうである）、式はさらに単純化されて、

$$株価 \times 総株数 = E \times EBITDA + 現預金 - 有利子負債$$

となる。

この計算方法の優れているところは、
- EBITDA という、国際的に使用されている指標を用いていること
- EBITDA が純利益のように変動の大きい指標ではないこと
- キャッシュフロー（EBITDA）を考慮していること
- 負債額を加味している（負債の大きさの影響を考慮している）こと

である。問題としては、E がどの程度であれば妥当なのかについて一般的な見解がないという点であるが、この指標は国際分散投資の判断に使われるものなので業種を問わない。必ずしも同業種と比較する必要がないので、他の業種のよく知られた優良企業と比較することができるというメリットがある。

3. のれん代

さて、以上のように資産価値の計算方法にはさまざまなものがあるのだが、結果として、1つの会社を取り上げてその価値を計算すると、おそらく多様な算定結果が出てくることになる。しかも、実際の価値＝取引される（と想定さ

れる）価格は、このようにして算定された価格とはかけ離れたものになることも少なくない。この典型が、スポーツチームの資産価値が世界2位と評価されたマンチェスター・ユナイテッドで、このチームは再上場の前には債務超過、つまり会計上の純資産がマイナスだったのだが、その年の資産価値は世界1位だった。このような乖離を「のれん代」と呼んでいる。

のれん代は、定義としては、買収された企業の「時価評価純資産」と「買収価額」との差額、つまり結果指標なので、買収されていないマンチェスター・ユナイテッドにのれん代が生まれているというのは厳密には間違いなのだが、債務超過でありながら資産価値が世界1位ないし2位だということは、のれん代に該当する価値が大きいということである。

◉無形資産

では、このような差額がどのように生まれるのか。これは、その企業が図22のように、

- オフバランスの（B/Sに計上されていない）有形資産
- 無形資産
- ケイパビリティ

を有するためである。この中でスポーツ組織とかかわりが強いと思われるのが無形資産とケイパビリティである。

無形資産には、特許、商標権や著作権などといった知的資産、従業員の技術や能力などの人的資産、企業文化や経営管理プロセスなどといったインフラストラクチャ資産が含まれる。スポーツのチームであれば、

- チームのブランド
- 有名な選手や監督がいること、その肖像権
- 選手の技術や能力

などが無形資産に該当するだろう。個々のチームであれば、順位や戦績も無形資産である。イングランドのプレミアリーグであれば、その放送権が世界で販売されており（契約）、かつ実際に見られているという事実も無形資産に該当する。これらは当然のこととしてバランスシートには計上されないが、チームの価値を左右する。

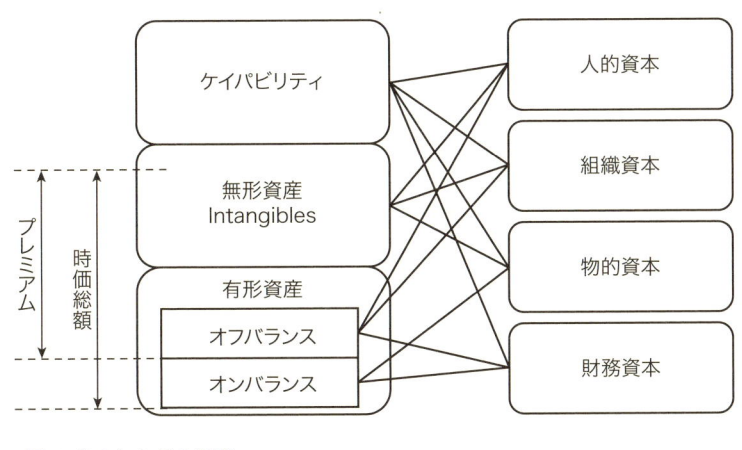

図22 ●のれん代の要素

```
         ┌──────────────┐        ┌──────────────┐
         │ ケイパビリティ │        │   人的資本    │
         └──────────────┘        └──────────────┘
         ┌──────────────┐        ┌──────────────┐
         │  無形資産     │        │   組織資本    │
         │ Intangibles  │        └──────────────┘
         └──────────────┘        ┌──────────────┐
         ┌──────────────┐        │   物的資本    │
         │   有形資産    │        └──────────────┘
         │┌────────────┐│        ┌──────────────┐
         ││ オフバランス ││        │   財務資本    │
         │├────────────┤│        └──────────────┘
         ││ オンバランス ││
         │└────────────┘│
         └──────────────┘
```
（プレミアム／時価総額）

⦿ケイパビリティ

　ケイパビリティについてはマネジメントの分野では「組織能力」と訳される。概念より事例のほうがわかりやすいと思うので、MLBのロサンゼルス・エンゼルスを取り上げてみたい。

　エンゼルスはドジャースと同じロサンゼルス所在のチームだが、ドジャースに比べると成績も人気も地味である。そのチームの経営にウォルト・ディズニー社が参画したのが1997年であり、構想としては、同社が有するエンタテインメント事業のノウハウ（つまりケイパビリティ）をエンゼルスにも活用しようということであった。

　結果はどうであったかというと、2002年にはワイルドカードから（地区優勝せずに）勝ち上がってワールドシリーズ優勝を果たすが、この年以外は成績も人気も振るわず、ウォルト・ディズニー社は2005年で撤退する。そのあとを受けて2005年にアルトゥーロ・モレノがオーナーになり、リーグ優勝はないもののつねに地区優勝を争う強豪チームとなり、観客数も増加している。

　この例でわかるのは、ウォルト・ディズニー社が有する世界有数のケイパビリティが通用しなかったことである。同社は当然のことながら自社に優れたケイパビリティがあると自認しており、その移転を図ったのだがうまくいかな

かった。財務から考えるなら、天下のウォルト・ディズニー社が入場料、放送権料、グッズ販売の増収に乗り出すのだとすると、予想キャッシュフローが高くて当然だということになる。つまり、ケイパビリティは資産を増やさないが予想キャッシュフローを高めるので、チームの資産価値は上がることになる。たとえそれが実現しなくてもしばらくはそうであろう。そしてうまくいかなかったという事実に基づいて、このケイパビリティに基づくキャッシュフローの限界的な増加はカウントされなくなるということである。現在のエンゼルスには、ウォルト・ディズニー社のような目に見えるケイパビリティはないが、これにかわって、モレノが実現した観客と戦績という無形資産がある。そしてこの結果、チームの価値はウォルト・ディズニー社が保有していた時期の2倍になっていると言われる。

4. キャッシュフローの重要性

◉非営利組織の価値計算

　さて、以上は株式会社の資産価値（企業価値）の算定方法だが、同じ方法を非営利組織にも適用することが可能である。日本でも社団法人（NPO法人は社団法人と同じであると考えてよい）、財団法人の財務諸表は株式会社とほぼ同じ形式になってきた。具体的には以下のとおりである。
①純資産
　非営利法人もB/Sを持っている。この資産を時価評価し、営業権を加味すれば、株式会社と同様に「時価の純資産」を計算することができる。
②キャッシュフロー
　大規模な法人についてはキャッシュフロー計算書が作成されている。
③期待リターン
　資本コストと考えると非営利法人では該当しないが、個々の法人について期待リターンを設定することは可能である。

　非営利法人は株式を発行していないので、PER、PBRなど、株価を参考にす

る指標から価値を算出することができない。しかし上記のとおり、純資産とキャッシュフローは計算できるので、算定方法は限られるものの価値は算出できる。現在主流の価値評価はキャッシュフローに注目するものなので、それで十分であるということができるだろう。

⊙サッカーチームの価値と利益

ここで本章の冒頭に示した"Forbes"から、サッカーチームの財務諸表を確認してみたい。同誌に掲載されているのはキャッシュフローではなく営業利益（Operating Income）だが、類似の指標と考えてよいだろう。これを見るとつぎのような点がわかる。

①資産価値上位20チームのうち16チームは営業利益を計上している

日本的な感覚では、スポーツのチームは利益を生まない。この理由は、プロ野球の場合は、親会社がチーム運営費を広告宣伝費として支払っている。黒字か赤字かは、極論すれば親会社がどれだけ支出してくれるかに依存するし、親会社が支払うのは「赤字補てん見合い額」になっているはずである。プロサッカーでも親会社のあるチームはこれに近い。親会社のないチームも含めて共通して言えることは、黒字が出るくらいなら強化に使うという基本的な考え方である。

言うまでもなく、このような「利益を生まない」構造ないし原理の下では、キャッシュフローに基づく価値計算はできない。

②営業利益率は驚くほど高い

上位3チームの営業利益率（表27のg列）は、いずれも25％を超えている。これを「期待収益率」としてディスカウントするのは、どう考えても非現実的である。もちろんDCF法ではフリーキャッシュフローを用いるが、レアル・マドリードとバルセロナはいずれも非営利法人なので税額は限りなくゼロに近いと考えてよいだろう。であるとするとフリーキャッシュフローから計算される期待収益率も高くなっているはずである。

③チームの価値は営業利益の20〜25倍か（表のf列）

これについては赤字のチームがあり、また黒字でも数値が4倍から50倍まであり分散が大きいが、上位10チームについて赤字のマンチェスター・シティ

表27 ● プロサッカーチームの財務状況

Rank	Team	a Current Value ($mil)	b 1-Yr Value Change (%)	c Debt / Value (%)	d Revenue ($mil)
1	Real Madrid	3,300	76	5	650
2	Manchester United	3,165	42	18	502
3	Barcelona	2,600	99	6	613
4	Arsenal	1,326	3	29	368
5	Bayern Munich	1,309	6	5	468
6	AC Milan	945	-4	5	326
7	Chelsea	901	18	0	409
8	Juventus	694	17	12	248
9	Manchester City	689	56	7	362
10	Liverpool	651	5	17	296
11	Tottenham Hotspur	520	-8	15	226
12	Schalke 04	498	-15	0	221
13	Borussia Dortmund	456	16	18	240
14	Inter Milan	401	-18	16	236
15	Olympique Lyonnais	368	-4	8	167
16	Corinthians Paulista	358	—	15	119
17	Napoli	330	16	0	188
18	Hamburger SV	300	-16	13	154
19	Olympique Marseille	285	-18	27	167
20	Newcastle United	263	9	0	146

出所：http://www.forbes.com/soccer-valuations/ に加筆

も含めて計算すると21.3倍、これを除くと25.1倍である。このことから想定されるのは、投資回収期間（EV/EBITDA倍率）が20〜30年と考えられている、あるいは計算できるということである。スポーツは資本集約型の産業ではないので、現実問題としてはこれだけの期間をかけて投資を回収しようと考えているはずはない。鉄道とは違うということである。であるとすれば、営業利益ないしキャッシュフローから見ると、この価値は大きすぎる。ではこれが過大かというと、売上高営業利益率（g列）を見ると十分に高いので、ブランドなどの無形資産によって価値が高まっており、これが営業利益と資産価値に反映されていると考えるべきなのだろう。

e Operating Income ($mil)	f a/e (倍)	g e/d (%)	h a×(1−c) ($mil)	i a×c/d (%)	j a×c/e (%)	Team
170	19	26.2	3,135	25	97	Real Madrid
144	22	28.7	2,595	113	396	Manchester United
160	16	26.1	2,444	25	98	Barcelona
55	24	14.9	941	104	699	Arsenal
88	15	18.8	1,244	14	74	Bayern Munich
19	50	5.8	898	14	249	AC Milan
82	11	20.0	901	0	0	Chelsea
20	35	8.1	611	34	416	Juventus
-53	–	–	641	13	–	Manchester City
19	34	6.4	540	37	582	Liverpool
36	14	15.9	442	35	217	Tottenham Hotspur
47	11	21.3	498	0	0	Schalke 04
54	8	22.5	374	34	152	Borussia Dortmund
-89	–	–	337	27	–	Inter Milan
-6	–	–	339	18	–	Olympique Lyonnais
10	36	8.4	304	45	537	Corinthians Paulista
76	4	40.4	330	0	0	Napoli
6	50	3.9	261	25	650	Hamburger SV
-13	–	–	208	46	–	Olympique Marseille
16	16	11.0	263	0	0	Newcastle United

④負債が大きいチームとゼロのチームとがある

　チームによって違いが大きいのは負債である。表のc列が資産価値に占める負債の割合だが、チェルシー、シャルケ、ナポリ、ニューカッスルは負債がない。これに対してアーセナルは負債が資産価値の29％を占めている（念のために言えば、これは資産価値＝企業価値で、チームの資産価値に負債が含まれているという前提で記述している）。したがって、株式会社の時価総額あるいはこれに該当する非営利組織の値を計算するには、資産価値からこれを差し引けばよい。結果は表のh列である。レアル・マドリードとバルセロナは負債が小さいのでこの数値が資産価値とあまり変わらない。マンチェスター・ユナイテッドは値が小さくなり、バルセロナと同額近くまで低下する。アーセナルは

表28 ●事業会社の価値指標

	a 売上高 (億円)	b 営業 利益 (億円)	c 株式時価 総　額 (億円)	d b/a (%)	e 有利子 負　債 (億円)	f e/a (%)	g e/b (倍)	h (c+e)/b (倍)
トヨタ自動車	220,641	13,208	204,000	6.0	141,317	64	10.7	26
新日鉄住金	43,899	201	25,753	0.5	25,068	57	124.7	253
パナソニック	73,030	1,609	20,384	2.2	11,433	16	7.1	20
富士通	43,817	952	9,232	2.2	5,349	12	5.6	15
京セラ	12,800	769	19,238	6.0	338	3	0.4	25
ソフトバンク	33,783	7,450	62,074	22.1	21,076	62	2.8	11
DeNA	2,024	768	3,215	37.9	0	0	0.0	4
楽　天	4,434	722	16,120	16.3	3,245	73	4.5	27
日本ハム	10,228	280	3,387	2.7	1,498	15	5.4	17

出所：東洋経済会社四季報（2013年3月期）

バイエルン・ミュンヘンと逆転している。

　売上高に対する負債の大きさを見たものがi列、営業利益に対する負債の大きさがj列である。マンチェスター・ユナイテッドとアーセナルは売上高より負債が大きい。またレアル・マドリードとバルセロナは負債と営業利益がほぼ同額であるのに対して、アーセナルの負債は営業利益の7倍、リバプールは5倍、マンチェスター・ユナイテッドとユベントスは4倍にのぼる。

　この負債が大きいのかどうかを日本の事業会社と比較してみよう（表28）。まず第一に、売上高より負債が大きいという会社はこの中にはない。とはいえ最大値は楽天の73％で、売上高の2分の1以上の負債を有する会社も見られる。マンチェスター・ユナイテッドの113％、アーセナルの104％というのは驚くほどの水準ではないし、他のチームは「おとなしい」数値だと評価できるだろう。

　つぎに負債が営業利益に対して何倍かを見ると（g列）、新日鉄住金については統合直後で例外と考えるとすると、無借金の会社もあるが、トヨタが10倍で、他の会社は5倍前後が多い。つまり、マンチェスター・ユナイテッド、アーセナルやリバプールが一般の事業会社と比べて際立って大きいということはなく、これも「おとなしい」数値なのである。別の項で欧州のサッカーについて、チャンピオンズリーグを目指して各チームが強化にお金をかけることを説明し

たが、このビジネスモデルを採用することによって各チームの負債が際立って大きくなっているかと言えばそんなことはない。一般の事業会社と変わらない。このような行動はリスクテイクはリスクテイクなのだが「普通のリスクテイク」なのだと言えるだろう。

最後に、事業会社の「株式時価総額＋負債」と営業利益の関係をみると（h列）、上と同じで新日鉄住金を例外とすると楽天が27倍、トヨタ26倍、京セラ25倍である。つまり、サッカーチームと変わらない。念のために言えば、これらの会社の株式時価総額は2013年3月末のものであり、その後日本企業の株価は日銀の「異次元」と評されるような量的緩和によって上昇している。つまり、この表の時点以降で、この25倍程度という数字は何割か上がっているはずである。そしてそうであれば、サッカーチームの資産価値はバブルと呼ぶようなものではなく、妥当なものだと考えることができるのである。

5. 日本のプロスポーツの資産価値

比較のために、浦和レッズの財務諸表を検討する。このチームを選んだのは、
- 日本で事業規模が最大のプロサッカーチームである
- 財務面で親会社からほぼ自立している
- 経営情報を開示している

ことによる。前述のとおり、プロ野球のチームは「親掛かり」なので利益指標にあまり意味がないし、そもそも情報が開示されていない。プロサッカーで売上高が比較的大きい他のチームは、プロ野球ほどではないが「親掛かり」である。その意味では、価値計算が可能、かつ算出と国際比較に意味があるチームは浦和レッズくらいのものかもしれない。

⦿営業利益からの検討

まず価値計算である。前項でみたとおり、欧州のサッカーチームの価値は、営業利益の20～30倍程度である。浦和レッズの営業利益は1.5億円なので、これをあてはめると資産価値は30～45億円になる、というより、にしかならない。

もちろん、マンチェスター・シティやインテルは営業利益がマイナスでも資産価値は数百億なので、営業利益がすべてではないが、それにしても浦和レッズの営業利益は小さい。ちなみに、世界18位のハンブルガーは営業利益6億円で、資産価値はその50倍の300億円である。この50倍をあてはめると浦和レッズの資産価値は75億円になる。しかしそれでも、20位のニューカッスルの3分の1以下である。

　ハンブルガーとニューカッスルの売上高はいずれも150億円内外、つまり浦

表29 ●浦和レッズの損益計算書

(百万円)

	2008年度	2009年度	2010年度	2011年度	2012年度
営業収入	7,090	6,432	5,625	5,382	5,353
入場料収入	2,866	2,460	2,237	1,918	1,988
広告料収入	2,373	2,735	2,256	2,074	2,121
グッズ収入	1,014	616	578	494	558
Jリーグ分配金	339	316	279	268	267
その他	498	303	275	628	419
営業費用	7,057	6,358	5,898	5,290	5,202
事業費用	6,330	5,737	5,315	4,761	4,654
事業運営費	3,169	2,655	2,451	2,308	2,231
チーム運営費	3,160	3,082	2,864	2,453	2,423
（うち選手・監督・コーチ報酬）	2,405	2,464	2,282	1,886	1,910
一般管理費	727	620	583	528	548
営業利益	33	73	▲273	92	150
経常利益	20	68	▲259	88	152
当期純利益	23	6	▲260	61	151

注：記載金額は百万円未満を四捨五入して表示している。
出所：浦和レッズHP

表30 ●浦和レッズの貸借対照表

(百万円)

	2008年度	2009年度	2010年度	2011年度	2012年度
総資産	2,116	1,890	1,450	1,297	1,130
総負債	1,548	1,316	1,135	921	602
純資産	568	574	315	376	527
資本金	160	160	160	160	160

出所：浦和レッズHP

和レッズの3倍である。浦和レッズの売上高が3倍になり、利益が3倍より大きくなれば、世界のサッカーチームの資産価値ランキングに登場してくる可能性がある。では浦和レッズの売上高は150億円になるだろうか。これまでの最大値は2008年の70億円で、これが2倍強になればよい。つまり80億円程度の増収が見込めるかということである。

浦和レッズは入場者数が日本で一番多いチームである。2008年よりは増えないと考えると、想定できる入場料収入の最大値は30億円程度になるのだろう。つまり、売上高70億円のときとあまり変わらないと考えることができる。仮に広告料収入がこの表のピークの2倍程度、50億円になると想定する。グッズ収入も2倍の20億円とする。「その他」は選手の海外移籍等で10億円程度になるとすると、ここまでで110億円である。150億円との差異は40億だが、残る収入科目はリーグからの分配金だけになっている。分配金の主な原資はリーグのオフィシャル・スポンサー収入と放送権料である。これが3億円から40億円になるとは、考えにくい。つまり、現在のビジネスモデルでは、浦和レッズが想定できる最大の事業規模は100億円内外ということになるのだろう。したがっておそらく、資産価値ランキングのベスト20に顔を出すことは極めて難しい。

⦿他の方法での計算と確認

参考までに、ここまで説明してきた方法でも浦和レッズの価値を計算してみることにしよう。

①純資産方式

浦和レッズの純資産は帳簿上5〜6億円である。これではいかにも少ない。では有形資産の時価評価で数字が大きくなるかというと、その可能性は低いと思われる。残るのは無形資産で、ブランド、人気等である。ただし、無形資産を単純に加算するのは非現実的であろう。実務的には、無形資産がその効果を発揮して営業利益の向上に貢献していると考える。したがって、論理としては、

V：営業利益（ないしキャッシュフロー〈EBITDA〉）から計算される企業価値
D：有利子負債
E：純資産

I：無形資産

とすると、

　　V－D＝E＋I

なので、Iは結果的に、

　　I＝V－D－E

で求めることができる。

　これを浦和レッズに当てはめてみたいのだが、残念ながらD（有利子負債）がわからない。バランスシートの総負債は表からわかるが、これには買掛金、未払費用が含まれている。とはいえ総負債は6億円程度と小さいので、仮に有利子負債がない、つまり無借金であると考えると、上の式は、

　　I＝V－E

である。ここで純資産（E）は6億円程度なので、仮に浦和レッズの資産価値が前項で述べた30～45億円だとすると、無形資産はこれから純資産の6億円を引いた値なので、24～39億円となる。これは小さくない。

② DCF法

　浦和レッズの純利益は営業利益とほぼ同額である。減価償却費はほとんどないとすると、純利益はフリーキャッシュフローと同程度と考えることができるだろう。収益率は2012年は3％程度だが、この年は他の年に比べて収益率が高い。とはいえ割引率としてはこれより低い値は非現実的なので、純利益は今後5％ずつ増加し、割引率も5％とする。つまり、フリーキャッシュフローの割引現在価値は毎年1.5億円である。20年で30億円、30年で45億円になる。これは営業利益から算出した企業価値と同額である。一般常識に照らしてこの割引率が低すぎると考えるなら値は小さくなるが、

- 借入金がない
- 投資家はリターンを求めない

ことを考慮するなら、期待リターンはゼロでもよい。つまりディスカウントの必要がないので、価値はむしろ大きくなる。

③収益還元法

　収益還元法では純利益を資本還元率で割るのだが、説明したように資本還元率はPERの逆数である。PERについては20程度と言われるので、これを純利益に掛けると、1.5億円×20＝30億円である。

⦿浦和レッズの資産価値は30億円？

　比準方式については同業の上場会社がないので使いにくい。したがって、ここまでに述べた4つの方法が適用可能だったのだが、意外に数値が収斂しているということができるのではないか。再掲すればつぎのとおりである。
- 純資産方式　　　　6億円＋無形資産の価値
- DCF法　　　　　30億円
- 収益還元法　　　　30億円
- EV/EBITDA倍率　30 ～ 45億円（ただし有利子負債を含む）

　結論としては、浦和レッズの株式時価総額は30億円程度ということになるのだろう。そしてこの値は、営業利益と純利益が大きくなれば高くなる。利益が2倍になれば価値も2倍になるということである。

⦿利益が増えると無形資産が大きくなることの解釈

　最後に示してみたいのは「利益が増えると資産価値が増える」ことの結果として「利益が増えると無形資産が大きくなる」という事実である。
　表31の1年度目は浦和レッズと同じく利益が1.5億、純資産が6億円で、資産価値は利益の20倍で30億円である。この30億円から純資産を引いた残りが24億円で無形資産の価値になる。
　このチームが配当をせずに1.5億円の利益（純利益かつ営業利益と考える）をすべて内部留保にまわすとする。この場合つぎの2年度目に同じく1.5億の利益を上げたとすると、資産価値は1年度目と同じ（利益額が変わらないためである）30億円だが、純資産が1.5億円増えて7.5億円になっているので、無形資産の価値は30－7.5＝22.5億円に減少する。
　これが現実的かどうかについては、意見が分かれるだろう。前年と同じよう

表31 ●利益と資産価値の関係

	年度1	年度2	年度3	年度4
利　　益	1.5	1.5	3	3
純 資 産	6	7.5	10.5	13.5
資産価値	30	30	60	60
うち無形資産	24	22.5	49.5	46.5

な戦力で同じような順位になり、入場者もスポンサーも視聴率も増えず利益が変わらないとすると、「慣れ」や「飽き」でブランド価値が低下すると解釈することもできる。反対の意見もあり得る。同じリソースで同じ成果を生んだのなら無形資産の価値が変わるはずがないので、無形資産は24億円のままとし、7.5億円の純資産を加えて31.5億円の資産価値があるとみなすべきだというものである。

つぎに3年度目は利益が増えて3億円になったとする。資産価値はその20倍で60億円に倍増する。純資産は10.5億円なので、無形資産の価値は前年度の2倍以上、49.5億円になる。パフォーマンスがよくなったのだから無形資産の価値が向上したはずだと考えるのはおそらく妥当である。

しかしこの利益水準が4年度目も変わらないとすると、2年度目と同じように無形資産価値が減少する。表には示していないが、この3億円の利益を維持し、同額が毎年純資産に追加されると、20年度目で純資産が資産価値より大きくなる。換言すれば無形資産の価値はゼロになる。

解釈としては、
- 利益増加は成長の予感である
- この結果として、あるいは原因として無形資産の価値上昇がある

ということになるのだろうか。いずれにせよ利益がゼロになればDCF法にせよ、EV/EBITDA倍率で求めるにせよ、資産価値はゼロになるので、純資産法で求められる13.5億円がこのチームの資産価値である。つまり無形資産はゼロである。

結論の1つは、
- 利益のないチームには無形資産がない

というものである。しかし、では読売ジャイアンツに無形資産がないというと

賛成してくれる人はいないだろう。ベイスターズ株もDeNAに有償で譲渡されている。そしてこのことは、

- 読売新聞、DeNA、あるいはソフトバンク、楽天は、オーナー兼メインスポンサーであるおかげで、オーナーでない企業がメインスポンサーになった場合と比較して、割安でメインスポンサーになれているはずだ

ということを意味している。逆に言うとこれは、

- オーナーがメインスポンサーであることによって、日本のプロ野球の球団は財務面で機会損失があるのかもしれない

ことを意味している。球団が利益を上げれば資産価値が高く評価され、結果として無形資産の経済価値が明らかになるからである。加えて言えば、この20年間大きく成長した米国4大スポーツと欧州サッカーは、いずれもオーナー＝メインスポンサーではない。その世界では、チームが利益を計上することによって資産価値が生まれるとともに対外的に明らかになり、オーナー候補、スポンサー候補が増え、需給原理に応じて価値がさらに高まるというメカニズムが機能しているように思われるのである。

⊙資産価値はチームを安定的な存在にする

　重要な余談をするなら、日本の企業スポーツのビジネスモデルの弱点は、オーナーが交代しにくいことである。オーナーは代わらずにスポンサーが代わる、あるいはスポンサーは変わらずにオーナーが交代することが一般的であれば、オーナーの業績悪化でオーナーとスポンサーが同時にいなくなるという事態を避けることができる。

　スポンサーを見つけてくることが必要であれば、広告代理店が努力する。オーナー交代がある程度の頻度で起きるのであれば、証券会社にスポーツビジネスのノウハウが蓄積されてM&Aを仲介するようになる。現在の仕組みでは、オーナー交代がたまにしか起きないので証券業界にノウハウが蓄積されないし、オーナー候補を普段から探すという活動もできない。またオーナーになることはスポンサーになることを意味するので、所要資金が大きくなりすぎる。結果として「明らかに無形資産価値が大きいプロ野球という企業スポーツ」を除いて、企業スポーツはオーナーの撤退とともにチームが消滅することになる。

そのプロ野球も、近鉄の撤退から東北楽天の誕生までは紆余曲折を経た。これに対してＪリーグは、1990年代後半に横浜フリューゲルスが実質的に消滅したが、その後はチームの経営危機やオーナーの交代はあるものの、それぞれのチームは存続を続け、クラブライセンス制度の導入が可能な状態を実現している。

　Ｊリーグのチームがこのような経営状態を実現できたのは、各チームのホームタウン地域とＪリーグ機構が、チームの経営危機に際して、新オーナーを探したり、新たなスポンサーを探したり、地元企業や住民が株主になったり、Ｊリーグが運営資金の貸し付けを行う等の対処をしてきたためである。すなわち、リーグ各チームが置かれた産業組織は未成熟であり、広告代理店や証券会社が十分には存在しないのだが、この不足を地元とＪリーグの行動で補ってきたということなのである。

　ただし、このような活動と機能は、危機回避を目的として、いわば消去法で選択されたものである。したがって、複数の新株主や新スポンサーの中から、最もよい条件を提示したものを選択するという市場メカニズムは、一部の優良なチームを除くと見られない。経営危機に瀕したチームについては、株主もスポンサーも、経済合理性とは異なる価値観で登場している。その意味において、産業組織として未成熟なのである。この状態から「資産価値を試算できる状態」へと変わっていくには、まず第一にチームの無形資産の価値を高めることが重要であろう。その結果として、チームは利益を生み出し、価値計算が可能になり、オークションで株価＝価値が決定されるようになっていく。

6. リーグがチームの資産価値を高める

　加えて指摘しておかなければならないのは、チームの資産価値は、チームだけでなく、リーグのマネジメントによって高められているという点である。欧州サッカーでは、UEFAチャンピオンズリーグが有力チームの価値源泉になっている。この例では各国のリーグではなく、言わばその上部団体であるUEFAが各国のチームの価値を高めている。

⦿ リーグはチームの意思に背反する決定を行う

　昇降格のないNFL、NBA、MLBでは、リーグが戦力均衡のための施策を講じている。厳格なドラフト、サラリーキャップなどがその典型である。MLBではチームの収入をリーグが再配分することまで行っている。リーグによるこれらの施策は、各チームの価値向上のための努力と背反している。チームはコストをかけて戦力を強化しようとするが、これに対してリーグが制約を設けているのである。

⦿ 試行錯誤の重要性

　細かいことまで含めれば、リーグのこのような役割は日本でも発揮されている。たとえばプロ野球にはドラフト制があるし、クライマックスシリーズが導入されたことでリーグ優勝の興味は終盤まで持続する。ボールやバットの反発力に制約を設けるのもリーグないし機構の役割である。プロサッカーでは2シーズン制が復活する見込みである。ACLが日本の有力チームに投資回収機会をもたらすようになるかどうかはまだわからないが、いずれそうなってくれるという期待はある。有料衛星放送と放送権契約を結んだのは、近い将来において有料放送が試合のテレビ観戦の中心になると考えられたためであると思われる。今のところこの目論見は奏功していないと思われるが、重要なのは試行錯誤なのだろう。マネジメントは未来について意思決定する。うまくいくこともあればいかないこともある。うまくいかなければ状況に適応して修正していけばよい。本章で述べたとおり、チームの資産価値は、毎年同じ利益を計上し続けるだけでは上がっていかない。より多くを得るための試行錯誤が不可欠である。リーグについても同じだということなのである。

第VI章

リーグ・ファイナンス

第1節
リーグをめぐる論点の整理

　前章末で述べたように、リーグはチームの資産価値を高めている。本章では、このリーグという、一般的なビジネス社会にはないものを取り上げ、そのファイナンスの問題を検討する。内容のかなりの部分は、チームなどのスポーツ組織との関係ですでに部分的に検討したものだが、ここではリーグに焦点をあてて再構成してみたい。このテーマについて、ビジネス界は知見を持たない。ということは、リーグがビジネス界に対していわゆるリバース・イノベーション（ゴビンダラジャン＆トリンブル、2012）をもたらすものになる可能性があることを意味しているように思われるのである。

　この議論を始めるためには、まずリーグとは何かを定義するところから出発するのが王道のようにも思える。しかし本書ではこのスタイルを採らない。むしろリーグなるものの特性を明らかにする…それは、定義を示すようなものである…ことをゴールにしてみたい。そしてそのために、リーグに関する論点をまず整理しておきたい。

1. 商品としての競争

　まずはじめに念頭に置くのは、イングランドのプレミアリーグ、日本のJリーグ、米国のMLBやNBAなどである。これらは誰が見てもリーグなのでここから出発する。定義はとりあえず措くということである。

　リーグを構成するのは、1つのリーグ機構と複数のチームである。そしてチームは勝とうとする。つまり競争している。このような構造は、一見すると、たとえば日本自動車工業会（自工会）と同じである。トヨタとホンダは自工会に所属し、相互に競争している。しかし決定的に違うのは、スポーツのチームは、競争を対戦という商品（ないしサービス）として顧客に提供しているという点

である。トヨタとホンダの競争を買う人はいない。買われるのはクルマである。

● リーグ機構とチームにとっての「勝利」の意味の違い

　チームが競争を商品として提供しているのであるとすると、リーグとは、この競争全体を提供するものである。つまり、チームとリーグの商品は一見変わるところがないのだが、面白いのは、チームは勝利を増やし、敗戦を減らすために努力する存在であるのに対して、リーグ全体としては、勝利と敗戦の数がつねに同じだという点である。換言すれば、チームは顧客にとって価値の高い競争を提供するために勝利を追求するが、リーグを司る機構は、勝利を追求するわけではない、というより、そもそも追求できない。

　なお重要な点なのでついでに言うなら、チームとて勝利だけを追求しているわけではない。もし勝たないことがビジネス上の失敗であるとすると、かつての阪神タイガースは観客を失っていたはずである。勝たなくてもファンがついている状態が理想である。たとえばブンデスリーガのカイザースラウテルンのファンは、常勝のバイエルン・ミュンヘンより、ふだんは2部でときどき1部に昇格する地元チームを見に行く。スペインリーグのビルバオは2部に落ちたことがない数少ないチームの1つで、選手はみなバスク地方出身である。ファンはおそらくリーグ戦をマドリード（スペイン〈全体〉の首都）とバルセロナ（カタロニアの首都）とビルバオ（バスクの首都）との、国の代表チーム同士の戦いだと認識しているのではないか。そうであれば、勝つのは重要だが勝たないからファンをやめるということはない。とはいえ、それでもチームは勝とうとするしファンはそれを望む。

2. 戦力均衡を求めるビジネスモデル、格差を容認するビジネスモデル

　リーグは勝利を追求しない、できないと言っても、売っている商品は勝利の追求である。したがって、どこか1つのチームが早々と優勝を決めて残りのシーズンが消化試合になるのは避けたい。そこで各チームの勝利の追求が終わってしまうからである。だから戦力が均衡し、なかなか優勝が決まらない仕組みを作ろうとする。とはいえ、すでにみたとおり戦力は均衡しないので、リーグ優

勝の前に地区優勝を設けたり、リーグ戦上位チームでクライマックス・シリーズを行う。つまり厳密に言うなら、求められているのは戦力の均衡ではなく、「なかなか優勝チームが決まらず、成績が2位以下のチームでも優勝の可能性が残り続けるビジネスモデル」である。

　サッカーの場合は昇降格があるため、下位チームのファンは最後までやきもきする（断トツの最下位は論外である）。トップリーグには昇格はないが、欧州ではチャンピオンズリーグとヨーロッパリーグがあるので、優勝しなくても上位に入ることをチームが目指し、ファンが期待する。国内のカップ戦の優勝でもよい。リーグ戦上位の可能性のないチームでも、カップ戦で優勝する可能性はある。

⦿サッカーにおけるリーグ機構の主な役割

　格差が容認されるビジネスモデルの場合、リーグ機構が果たすべき役割はあまり多くない。これに対して「なかなか優勝が決まらないビジネスモデル」は、リーグ機構が主導しなければ実現できない。そう書くと、プロサッカーのリーグ機構は、あまり仕事をしなくてもよいように思えるが、実際にはつぎのような点において大きな役割を果たす。

　第一は、リーグとしての「集金力」である。Jリーグが国内の他の競技のリーグと決定的に異なるのは、リーグに少なからぬオフィシャル・スポンサー収入があり、これを各チームに配分している点である。放送権料収入についてはリーグが得ている国と個々のチームが放送局と契約する例とが見られる。前者であればこれもリーグの集金力と考えてよい。

　第二は、チャンピオンズリーグを構想し、その価値を高く保つよう、ビジネスモデルをつねに改善していくことである。アジアで言えば、ACLを経済的に成功させることが極めて重要な課題である。未だ道半ばではあるが、追求すべきテーマとして意味がある。

　この目的は、国のリーグを統括する機構のものではないのではないかと考えることができる。それぞれの国のリーグ機構は、それぞれの国で完結する目的を持てばよいということである。しかしそうだとすると、アジアや欧州（EUはもはや国家みたいなものかもしれないが）のような、国家が数多くある地域

で国際試合というビジネスチャンスを生み出すという役割を果たす主体が存在しないことになる。本書の検討はそこまでたどりつかないのだが、リーグより上位のマネジメント主体が存在すべきであるし、その役割は重要である。そして、それを主導するのは各国リーグ機構のうちのどこか（それは1つかもしれないし複数かもしれない）になるはずであろう。

3. チーム同士の関係：支配、提携、取引、競争、補完、模倣

つぎに、同じリーグに属するチーム同士の関係は、産業組織論の観点からどのように位置づけることができるのかについて。

企業と企業の関係は、一般的に、支配、提携、取引、競争に類型化される。この中で、スポーツのチームについては、支配は該当しない。というより排除されるものであろう。取引は選手の移籍を除けばほとんどない。競争はしているがすでに述べたとおり一般的な意味での競争ではない。

◉全チームによる提携関係

残るのは提携で、これは企業間でもバリエーションが多いが、チーム同士が契約（規約）によってリーグを構成し、協働してサービスを提供していることから、チーム間の関係は一種の提携とみなすことができる。ただし、相対(あいたい)の提携ではなく、全チームによる包括的な提携である。

◉補完（Complement）

とはいえ、この関係を提携であるとすることからは、たとえそうであったとしても何も生まれてこないように思われる。加盟チームはこの提携ルールにしたがい、興行を行うというだけである。

そこで、補完（Complement）という概念から、チーム同士の関係、そしてその影響を記述することを試みてみたい。この補完という日本語は、いくつかの意味を持っている。たとえばEUについて言われる「補完性原理」とは、自治単位は小さくて構わないが、そこで実施できない政策行為や意思決定を上位（広域）の単位（EU）に委ねていくことを意味する。英語ではsubsidiarityで、

■ Complement

```
[A社の売上が増加] ──→ [B社の売上が増加]
      │
      ↓
[A社の調達コストが低下] ──→ [C社の調達コストが低下]
```
網かけ部分が補完関係

■ Subsidiarity

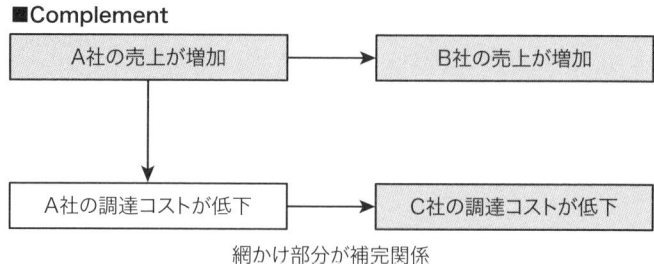

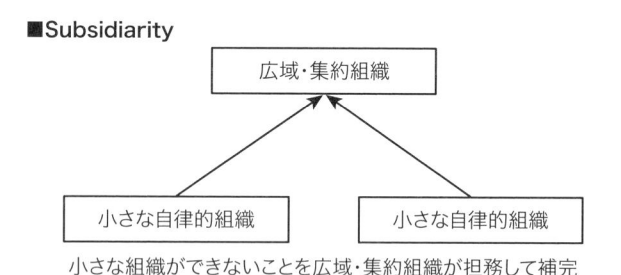

```
         [広域・集約組織]
          ↗        ↖
[小さな自律的組織]  [小さな自律的組織]
```
小さな組織ができないことを広域・集約組織が担務して補完

図23 ● 2つの「補完」

委ねることよりむしろ狭域自治を表している。以下で説明するのはこれではなく、マネジメント用語としての補完である。

　概念を示すと図23のようになるが、定義より事例のほうがわかりやすい。典型的なComplementはマイクロソフトとインテルである。すなわち、両社の間には、
- 支配関係が存在しない
- 取引がない
- 提携関係もない

にもかかわらず、一方の成長は他方の成長に依存しているのである。つまり、インテルが性能の高いプロセッサを開発することによって、マイクロソフトは新しい高機能のOSを市場に投入できる。逆にインテルはマイクロソフトの新しいOSが普及することによって、自社の新しいプロセッサの売り上げを伸ばすことができる。

あるいはデジカメの画素数が増加し、フィルムカメラで撮影した写真と同じ品質になるためには、ハードディスクやUSBメモリーなどの記録媒体の高密度化が不可欠だった。これも補完である。例は他にも少なくないのだが、これまでの経営学はあまり補完を取り上げてこなかった。

スポーツではどうか。あるチームが人気選手を海外から獲得したとする。このチームのアウェイ戦には、この人気選手を見るためにホームチームの観客が増えると思われる。ホームチームの売上と利益は増加し価値が上がる。あるいはホームチームはこの収入を原資として強化を行い人気と価値を高める。つまり、あるチームがコストをかけたことのリターンを、他のチームが享受するという構造になっている。日本のプロ野球でクライマックスシリーズ出場をかけた直接対決、Jリーグでの降格を避けようと思うチーム同士の直接対決では、順位が近いことが補完性を生み出している。

⦿ 模　　倣

最後は模倣である。模倣は一般の事業会社でも多いし、ベンチマーキングもある。スポーツでは、たとえばJリーグ創設当初にはタオルマフラーは売られていなかったと思う。どこかのチームがこれを販売して売れると、他のチームも追随する。結果としてすべてのチームのグッズ売上が増える。あるいは、チェルシーがサムスンを胸スポンサーにする。このことで他のチームが気づくのは、欧州ではあまり知られていない海外企業をスポンサーにすることの価値である。日本のリーグに属するチームの目も新興国スポンサーの開拓に向いてほしいところだが、これについてはいずれアジア戦略で開花するのだろう。

重要なのは、1つのチームの成功が模倣されることによって、他のチームとリーグ全体の価値が高まっているという点である。企業経営の世界では、模倣やベンチマーキングは模倣した会社、ベンチマーキングを行った会社の価値を高めるだけだし、知的財産権を確立することで模倣を排除することが重視される。これに対してリーグ内では、新しいアイデア、優れたアイデアは公知として広まるのである。

4. リーグ機構とチームの関係

◉さまざまな外形と役割

　ここまでリーグに関する定義をいわば「放置」して議論をすすめてきたのは、リーグと称される組織の外形や役割が多様だからである。たとえば日本のJリーグでは、リーグ機構は公益社団法人で、各チーム（株式会社）はこの社団法人の構成員として、規約規程に従う。従うと言ってもチームは社団の構成員なので、意思決定機関は総会である。つまりチームはリーグ機構の経営を担っている。

　役割ないし機能については変化がみられる。たとえば、かつては経営不振のチームを指導し、時には資金を貸し付けて経営危機を回避していたのだが、現在はJ2と下部リーグとの間で昇降格がはじまったので、危機回避をリーグが主導することは下部リーグのチームの昇格機会を奪うことになりかねない。あるいは各チームに属する選手のセカンドキャリア・サポートはリーグの役割の1つだったが、選手会が生まれたことにより、この役割を主に担うのは選手会になっているようである。

　プロバスケットボールのbjリーグでは、チームもリーグ機構も株式会社で、各チームはリーグ機構と個別に契約を結ぶ。かつては全チームと機構とで組合が組成されていたが現在は組合はない。プロではないがバレーボールのＶリーグ（一般社団法人である）に属しているチームには法人格をもたないところと官公庁（警察）があり、日本バレーボール協会もＶリーグの構成員（社員）になっている。法人格のあるチームが大半だが、その法人格は親会社のもの、母体となっている医療法人、農協、NPO法人などさまざまである。またラグビートップリーグには機構に法人格がない。これはアマチュアリーグでは一般的であり、その競技の全国団体の内部組織としてリーグ機構が存在し、法人格のあるチームとないチーム（企業スポーツであればチームには法人格がない）が入り混じって加盟している。

⦿中央集権と分権

　つぎに、集権と分権という、かなり誤解の多いテーマについて。スポーツにおいてはこれがリーグ全体の財務に関わることになる。

　まず一般の企業について言えば、集権か分権かというのは、たとえば経営者と従業員の関係についてのものである。部長と部員でもよいし、親会社と子会社でもよい。要は上下関係であり、指揮命令が存在する。そのような組織の中で、上位の機関である経営者は、自己の意思によって集権・分権の度合いを決めることができる。

　もちろん制約もある。わかりやすいので古い話を持ち出すなら、1600年に設立されたイギリス東インド会社は分権的であった。この理由は、ロンドンの本社からアジアの事業地に指示を送る手段がなかったからである。したがって、経営は分権的なものになった。現在は交通と通信の発達によって、本社はこの制約を克服している。

　ではスポーツの場合はどうかというと、集権・分権の議論の対象になっているのは、リーグ機構と所属チームである。リーグという組織は、法人格がどのようなものかによらず、一種の社団であるということができる。そしてリーグが社団であるとすると、リーグ機構の長（たとえば理事長、リーグが株式会社であれば社長など）と構成員であるチームとの間には、指揮命令関係がない。つまり会社とは違い、チームが本来リーグ機構の言うことを聞かなければならないかというとそんなことはないのである。

　たとえばJリーグは公益社団法人で、構成員は各チームである。各チーム（および理事長）によって構成される社員総会が最上位の意思決定機関であり、チームがリーグから指揮命令されるということは、ルール上はあり得ない。リーグではないが公益財団法人日本相撲協会も同様の性格を持っている。相撲協会は財団法人なので構成員は法令上は存在しないが、実質的には年寄、とくに部屋を持つ師匠と、その集団である一門が社員（構成員）である。そして理事会（理事の大半は年寄である）は年寄によって監視（普通名詞と考えるとおかしいが、ガバナンスではこの語を「経営行動のチェック」の意味で用いる）されている。

　あるいはよく聞かれるのは、プロ野球はオーナーが強く、リーグやその上位

にあるNPB機構の権限が弱いという話である。しかし、プロ野球を12球団の社団であるとするなら、オーナー会議は最上位の機関だと考えることができるので、オーナー会議が重要な意思決定を行っていることを「集権ではない」と評価するのはおそらく正しくない。あえて集権と分権を議論するなら、オーナー会議の決定が全会一致を旨とするのであれば分権的である。これに対して過半数で可決する表決方式である場合は、少数意見は尊重されないので分権的でないということができるだろう。

以上のような検討からわかることは、スポーツのリーグにおける集権・分権は、リーグ機構、とくにその経営者に実質的に権限が集約されているかどうかの議論なのだろうということである。より具体的には、たとえば戦力均衡のために、リーグ機構が各チームの経営の自由度を低めていれば集権的だと評価されることになるように思われる。しかしその意思決定が構成員であるチームの総意（全会一致ではないかもしれないが）であるとすると、少なくともシステムとしては分権的だと言わなければならない。日本のプロ野球のオーナー会議は、この観点からは分権的である。議論のわかりやすさを求めるなら、全体最適が個別（チームの）合理性に優先するなら集権的、部分最適が優先されるなら分権的と考えるべきなのだろう。換言すれば、集権か分権かは、リーグが担務・発揮している機能と役割で決まる。そしてそれを誰が決めているかを考え始めると、出口がなくなる。

⦿関係の多様性

では、リーグ機構と各チームの関係はどのようなものかというと、これだという一意的な解がない。この理由は、社団であるリーグ機構の役割を、規約規程によって、かなり自由に設計できるからであろう。

自由であると言っても、意思によって役割を規定する場合と、仕方なく役割を持つ場合とがある。たとえば前述のように、Jリーグは最近まで所属しているチームの経営（財務）不振を改善するための指導をしていたが、これはチームの中に経営能力が高くないところが少なからず存在したことによる。すべてのチームが浦和レッズあるいは鹿島アントラーズのようであればこの役割は不要である。あるいは米国4大スポーツの戦力均衡策は昇降格がないという外形

（変更できない一種の内部環境である）から生まれている。この例は、環境適応（仕方なく）と優れたアイデア（意思）が同時に機能していると言えるだろう。

　また、チーム同士の関係について、補完（Complement）が見られると説明したが、リーグとチームの関係については、Subsidiarityのほうの補完が見られるということができるようにも思われる。チームで解決できない問題をリーグ機構が担うということである。

　いずれにせよ、リーグ機構は、その役割を自由に規定できる組織である。そしてそうであるということは、成功するリーグと成功しないリーグが存在し、その成果の格差が大きいことを示唆する。ただし、リーグ間にチーム間と同じように模倣があっておかしくない。したがって、リーグの成功の一因は、他の優れたリーグを参考にすること、参考にする意思と能力を持つことなのだろう。

TOPIC 補完（Subsidiarity）か、非フルセット化か

　補完（Subsidiarity）は政治学の概念だが、企業の世界でも一見すると同様の現象がみられる。たとえば、前に述べたイギリス東インド会社は企業として資金調達以外のほとんどあらゆる機能を持っていた。余談をするなら軍隊まで持っていた会社である。現代の企業は、事業部門や子会社に必要な機能のうち、本社に集約できるものは集約して合理性を追求する。具体的には経理、IT、事務処理などである。結果として事業部門や子会社は「非フルセット化」、つまり組織に必要な機能をフルセットで持たなくてよくなり、企業グループ全体としてはコストの低下と職能の向上が実現される。

　両者は「出来上がり」としては似ているのだが、根本の原理が異なる。すなわち、補完（Subsidiarity）は原則として小さな組織が機能と役割を持つことをよしとする。価値合理性である。これに対して非フルセット化の原理は経済合理性を追求した結果である。

　スポーツの組織は、それが必ずしもすべてではないにせよ経済合理性を追求する。したがって、非フルセット化の観点から機能がチームからリーグへと集約されてよい。ただし問題が3つある。第一は、リーグ機構の組織能力である。第二は、集約した場合の経済的な価値の総和が、自立型の時より小さくなる危険があるという点である。そして第三は、各チームに本来（つまり価値合理性の観点から）委ねるべき機能まで集約してしまうことである。

　分権化ないし集権化は「集権か分権か」という二元論ではなく、それぞれの合理性の観点から、完全な集権と完全な分権の間のどこかに最適解を見出す作業であるということができる。原理が2つあるとややこしく感じるかもしれないが、実はこれは企業でも同じで、経済合理性を追求して集権化をすすめると従業員のモチベーションが低下して成果が上がらないことも多い。近年の米国企業でエンパワーメント、あるいは日本発の「知識創造企業」「すり合わせ」等の概念が重視されるようになっているのは、行きすぎた集約の反省と考えることもできる。どのような組織にも政治の世界で言う「民族自決」が必要なのだということだろう。

第2節
リーグ機構のマネーフロー

　この節では、ここまでに述べた分権と集権が、リーグないしリーグ機構において、資金の面でどのようなかたちで見られるのかを概観してみたい。リーグ機構の果たす機能は多様であり、「定型」と呼べるものはないと言えばないのだが、経済的に成功している主要なリーグではどのようになっているのかを確認することには意味がある。

　資金の流れの全体像を示せば図24のようになる。外部から得る資金は各チームに「配分」され、各チームから得た資金は各チームに一定の論理によって再「分配」される。もちろん、リーグが得たすべての資金が配分・分配されるわけではない。リーグ機構の運営費に充当されるものと、リーグ機構が独自に実

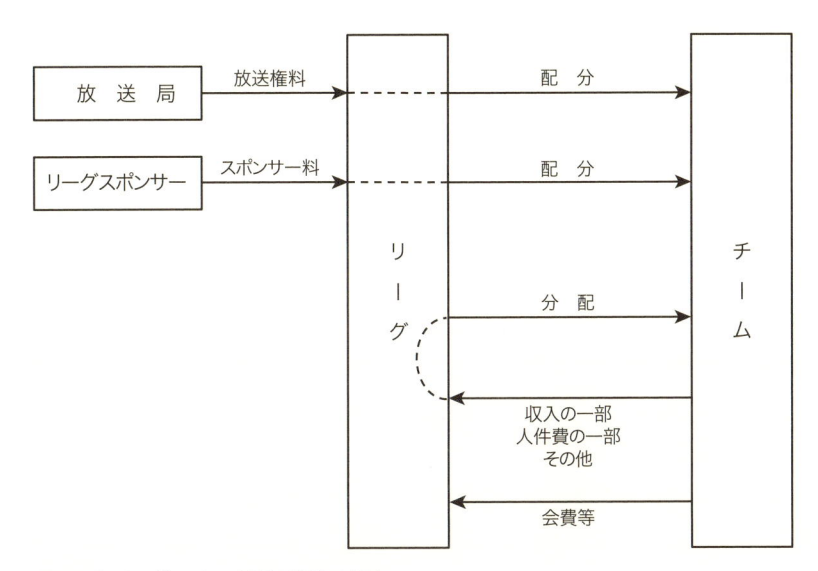

図24●リーグ・チーム間の資金の流れ

施する事業に投下されるものもある。管理会計的に発想するなら、外部から得た資金が運営費とリーグの事業に充当され、各チームから得た資金は、再分配のための若干の経費を除いて各チームに還元されるべきであるように思われる。しかしMLBの「ぜいたく税」は各チームには還元されていない。実態は多様である。

　なお、図24に「会費等」を載せている理由が2つある。日本的なものである。第一の理由は、Jリーグ機構が公益社団法人で、各チームはその社員であり、社員としてリーグ機構に対して年会費を支払っているからである。この年会費は、公益法人としての公益事業に一定割合で充当しなければならない。残余は法人会計収入とする（換言すれば収益事業の収入として計上しない）。

　第二は、プロを含む多くのリーグが、リーグに参加するチームから年会費を徴収しているからである。リーグ機構が独自に多くの収入を外部から得ている例は、日本ではまず見られない。各チームは、コストを負担してリーグに参加する。その意味では、リーグはチームから見て収入源ではなくコストセンターであり、ファイナンスを議論する余地がないということになる。この事実から出発すると議論を展開することができないので、以下ではこの日本的な現実をいったん忘れて検討をすすめることとしたい。

1. リーグのブランド価値とオフィシャル・スポンサー

　リーグは外部から独自に資金を集めることができる。重要なものは、スポンサー収入と放送権料である。まずスポンサー収入について言えば、多くの収入を得ているリーグとそうでないリーグとがある。この違いが生じるのは、リーグが提供している価値の大きさによるものだということができるだろう。

　では価値の源泉は何か。概念的にこれを考え出すときりがないし異論も多いので、この価値があるというところから出発する。図25で言えば「コンテンツとしての価値」である。スポーツの興行（競技）では、ユニフォームや看板などのメディアが提供される。リーグはオフィシャル・スポンサー名を競技場内に掲示することができる。これは直接的なメディア価値である。ユニフォームは各チームのメディアであり、一見するとリーグのメディアとしての価値は

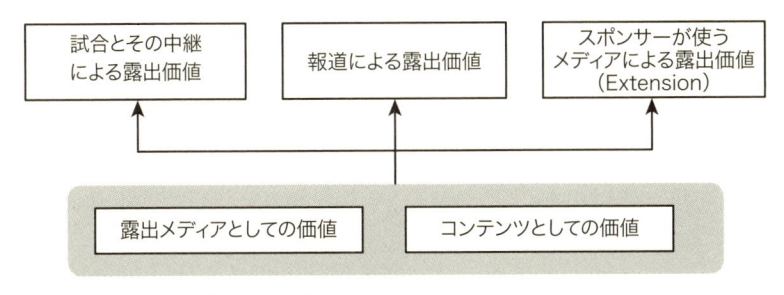

```
┌─────────────┐   ┌─────────────┐   ┌─────────────┐
│ 試合とその中継 │   │ 報道による露出価値 │   │ スポンサーが使う │
│ による露出価値 │   │             │   │ メディアによる露出価値 │
│             │   │             │   │ (Extension) │
└──────▲──────┘   └──────▲──────┘   └──────▲──────┘
       │                 │                 │
┌──────┴─────────────────┴─────────────────┴──────┐
│   露出メディアとしての価値    コンテンツとしての価値    │
└─────────────────────────────────────────────────┘
```

図25 ● Jリーグのブランド価値の発現ルート

ないように思えるが、知名度や好感度の高い企業がチーム・スポンサーになっていることはリーグ全体の価値でもあるだろう。

チームやリーグが一般的なメディア、つまりテレビや新聞と異なるのは、これらのメディアと異なり、コンテンツそのものがメッセージ性を持っているという点である。換言すれば、スポーツのスポンサーは、そのスポーツのメッセージ性を借りる、利用することができる。スポーツに限らず、音楽会や美術展のスポンサー、あるいはメセナ活動でも同じである。

つぎに、このメッセージはどのように伝達されていくのか。その経路は、

- チームのユニフォームや競技場の看板等での露出、およびその放送による露出
- 新聞やテレビでの報道
- スポンサーメディアを通じた露出（いわゆる「拡張性：Extension」）

の3つである。類型としてはチームの場合と変わらない。ただし1番目の項については、リーグはすべての試合において露出されるという点がチームを通じた露出との大きな違いであろう。つまり、リーグの露出機会はチームより多い。

⦿欧州サッカーと日本の格差は小さい

イングランド・プレミアリーグのスポンサーは金融機関のバークレイズで、スポンサー料は年間4000万ポンドと言われる。邦貨では70億円弱である。スペインリーグのスポンサーも銀行（BBVA）で契約は3年間で7000万ユーロ、邦貨で年額33億円程度となる。これらの金額は、上位チームが得ている収入

と比べると、あまり大きいものではないと言えるだろう。ちなみに、日本のJリーグが得ている協賛金収入は2014年の予算ベースで約38億円である。この38億円は複数のオフィシャル・スポンサーから得ているものなので、バークレイズやBBVA単独と比較すべきではないのだろうが、「桁」としては日英西のリーグ・スポンサー収入が似たものであることがわかる。日本サッカーは健闘していると言ってよい。

⊙ NFLのスポンサー料が1000億円である理由

　これに対して、たとえばNFLはペプシコ、GM、Bose（音響機器）、USAA（保険）などとスポンサー契約を結んでおり、その収入は10億ドル、つまり約1000億円に上る。チームの価値で見ると、サッカーもNFLも変わらない。それにもかかわらず、NFLのスポンサー収入が多い理由は、おそらく、米国の4大スポーツが、チーム・スポンサーを持たないからである。ユニフォームにも企業名やブランド名が入っていない。つまり、NFLのスポンサーになるということは、NFLのコンテンツ全体に係わる権利を得るということであるのに対して、サッカーのリーグ・スポンサーになっても、人気チームのコンテンツ価値は、第一にそのチームのメインスポンサーに帰属することになる。

　ちなみに、J1の2011シーズンの広告料収入総額は236億円、J2は97億円である。つまり、これとリーグのスポンサー収入をあわせた約370億円が、リーグ全体のスポンサー価値だということになる。

　サッカーとNFLあるいは米国プロスポーツの違いは、歴史的な産業組織形成の違いであるということができるのではないかと思われる。米国は巨大企業が多く、全国的あるいは米国を超えた多国籍企業である。これが少数のリーグのスポンサーになる。このため、各チームが地元の企業をスポンサーとして獲得するより、リーグ全体が巨大企業をスポンサーにするほうが合理的だったということである。そしてその結果として、米国のスポーツ・スポンサーシップはリーグ集権的になっている。これに対して欧州は、まわりくどい言い方をすれば封建制を経ている（日本も同じである）。つまり小国ないし経済圏が多数存在してきた。英国はいまだにサッカーやラグビーでは4つの国が存在する。ドイツも連邦制で中央政府には日本の文部科学省に該当する機関が存在しない。

スペインは何度も述べたとおりカタロニアはマドリードとは別の国みたいなものである。

2. リーグ収入の配分

◉レベニュー・シェアリング

リーグが外部から得た収入は、完全な均等ではないが、均等に近い形で各チームに配分される。昇降格のない米国プロスポーツでは、均等配分は一種の「原理」である。NFLでは、スポンサー収入の他、以下についてもリーグの収入になり、各チームへの配分原資となる。このシステムはレベニュー・シェアリングと称される。

- テレビ放送権料全額
- 入場料収入の40％
- グッズ版権料収入全額

そしてこの結果として、各チームの収入の平均70％はリーグからの配分金となっている。なお、NFLにもサラリーキャップはあるが、いわゆるハードキャップであり、超過することが認められていないため、MLBやNBAのような「ぜいたく税」がない。

◉昇降格があっても配分が均等に近い理由

プロサッカーのように昇降格のあるリーグでは、配分が均等である必要はないのではないかと考えられる。たとえば放送権料については、実際の視聴人口に応じて配分するという「原理」もあるだろう。しかし実際にはそうなっていない。

この理由として考えられるのは、リーグ全体として価値を提供しているからだということなのだろう。戦力格差がつきすぎては、やはり面白くない。スペインは放送権料がチームごとの契約で格差がつきやすいビジネスモデルだが、レアル・マドリードとバルセロナがそれぞれ常勝チームであることで、リーグの価値が保たれている。「一強」にはならないビジネスモデルなのである。

また、すでに述べたとおり欧州ではチャンピオンズリーグ出場がチームの投資回収機会だが、国内で言えば、上位リーグに昇格すると収入が増えることがインセンティブになって下位リーグのチームが投資を行うことが期待できる。換言すれば、1部リーグと2部リーグとの間では、放送権料の配分格差が大きくてよいということである。

3. チームからの収入と分配

　リーグ機構がチームから収入を得る理由は、リーグ機構の経営が健全であれば（つまり機構運営費が不足していないのであれば）、その目的は戦力均衡である。したがって、均衡を求めないプロサッカーでは、このようなチームからの徴収と分配の仕組みが必要ない。米国の4大スポーツでは、NFLのような戦力均衡についての有効な手段があれば、徴収と分配は不要である。MLBはドラフト制度があるが、外国人は対象外なので、お金をかけて外国人選手を集める。結果として戦力不均衡になるが、これを防止する施策はサラリーキャップではなく、第Ⅱ章で述べたような分配システムである。ぜいたく税制度はあるが、これで集めた資金は各チームには分配されない。

　ぜいたく税を分配しているのは、4大スポーツの中ではNBAだけのようだ。計算方法としては、バスケットボール関連収入のチーム平均の61.1％、2013-14シーズンは7174万8000ドルが基準額で、チーム年俸上位選手15人の年俸総額がこれを超過するとリーグに対して一定割合で「課徴金」を支払い、超過していないチームに均等に分配される。

4. ファイナンシャル・フェアプレイ

　欧州サッカーでは、リーグが資金の配分・分配によってチームをコントロールすることはないが、クラブライセンス制度によってチームの財務行動を規制している。その典型がファイナンシャル・フェアプレイ（FFP）である。制度としてはUEFAから各国サッカー協会に示達され、各国はUEFA共通ルールに国内ルールを加えて制度を整備・運用するが、FFPについては共通ルールであ

る。

　具体的に重要なのは、過去3シーズンの合計収支（育成支出、施設支出を除く）がマイナスだと国際試合に出場できないという点である。つまりチャンピオンズリーグやヨーロッパリーグに出場する権利を失う。この2つは欧州の強豪クラブにとって投資回収機会なので、国によって出場権付与の規制に差があると好ましくない。したがって共通ルールであることに合理性がある（共通ルールより厳しいルールを各国協会が制定することは制度上可能であるが）。

　FFPはまだ始まったばかりで、審査対象シーズンは2011-12からである。「過去3シーズンの合計収支」を審査するためには2013-14シーズンの収支が確定しなければならないが、初回だけは過去3シーズンではなく2シーズンの合計収支で審査するようである。また、段階的な適用として2013-14までの3シーズン合計収支については累積赤字を4500万ユーロまでは認め、2016-17までの3シーズン合計収支については3000万ユーロまで認める。3000万ユーロというと40億円程度で、累積赤字がこれだけ大きいと日本のサッカーチームで経営が継続できるところはまずないのではないかという額である。このような（日本からみると）高額の「激変緩和措置」を設けなければならないのは、大規模なチームに累積赤字や債務超過が多いためである。

　なお借入金による赤字の穴埋めはできない（会計上も負債は赤字を解消できないが、企業審査の観点からは、劣後債務は資本に準じる資産とみなすというものもある。典型はオーナーからの借り入れである。これを禁止している）。さらに、寄付や増資による赤字解消も2016-17までの3シーズン合計収支の審査までは認めるがその後は収支だけで審査される。

　投資機会があることによってチームは強化投資というリスクテイクを行う。典型は移籍金支出である。しかし、チャンピオンズリーグに出場できなければ回収できない。リスクが顕在化し、財政難に陥る。FFPは過剰なリスクテイクを抑止するための制度だということができるだろう。

　ただしそれだけではない。マンチェスター・ユナイテッドのように、大きな累積損失があっても財政難とはみなされないチームもある。FFPはそれもだめだというルールなので、チームの破綻抑止だけでなく、文字通りフェアプレイを原理としているということができるのだろう。また欧州で面白いのは、この

ような制度に対して、各国強豪クラブの「チャンピオンズリーグ集団ボイコット」の可能性が報道されるところである。イングランドのプレミアリーグは、英国1部リーグの全クラブが旧リーグを離脱して創設したものである。米国は集権的だが選手はストライキをする。日本にいると中央が指示して地方ないし構成員が従うというのを当たり前に感じるが、世界の常識は必ずしもそうではないことに留意が必要だろう。社団的な世界では、ルールを決めるのは構成員なのである。

第VII章 非営利スポーツ法人の財務と会計

第1節 非営利組織をめぐる制度

1. 非営利組織の類型

スポーツ関連の組織で営利と非営利のどちらが多いかといえば非営利である。営利の定義はすでに述べたとおりであり、株式会社でも非営利があり得るのだが、ここではとりあえず一般的な非営利組織を念頭に置く。すなわち、類型としてはつぎのとおりである。

- 公益社団、公益財団
- 一般社団、一般財団
- 特定非営利活動法人（いわゆるNPO法人）
- 法人格のない任意団体

上記以外の法人格を有するスポーツ組織もなくはないのだが、ごく少数である。また法人格があるというべきかどうか悩ましい団体もある。たとえば大学の運動部…たとえばラグビー部には法人格がないが、大学には法人格がある。また企業スポーツのチームは法人格を持たないが、株式会社の中にあるという見方もできるだろう。これらについては、スポーツ組織としては法人格を持たないと考えておくこととしたい。

2.「公益」と「一般」への移行

近年のいわゆる公益法人改革によって、従来の社団法人と財団法人が、それぞれ「公益」と「一般」に区分された。公益社団・財団については内閣府の認定を受ける。2013年11月までが旧法人から新法人への移行期限だったこともあり、内閣府・国税庁が開示していてウェブには解説も多いので詳細はこれら

に譲るとして、重要なのはつぎのような点である（なお以下の解説には公益法人の移行に伴うものと、これ以前からの会計規則の変更によるものを含む）。

①寄付税制

　公益法人に対する個人・法人の寄付は税制上優遇される。したがって、公益法人に寄付が集まることが期待される。

②会計区分と「みなし寄付制度」

　公益法人の会計は「公益事業会計」「収益事業会計」「法人会計」に区分される（収益事業の会計区分を持たなくてもよい）。「収益」で計上した黒字は課税対象になるが、これを「公益」に繰り入れた場合は寄付と同様のものとみなされ、課税所得から控除される。

③収支相償

　収支相償は、簡単に言えば、収入と支出が同額になることである。旧公益法人で言えば、社団法人は財産を持たず、計画する事業のために収入をすべて使い切ることを前提としていた。国や地方自治体の予算と同じ発想であると言えるだろう。これに対して財団法人は財産を増やし、その運用成果で事業を行う団体である。したがって収入が支出より多く、結果として黒字になれば財産が増えてよいようにも思えるのだが、慣行としては会計を収支相償にしていた団体が多い。

　これに対して、現在、収支相償が求められるのは、公益目的事業会計だけである。具体的には「その行う公益目的事業について、当該公益目的事業に係る収入がその実施に要する適正な費用を償う額を超えない」ことと規定されている。つまり同額ではなく、黒字であってはいけない。赤字なら収益事業会計あるいは法人会計の黒字で賄うということである。もし黒字になった場合は、会計処理上は次年度収入に計上される。すなわち、旧規則、あるいは任意団体が現在でも行っている「次年度繰越金」と同じ扱いになる。

　ただし公益事業会計においても、たとえば特定費用準備資金への積立等、公益目的財産の取得を目的として支出されたものは費用となる。これ以外に、1～2年程度で費消されることが予定ないし予見される繰越金、特定費用準備資金のための積立も可能である。また指定寄付については寄付者が指定した活動等に寄付を費消することになるので、収支相償規定は実務的には適用できない。

費消しおえるまで留保されるということである。

④正味財産増減計算書の導入

　財務諸表について、社団法人と財団法人の実質的な区別がなくなっている。またこれまで収支を表現する財務資料は収支計算書であったが、現在は正味財産増減計算書になっている。両者の主な違いはつぎのような点である。

- 正味財産増減計算書は「経常増減」と「経常外増減」に分かれる
- 収支差額は正味財産に加除される

　前者については、公益法人の会計が株式会社にやや近くなったと考えることができるだろう。後者については、株式会社で言えば、損益計算書の末尾に純資産を表記しているようなイメージである。そしてこの結果として、非営利組織は、会計全体としての収支相償を意識しなくてもよくなった。

第2節
非営利組織の会計処理の慣行と問題点

1. これまでの慣行による問題

　このように会計規則は変わったのだが、理念あるいはこれまでの慣行との「兼ね合い」によって、いくつかの齟齬もみられる。また管理会計上の新たな問題も生じているように思われる。具体的にはつぎのとおりである。

①予算準拠原則

　旧法における社団法人と財団法人は、いずれも公益法人であった。NPO法人についても公益性が要件となる。これら公益法人の事業活動、そしてこれによる財務活動の原則の1つが、予算準拠である。すなわち、事業計画と予算どおりに事業を実施することが望ましい。民間企業であれば、余剰（利益）が生じれば評価されるが公益法人にはこのような考え方がない。官公庁と同じである。

　もちろんこの考え方には合理性がある。民間企業であれば、事業計画・予算より利益が大きければ株主から評価される。これに対して、公益法人にはこのような評価を行う主体がない。予算が許す範囲で、より多く事業を執行することが法人の使命である。

②収支相償原則

　これについては前節で述べたとおりで、収入と支出を同額とする。現在は公益事業会計に求められる原則が、法人の会計全体に適用されていたということである。

　このルールには大きな問題があった。なぜなら、ここでいう収支相償とは「前年度繰越金＋当年度収入」と「当年度支出」が同額になることだからである。公益法人の中には前年度繰越金が大きい団体もある。この場合、収支相償を実

現しようとすると、当年度支出が過大にならざるを得ない。結果として、予算では支出を過大に計上し、結果的には使い残し、前年度と同程度の繰越金を計上する。予算準拠にならないということである。またこのことが期初からわかっているとすると、予算書に基づく財務運営ができなくなる。予算通りに費消することをそもそも考えていないためである。

　なおこの問題は、新・公益法人の公益事業会計にも見られておかしくない。この会計区分では、収支相償が求められているためである。1〜2年の間残り続けると想定される収支差額（繰越金）が、「底溜り」して解消されないという現象である。適正に処理する方法はあるとはいえ、処理されるまでは予算をゆがめることになる。

③人件費の配賦に関する2つの問題

　新・公益法人の会計規則の意義の1つは、すべての法人について、同一の開示規則が適用されることである。これまでは、どのような特別会計を設け、どのような科目を置くのかについての判断は、それぞれの法人に委ねられていた。このため、会計全体としては収支それぞれが開示されるが、ではその内容を複数の法人について比較できるかというと、ほとんど不可能であったということができる。たとえば一般会計というのが各法人の主たる会計区分だが、この中には管理と事業の一部が言わば混在していた。このため、主たる事業の収支、法人運営の収支は、よくわからなかったということができるだろう。

　これに対して現在の規則では、法人会計と事業会計が区分されている。企業会計で言えば、事業コストと販管費（のうちの管理費）が区別されるようになったということである。また様式が統一されたことで、法人間の比較も容易になっているものと思われる。

　しかし問題もある。具体的には経費配賦ルールがよくわからない。

　現在の規則では、3つ（収益会計がない場合は2つ）の会計区分が設けられたことにより、これまで事務局の人件費とみなされていたものが、それぞれの会計に配賦されることとなった。この配賦は、従前の公益法人においても、たとえば一般会計と特別会計への配賦というかたちで行われていたものである。したがって、会計処理としては目新しいものではない。新・公益法人で収益会計あるいは公益会計をそれぞれ複数有する団体においては、最も細分化された

各会計に人件費が配賦されるので、処理としてはこれまでとほとんど変わらないということもできるだろう。

とはいえ、実質的には変化があり得る。なぜなら、これまでの特別会計への配賦は一種の管理会計であるのに対して、新・公益法人における各会計への配賦は、これを公開する義務があり、また会計区分によって税の適用が異なるという点において財務会計だからである。

旧法人でも一定の制約があった。たとえば半額補助事業の特別会計については、補助金等と同額を団体が拠出しなければならない。その意味では恣意的な配賦もあり得るのだが、収支計算は全体について行われ、差額は繰越金の増減になるので、人件費をどこに配賦しても財務会計上の影響がない。これに対して新・公益法人では、人件費をどの会計区分に配賦するかが重要な問題なのである。このことは管理会計上の問題であるだけでなく、実態としてのコスト（人件費）を団体が的確に認識できなくなるという問題につながる。つまり、採算がわからなくなるのである。

第二の問題は人件費が見えない場合があるということで、従前から生じているものである。具体的には、受託事業について、人件費が委託費の中に含まれている場合、当該の会計区分では、費用の中に団体の人件費が表示されない例がみられる。この場合、財務諸表からはその団体の人件費総額を把握することができない。

スポーツ組織の規模は小さいし、職員数も限定的である。したがって、人件費、あるいはこれに人件費相当の謝礼・報酬・手当等を加えても、金額としてはあまり大きくないものと思われる。とはいえ企業であれば、小さければ小さいなりにコストを下げようとし、人件費および相当する費用についても経営者は敏感である。現在の仕組みでは、このような感覚に対応する情報を、財務諸表は提供できないということである。もちろん、公益法人内部においては、少なくとも誰かが人件費を把握している（と思いたい）。しかしその実態は、財務諸表という形で、経営を担務する機関である理事会に対して開示されない。隠しているというわけではなく、手続きとして開示されない。今のところ、この問題にどう対処するのかは、各団体に委ねられている。おかしいといえばおかしいのだがそれが現実である。会計規則には、もう「ひと工夫」が必要だと

いうことになるのだろう。なおこの問題が解決されても、人件費をどの会計区分に配賦するのかについては、各団体の裁量に任されているので、はたして開示された配賦が適正かどうかは外部からはわかりにくいという問題が残っている。これについて、問題が顕在化しない限り、内閣府はおそらく「目をつぶる」つもりである。それに、一人の人のアクティビティを厳格に配賦しようという努力は、民間企業では、それぞれの会計単位について責任を持つ執行者が、自身の責任範囲での財務上の成果を実現することを目的として行う。たとえば2つの事業を兼務する担当者のコストをどう配分するかによって、それぞれの事業の収益性は異なることになるので、責任者は配賦割合に敏感にならざるを得ない。これに対して公益法人では、配賦の論理はこのようなものではなく、タックス・プランニング、つまり節税が優先される。内部の牽制・せめぎあいがない。結果として配賦は恣意的なものになるのである。

2. 公益法人の収支の評価と資金管理

⦿リスク耐性と資金繰り

　公益法人ないし非営利法人は、赤字になりやすいという特質を持っている。この理由は、利益（余剰）を計画することがないからである。法人の理念は、得られた収入を、できる限り計画された事業のために使うことなので、この観点からは、余剰を計画すべきではないということになる。余るくらいなら事業に使うということである。

　理念としてはこれに問題はないのだが、財務運営の観点からは問題が多い。この理由は、もし事業コストが予定を上回ったら、収支同額予算で、予定通りの収入を得ることができても赤字に「転落」するからである。また変動が大きいのは支出だけではない。収入も、たとえば見込んでいた協賛金が入らない、減額される等のリスクがある。これに対して支出が一定であればやはり赤字になる。

　現実的な対処は、収入を堅めに計画するというものである。財務が順調・健全な団体では、そうしていることが多いように思われる。こうしておけば、不

測の支出増に耐えられる。とはいえ、この手堅い予算と事業計画が団体の目標になるということは、収入計画が過小であるということを意味する。収入を伸ばすための管理は、予算計画とは別のところで行わなければならない。理想を言うなら黒字計画を目標として努力することが望ましい。黒字を目標にしておけば、収入と支出の予想外の変動に対して、黒字幅が一種のリスク・バッファーとして機能する。

　この理想には問題が2つある。第一は、収支相償の理念である。これは新・公益法人の収益事業会計においてはすでに克服されている。ここで余剰を生むことで公益会計の赤字を賄うという原則になっているためである。とはいえ、収益会計と公益会計の合算、あるいはこれに法人会計を加えた全体としては、理念に従えば収支同額とすることが財務目標となり得る。

　第二は予算準拠慣行である。予定していた黒字が実現されないことは、経営の失敗と見なすことができる。事業であれば収入にせよ支出にせよ一定の振れ幅があるはずで、成果評価において、これをどの程度許容するのか、換言すればどの程度の赤字であれば問題視するのかということについての「おおまかな合意」が必要になると思われる。

　現実的に、法人のリスク・バッファーは利益ではなくて正味財産である。公益会計の黒字は繰越金として翌期に収入計上されるが、他の会計の余剰は正味財産に加えられ、赤字であれば正味財産が小さくなる。したがって、収益変動に耐えられるだけの正味財産を持つことが、法人運営を健全かつ現実的なものにする。

　あわせて考えておかなければならないのは、期中の資金繰りである。期末には収支同額で赤字にならないとしても、たとえば収入の大半が期末の3月に、あるいは期を超えて入金され、事業費は毎月支出されるとすると、月次レベルではキャッシュフローがマイナスを続けることもあるだろう。このような現金不足に対応するために、民間企業であれば運転資金を金融機関から借りるのだが、非営利組織が融資を受けることは、制約が大きい。内部留保が必要である。

　内部留保の第一は正味財産である。これで不足する場合には、他の内部留保に「手をつける」ことになる。指定寄付の残金や他勘定の積立、そして公益区分の繰越金がこれに該当する。

もちろん、期末時点ではこのような資金に「手をつけた」痕跡は消しておかなければならないが、期中の資金繰りについては、結局は内部留保がキャッシュフローを助ける。これもリスク・バッファーである。

◉収支の事後評価

　つぎに、上述した赤字評価について。黒字が計画より出過ぎることは理念に照らせば問題だが、それで経営の失敗であると批判されることはまずないので、赤字をどう評価するのかについて検討しておきたい。

　判断基準としては、
- 事業規模に対する赤字の大きさ
- 正味財産の期初残高に対する赤字の大きさ

が有効であろう。

　前者は企業で言えば「売上高に対する営業（ないし経常）損失の割合」である。これは計画の「下振れ」を評価するものであり、経営陣のパフォーマンス評価の指標となる。これに対して後者は、資産の健全性ないし安全性を評価する。

　最近の事例を見ておきたい。表32は2012年度決算において赤字が問題と報道された団体の一部である。（公財）日本バレーボール協会の赤字がこの中では小さいことがわかるが、協会の評議員会はこの赤字を問題視し、会長をはじめとする執行に携わっていた理事の継続就任を認めなかった。

表32●NGB決算の評価例

団体	a. 24年度赤字	b. 24年度末正味財産	b/a	c. 24年度事業収入	a/c
ラグビー	4.3億円	10.6億円	2.5年	27億円	15.9%
水泳	1.5億円	17億円強	11.3年	13.8億円	10.9%
バスケットボール	2.1億円	4.1億円	2.0年	13.9億円	15.1%
バレーボール	0.4億円	11億円	27.5年	19.5億円	2.1%

注1：各団体の赤字額については報道（2013年7月13日朝日新聞夕刊）による。
　2：水泳連盟については本稿執筆時点で2012年度決算がホームページに開示されていなかったので、正味財産残高については2011年度残高から表中の赤字額を減じて算出した。

出処：武藤（2014b）

この判断自体に異論をはさむことはここでは控えたいが、重要なのは、計画の下振れがどの程度許容されるのかについて、予算計画の時点で一定の合意があれば、財務評価についての判断は異なったものになったかもしれないという点である。現在の慣行は、一種「あと出しジャンケン」に近い。これでは、運営を担務する理事は安心して経営ができないだろう。日本バレーボール協会について言えば、知る限りでは、執行を担務する理事は、過去の黒字（＝正味財産の最近の積み上がり）を認識し、その範囲で事業コストの追加を考えていたようだ。換言すれば、赤字にならないための努力は不要とは言わぬものの、いざそうなった場合のことも考えながら経営が行われていた。問題があるとすれば、この認識が計画として協会内あるいは評議員会との間で共有されていなかったことである。

◉プロジェクト・マネジメント

　スポーツ組織の事業内容は、単年度決算に向かないところがある。というより、多くの法人は民間企業も含めて、年度を超える投資と回収を行う。たとえば電気自動車のエンジンを開発し、これが製品に搭載されて収入と利益を計上するまでの期間は長い。年度の決算は、これについての「経過報告」という性格のものだということもできるだろう。一方で企業、とくに上場会社が四半期決算を開示しているのは、投資家保護が目的である。スポーツ組織に月次決算や四半期の決算・開示があってもよいのだが、本来的にはこれは内部管理を目的とするものになるだろう。企業とは意味が異なる

　私がスポーツ組織が年度を超える会計管理・財務管理を必要とすると考える理由は、第一にはこの内部管理である。第二には、何かの投資が行われている期間の収支、とくにその赤字が正味財産によって耐えられるものかどうかについて、執行者が計画し、これを理事会、および社団法人であれば社員、財団法人であれば評議員会に対して予め開示しておくことが重要だと思われるためである。これをしておかなければ、単年度の欠損は、たとえ計画したものであっても欠損としてだけ評価されることになる。

　したがって、スポーツ組織においては年度を超える活動を1つのプロジェクトとして認識し、これへの資金投下と回収が計画・開示される必要がある。で

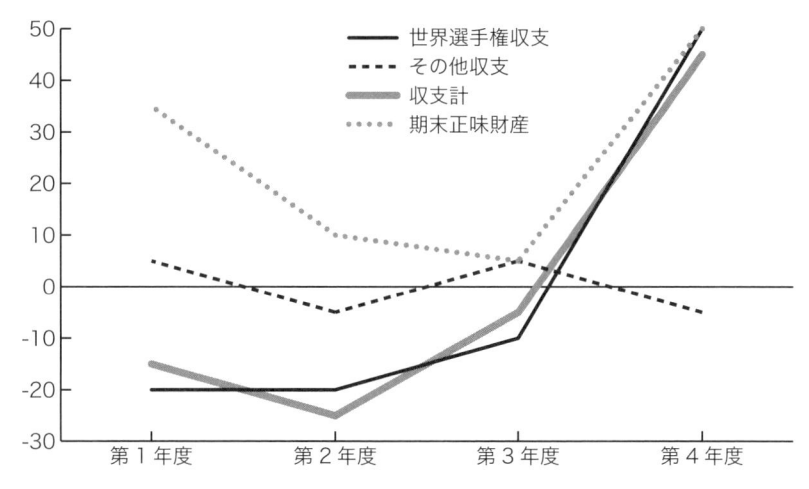

図26 ●複数年の会計管理

　は、どのような活動がこれに該当するかといえば、典型はオリンピック・パラリンピック、あるいは世界選手権など、何年かに一度開催される大会を目的とする強化がある。また国際大会を日本で開催するというのもプロジェクトの1つであり、経常的な活動とは区分して会計上の管理を行わなければならない。

　具体例のイメージを示せば図26のようになる。この例では単純化のためにプロジェクトは1つで、他は経常的な活動と考えている。経常的な活動は＋5から－5の範囲で収支が変動する（図中の「その他収支」）。これに対してプロジェクトである4年に一度の世界選手権については（日本で開催される国際大会でもよい）、はじめの3年間は強化にコストが投下されるが協賛金が少なく、4年目の大会年には収入を多く得ることができて過去の赤字を解消している。

　世界選手権のための先行投資にどれだけコストをかけられるのかは、この団体が持っている正味財産の大きさによる。図では第1年度の期初には50であった正味財産が、同年度の期末には35、その後10、そして5まで減少するが、マイナスにはならない。そして最終年度で世界選手権の収支が黒字になることによって、もとの正味財産水準に回復している。安全をみるなら、この団体が許容できる「世界選手権赤字」は、50までだということである。最終年（世界選手権開催年）の黒字幅が5であったとしても、正味財産は残る。一応リス

クに耐えられるということである。このような計画について予め合意されていないと、この団体は赤字で正味財産が減少していく過程で経営責任を追及することになるのだろう。

　非営利組織、とくに日本のスポーツ組織においては、財務を評価する主体に財務知識が少ないという問題がある。おそらくこれは一朝一夕には解消できない。それだけ、経営陣の説明責任が大きいということである。

第VIII章 種目別全国団体の財務の実態

第1節
スポーツ団体の組織構造

　スポーツの非営利組織には、さまざまなものがある。一部のプロを除けば、スポーツは非営利組織によって実施・運営されている。この財務の体系と問題点については前章で概観したとおりだが、ここでは実際のスポーツ組織の財務について検討する。

1. 統括団体

　分析の対象は、競技種目別の全国団体である。参考までに日本には、種目を問わない統括団体ないし連合体（以下「統括団体」と総称する）として（公財）日本体育協会（以下「日体協」）、（公財）日本オリンピック委員会（以下JOC）、そして（特非）日本ワールドゲームズ協会（以下JWGA）がある。

　JWGAについては知らない人も多いと思われるが、オリンピック種目ではない競技の連合体である。たとえば女子ソフトボールは残念ながらオリンピック種目ではなくなったが、現在はワールドゲームズ種目となり、2013年にはコロンビアのカリで行われたワールドゲームズに参加した。相撲、アーチェリー、スカッシュなどもワールドゲームズ種目である。

　なおスポーツの種目別全国団体を検討するというのであれば、障害者競技（「害」の字をあてることには違和感があるが国の用字に従うこととする）も対象とすべきである。残念ながら、競技団体の財務に関する研究や調査は過去にほとんど例がなく、筆者が（公財）笹川スポーツ財団の支援を得て実施したものがあるにとどまる。できれば障害者競技団体もいずれ研究の対象にしたいと考えているが、以下の記述には障害者の団体は含まれていない。

2. 種目別全国団体

さて、これらの統括団体に加盟しているのが、種目別の競技団体である。以下ではこれを中央競技団体ないしNGB：National Governing Body（of sport）と略記する。各団体はいずれか1つの統括団体に属しているわけではない。JOCはオリンピック種目を司り、日体協は国民体育であり目的が異なる。各NGB、たとえば水泳のNGBはオリンピックへの出場（競泳、飛び込み、シンクロナイズドスイミング、水球）を目指すとともに、国内での競技の普及を理念としている。前者はJOC、後者は日体協の役割なので、NGBは2つの統括団体に属することになる。3統括団体に属するネットのNGBの数は91である。団体名があるほうがわかりやすいと思うので表に掲げる。

3. 傘下団体

組織構造としては、この91団体の傘下に、
- 地方（東北、九州など）協会
- 都道府県協会
- 都道府県より狭い地域の協会

のような地域協会と、
- 実業団、あるいは社会人の団体
- 大学（学連。大学には全種目の統括組織がなく、すべて種目別である）
- 高体連（高体連は種目横断型組織で競技別に部会がある。ただし、野球のように高体連に加盟せず、独自に全国組織を設けている種目もある）
- 中体連（同上）
- 小学生連盟（種目別）

のような、カテゴリーによる団体がある。以下ではこれらを傘下団体とする。なお「ある」と言っても、すべてのNGBにこれらの種別の傘下団体があるわけではないし、競技者カテゴリーについては、もう少し細分化されている例もある。たとえばバレーボールにはママさんバレーボールの全国組織があり、登録者数が多い。念のために言えば、NGBは傘下団体を支配しているわけでは

表33 ●日本の中央競技団体と加盟統括組織

	日体協	JOC	ワールドゲームズ協会
（一財）日本モーターサイクルスポーツ協会			○
（一財）少林寺拳法連盟	○		○
（一財）全日本剣道連盟	○	○	
（一財）全日本野球協会		○	
（一財）日本ドッジボール協会	○		
（一財）日本バウンドテニス協会	○		
（一社）全日本空道連盟			○
（一社）日本サーフィン連盟			○
（一社）日本ドラゴンボート協会			○
（一社）日本ペタンク連盟			○
（一社）日本ウエイトリフティング協会	○	○	
（一社）日本カバディ協会		□	
（一社）日本バイアスロン連盟	○	○	
（一社）日本ボクシング連盟	○	○	
（一社）日本ボブスレー・リュージュ・スケルトン連盟	○	○	
（公財）合気会			○
（公財）全日本ボウリング協会			○
（公財）日本相撲連盟			○
（公財）全日本スキー連盟	○	○	
（公財）全日本なぎなた連盟	○	○	
（公財）全日本ボウリング協会	○	○	
（公財）全日本弓道連盟	○	○	
（公財）全日本空手道連盟	○	○	○
（公財）全日本柔道連盟	○	○	
（公財）全日本軟式野球連盟	○	○	
（公財）日本アイスホッケー連盟	○	○	
（公財）日本ゲートボール連合	○	○	
（公財）日本ゴルフ協会	○	○	
（公財）日本サッカー協会	○	○	
（公財）日本スケート連盟	○	○	
（公財）日本セーリング連盟	○	○	
（公財）日本ソフトテニス連盟	○	○	○
（公財）日本ソフトボール協会	○	○	○
（公財）日本テニス協会	○	○	
（公財）日本バスケットボール協会	○	○	
（公財）日本バドミントン協会	○	○	
（公財）日本バレーボール協会	○	○	
（公財）日本ハンドボール協会	○	○	○
（公財）日本ラグビーフットボール協会	○	○	
（公財）日本レスリング協会	○	○	
（公財）日本自転車競技連盟	○	○	
（公財）日本水泳連盟	○	○	
（公財）日本体操協会	○	○	
（公財）日本卓球協会	○	○	
（公財）日本野球連盟	○		
（公財）日本陸上競技連盟		○	
（公社）全日本アーチェリー連盟	○	○	○

注1：□は準加盟ないし承認団体。
　2：法人格は2014年1月時点のものである。

第VIII章　種目別全国団体の財務の実態　255

	日体協	JOC	ワールドゲームズ協会
(公社) 日本エアロビック連盟		○	○
(公社) 日本スカッシュ協会		○	○
(公社) 日本ダンススポーツ連盟		○	○
(公社) 日本ペタンク・ブール協会			○
(公社) 全日本テコンドー協会		○	
(公社) 全日本銃剣道連盟	○	○	
(公社) 日本アメリカンフットボール協会	□	□	
(公社) 日本オリエンテーリング協会	○	○	
(公社) 日本カーリング協会	○	○	
(公社) 日本カヌー連盟	○	○	
(公社) 日本グラウンド・ゴルフ協会	○		
(公社) 日本スポーツチャンバラ協会	○		○
(公社) 日本ダンススポーツ連盟	□		
(公社) 日本チアリーディング協会	□	□	
(公社) 日本トライアスロン連合	○	○	
(公社) 日本パワーリフティング協会	○	□	○
(公社) 日本フェンシング協会	○	○	
(公社) 日本ボート協会	○	○	
(公社) 日本ホッケー協会	○	○	
(公社) 日本ボディビル・フィットネス連盟		○	○
(公社) 日本ライフル射撃協会	○	○	
(公社) 日本近代五種協会			
(公社) 日本綱引連盟	○		○
(公社) 日本山岳協会	○	○	○
(公社) 日本馬術連盟	○	○	
(公社) 日本武術太極拳連盟	○		
(社) 日本ビリヤード協会		○	○
(社) 日本ダーツ協会			○
(社) 日本クレー射撃協会	○	○	
(特非) 日本フライングディスク協会			○
(特非) 日本ミニゴルフスポーツ協会			○
(特非) 日本ライフセービング協会			○
(特非) 日本ラケットボール協会			○
(特非) 日本ローラースポーツ連盟	□		○
(特非) 日本水上スキー連盟			○
(特非) 日本水中スポーツ連盟			
(特非) 日本クリケット協会		□	○
(特非) 日本スポーツ芸術協会		○	
東京スカイダイビングクラブ			
日本アームレスリング連盟			○
日本オーケーゴルフ協会			○
日本キャスティング協会			○
日本スポーツアクロ体操協会			○
日本セパタクロー協会		□	
日本チェス協会		□	
日本マウンテンバイク協会			○
日本落下傘スポーツ連盟			○

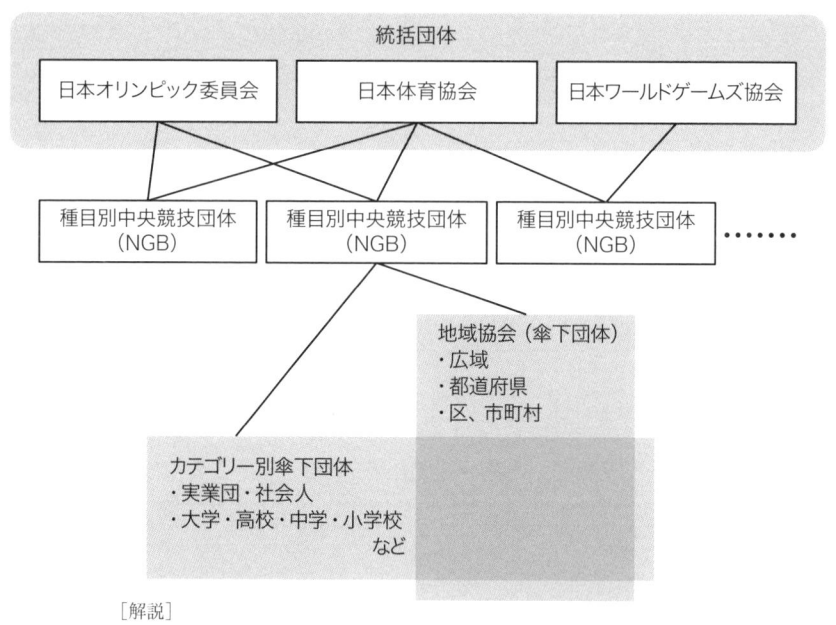

```
                        統括団体
  ┌─────────────┬─────────────┬─────────────┐
  │日本オリンピック│  日本体育協会 │日本ワールドゲームズ│
  │    委員会    │              │     協会     │
  └─────────────┴─────────────┴─────────────┘

  ┌─────────────┬─────────────┬─────────────┐
  │種目別中央競技団体│種目別中央競技団体│種目別中央競技団体│ ……
  │    (NGB)    │    (NGB)    │    (NGB)    │
  └─────────────┴─────────────┴─────────────┘
```

地域協会(傘下団体)
・広域
・都道府県
・区、市町村

カテゴリー別傘下団体
・実業団・社会人
・大学・高校・中学・小学校
　　　　　　　　　　など

[解説]
　カテゴリー別の団体が全国大会の地区予選を実施する場合には地域協会が協力、また調整の対象となる。その意味では、両者は一種のマトリクス組織になっている。

図27 ● スポーツ団体の組織構造

ないし、必ずしも統治しているわけではない。この点が株式会社の企業グループにおける親会社─子会社関係とは根本的に異なるところである。企業グループの編成原理は親会社を頂点とするトップダウン型だが、スポーツ団体ではボトムアップ型になっていると言うことができるだろう。

　またカテゴリー別の競技会は各カテゴリーの団体が所管し（つまり、主催運営するとともに収支を管理する）、NGBが所管するのは国際大会（日本開催）とカテゴリーを横断する全国大会…であればすっきりするのだが、必ずしもそうなっていない。たとえばマラソンには全日本選手権がなく、最上位のカテゴリー、つまり日本代表を決める対象となる大会は東京マラソン、びわこ毎日マラソン、そして福岡国際マラソンである。東京マラソンは東京マラソン財団が所管している。またこの3つの大会に準ずるのが別府大分毎日マラソンで、世

界陸上の代表がこの大会の成績で決まることもある。

　もう1つ面倒なのは、全国団体がリーグ戦を持っているようなケースである。サッカーでいえばJ1からJ3までのプロリーグはJリーグだが、JFLは日本サッカー協会内の組織である。バレーボールのVリーグは法人格を持つ独立組織だが、ラグビートップリーグは日本ラグビーフットボール協会の内部組織である。内部組織であるということは、このリーグに関する収支がNGBの会計に含まれていることを意味している。また国際大会の中には、大会の収支がすべてNGBに帰属するものもあれば、世界の種目別統括団体に大半ないし部分的に帰属するものもある。つまり、NGBの財務諸表、とくに収支の規模だけをみても、そのスポーツの全体としての経済的規模がわかるか、他の競技と比較できるかというと残念ながらそうではないということである。

第2節
競技者とチームの登録

1. 登録者数

それぞれの競技の規模をある程度表現しているのが登録者数である。競技者はNGBに登録することによって競技会に参加し、記録が管理されるためである。

◉登録人口、競技人口、実施人口

ただし、登録人口がそのスポーツの規模を表わすかというとそうでもないところがある。図のように、登録人口、競技人口、実施人口には差があると考えられるためである。

まず、たとえば中学の部活で競技をしていて、中学生の大会に出るだけだという場合、NGBに登録料が支払われていないことがある。結果として登録人口より競技人口のほうが多い。市民ランニング大会でハーフマラソンを走る人

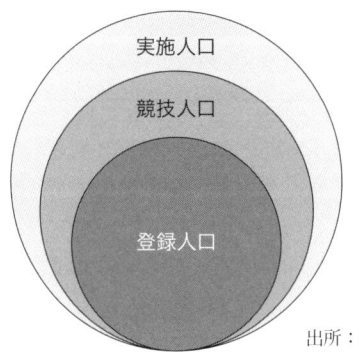

出所：笹川スポーツ財団（2013）

図28 ●登録人口、競技人口、実施人口の関係

の多くも、競技人口（とはいえ把握できない）ではあるが登録人口には該当しないだろう。ひと月かふた月に1回ゴルフをしている人は、ゴルフの登録人口でも競技人口でもない、つまり実施人口だが、ゴルフの場合この実施人口が登録人口や競技人口にくらべて極めて多いものと思われる。

とはいえ数字として把握できるのは登録人口である。また競技の規模を確認したい理由は経済規模の推定なので、登録者という、競技団体に登録料を支払っている（登録料を徴収しない例も後述のように一部見られるが）。以下では各競技の登録者数等を確認することとしたい。

なお、登録者およびこれに続くNGB予算についての調査は笹川スポーツ財団（2013）によるものである。この調査は2012年度に同財団と筆者、そして三浦一輝（法政大学比較経済研究所兼任研究員：当時）の共同研究として実施したもので、前述の91団体のうち71団体が質問紙調査に回答し、また同数の71団体から予算情報を得た（質問紙調査に回答した71団体と予算情報を得た71団体は必ずしも同じ団体ではなく、一方だけに協力していただいた団体が4ある）。それぞれの調査対象となった団体は全体（91）の78％である。全数ではないが、全体像をとらえる上では有効な回答数であると言えるだろう。ご協力いただいた各団体、そして調査結果の多くの本書への掲載を許諾いただいた（公財）笹川スポーツ財団にあらためて深謝申し上げたい。

⦿登録者数の調査結果と推定

回答のあった71団体のうち、登録制度がない団体が7ある。またチーム登録はあるが個人登録がない団体が3であり、残る61団体、つまり86％の団体に個人登録制度がある。個人登録者が10万人を超えている団体およびチーム登録数から考えて登録チームに属する競技者が10万人を超えている団体はつぎのとおりである（法人格は調査当時のものである）。

（公財）日本サッカー協会	927,671人
（公財）日本バスケットボール協会	615,458人
（公財）日本ソフトテニス連盟	450,899人
（公財）日本バレーボール協会	375,253人
（公財）日本陸上競技連盟	319,354人

(公財)日本卓球協会	304,620人
(公財)日本バドミントン協会	245,612人
(公財)合気会	244,813人
(公社)日本グラウンド・ゴルフ協会	190,434人
(公財)日本ゲートボール連合	162,238人
(公財)全日本柔道連盟	146,001人
(公財)日本水泳連盟	118,714人
(財)　日本ラグビーフットボール協会	109,887人
(公財)全日本軟式野球連盟	56,940チーム
(公財)日本ソフトボール協会	10,679チーム

　競技人口が多いと思われる団体のうち、野球については回答を得られていないが、18傘下団体の登録チーム数を合計すると65,803になるので、登録チームの競技者数はサッカーと同程度になるものと思われる。硬式テニスには登録制度がないので、競技人口は多いと思われるが不明である。

　個人登録制度のある団体数は前述のように61だが、この中には登録者数を把握していないNGBが2団体ある。これを除く59団体の総登録者数は470万人である。これに軟式野球連盟の登録者を70万人、ソフトボールを12万人、軟式を除く野球を90万人として加えると640万人である。日本のスポーツでは競技者は複数の競技をすることが少ないが若干の重複登録があるとして約600万人、就学年齢未満と80歳以上の高齢者を除く総人口の5%程度が競技団体に登録していることになる。

2. 登録料の配分

　登録制度(チームのみの登録を含む)のある64団体のうち、登録料を徴収している団体は61であった。この登録料がすべてNGBに対して支払われ、その収入になっているのかというとそうでもない。またNGBと傘下の地域協会は別個の法人だが、登録料については相互に分配する例が少なからず見られる。

　登録料は、その徴収主体が中央競技団体か都道府県協会により、配分の方法

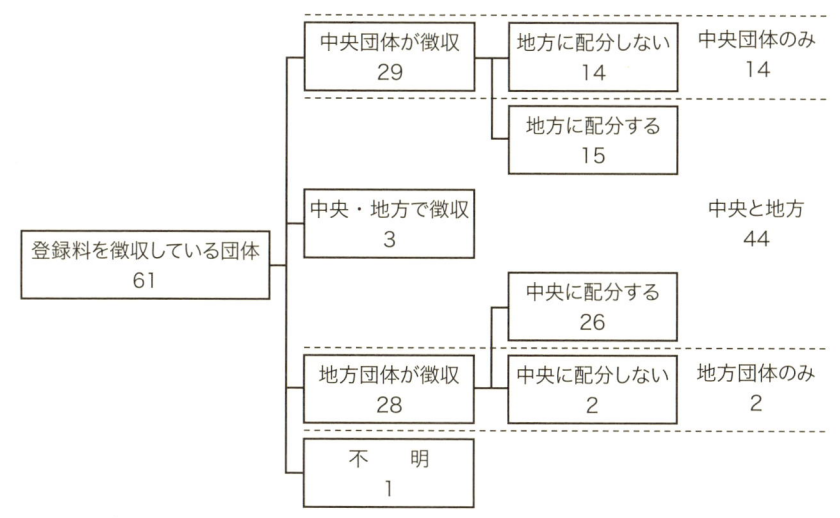

第Ⅷ章 種目別全国団体の財務の実態

```
                            ┌─ 地方に配分しない ── 中央団体のみ
                            │      14                 14
          ┌─ 中央団体が徴収 ─┤
          │      29         └─ 地方に配分する
          │                         15
          │
          ├─ 中央・地方で徴収                        中央と地方
登録料を徴収│      3                                    44
している団体│
    61    │                 ┌─ 中央に配分する
          │                 │      26
          ├─ 地方団体が徴収 ─┤                       地方団体のみ
          │      28         └─ 中央に配分しない          2
          │                         2
          │
          └─ 不　　明
                 1
```

図29●登録料の配分状況

や割合が異なり、それぞれの団体により特徴がみられる。登録料を徴収していると回答した61団体のうち、中央競技団体による徴収は29団体（47.5％）で、都道府県協会による徴収は28団体（45.9％）、中央および都道府県協会の両方による徴収は3団体（4.9％）であった（未回答1団体）。

中央競技団体が徴収する場合では、「都道府県協会に配分する」団体と「都道府県協会に配分しない」団体が、それぞれ15団体、14団体とほぼ同数であった。配分するケースでは、中央競技団体は一定額を事業費や管理運営費として受け取り、その他を都道府県協会やブロック協会などの加盟団体の運営補助費として配分している。例えば、（公財）日本バレーボール協会（JVA）では、登録競技者の登録料のうち60％がJVAの運営原資となり、40％が全国連盟と都道府県協会へ配分されている。JVAが運営原資として受け取った額の50％以上80％以内は公益目的事業、残りは管理費等へ繰り入れられる。

都道府県協会が徴収する場合は、9割にあたる26団体が中央競技団体に配分している。ただし、都道府県協会が徴収した登録料のすべてが中央競技団体の運営原資になるわけではなく、登録料の一部が中央競技団体へ納入されたり、中央競技団体が一度全額を預かり、中央競技団体の運営原資分を除いた金額を、

等分あるいは登録競技者数に応じて都道府県協会へ再配分したりと、団体によりその扱いはさまざまである。(公財)日本サッカー協会(JFA)は、都道府県協会ごとに設定・徴収された登録料を全額受け取り、理事会により定められた割合でJFAと都道府県協会に配分する。都道府県協会によっては、JFAに送付するものとは別に登録料を設定している場合もあり、その登録料は都道府県協会が全額受け取る。

　中央競技団体と都道府県協会の両方が登録料を徴収する場合は、それぞれが登録料を設定し受け取った登録料を相互に配分しない団体や、一定の額もしくは割合を配分しあう団体がある。中央と地方の徴収・配分の状況を示せば図29のとおりである。

3. 登録料の使途：対価性をめぐる問題

　登録料はNGBにとって重要な収入の1つだが、その使途ないしそのルールに問題がある（詳細は武藤・吉田〈2014〉を参照）。問題とは以下のような点である。

- 競技者は大会参加や記録の公認を目的として登録料を支払っている。換言すれば、このような「競技者のためのサービス」の対価として登録料が支払われている。
- NGBは競技者から見て「独占的な事業体」である。すなわち、登録料の使途について不服があっても、他の競技団体を選ぶことができない。
- 実態としては、NGBは競技者から徴収する登録料について、上記のような対価性を意識したルールを設けていない。

　具体的に言えば、NGBは徴収した登録料を、法人の運営費、日本代表強化、あるいは普及など、任意の活動に費消することができる。しかし競技者は、団体のこのような活動に賛同して登録料を納めているわけではない。登録料は本来は競技者のためのサービスにのみ費消されなければならない。

　問題は第一には登録料の使途に関する理念・思想とこれを反映した財務運営のルールがないことなのだが、ではルールが策定されれば解決できるかという

とそうでもない。なぜなら、多くのNGBにおいて、登録料を原資として、競技者サービス以外のさまざまな活動が実施されており、これらの活動の費用を登録料で賄えないことにすると、活動の原資が不足してしまうためである。解決には長い時間がかかるが、まずは理念・思想について、NGB全体として共有されることが重要なのだろう。一般企業にはない、NGB固有の問題である。

第3節
スポーツNGBの予算規模

つぎに以下では中央競技団体（NGB）について、その資金と財務を検討する。留意点として、NGBは傘下団体とは別個の法人である（傘下団体の中には法人でないところもある）し、前述のように国際統括団体もある。したがって、NGBの収入あるいは支出の規模が、そのスポーツで動く資金の全体を表現しているわけではない。

1. 集計の対象と方法

取り上げるのは予算である。2012年度の予算情報を収集することができた団体数は71であり、これらを分析対象とした。なお、多くの団体の決算日は3月31日であるが、一部の団体では決算日が異なる。その場合、2012年10月1日を含む年度の予算情報を分析対象としている。

決算ではなく予算を対象としたのは、第一に、決算よりも予算のほうが団体の事業活動の方針を捕捉できるためである。決算は時に不測の事態の結果を反映してしまうため、本節の目的を考慮した時には、適当ではないと判断した。第二に、予算を用いることで、各競技団体の最新（2012年度）の財務情報を用いて分析を行うことが可能となるためである。

計算方法はつぎのとおりである。
1) 収入、支出の範囲については一般会計だけでなく、特別会計を含めすべての会計区分の合計を対象とした。
2) 諸引当金の繰入収入および繰出支出は集計から除外した――この理由は、外部との資金のやりとりを把握したいと考えたこと、および予算段階から引当金を計画している団体としていない団体が見られることである。
3) 減価償却を行っている団体の償却費用および減価償却を行っていない団体

の固定資産取得支出は、支出の範囲に含めている。

NGBには社団法人、財団法人の他、NPO法人、そして少数ではあるが法人格のない任意団体が含まれている。これらの団体に共通の会計規則を適用して分析することはできない。とくに悩ましいのが減価償却の有無で、している団体としていない団体とがある。統一するための対処の方法としては、減価償却を計算から除外しキャッシュフローをみるというものと、資産取得支出を一定の想定の下に減価償却費に置き換えるというものの2つがあると思われる。しかし前者は資産取得計画がわからないと計算できない。また後者については、たとえば現金を有価証券に変えることも資産取得支出に含まれるので判断が難しい。このような理由から計算上の統一を見送ることとしたが、減価償却を実施していない団体の固定資産保有額と固定資産取得計画はかなり小さいと思われるので、この方法で全体を分析することで大きな問題は生じていないものと判断している。

なお、したがって以下では収入、支出、あるいは収支の語を用いるが、その概念および値は各団体が適用している規則と若干異なるものとなっている。

2. 収支の規模

予算が把握できた71団体の収入と支出総額は表34のとおりで、総額で500億円弱、平均では7億円弱である。ただし、予算規模が突出した団体（日本サッカー協会）があるので、これを除くと平均は収入・支出ともに4億円台の半ばである。

比較のために記せば、JOC、日体協の2012年度事業収入予算は、それぞれ84億1900万円、66億9700万円である。個々の中央競技団体は1団体を除き、これら統括団体よりも収入規模が小さいが、全体としては大きな資金の流れを形成しているといえる。

また金額には大きな格差があり、図30のように収入規模の小さい団体も多い（支出も似たようなものである）。グラフの形状からみて、平均値にはほとんど意味がなさそうである。最頻値は1億円未満で、27団体（38.0％）である。また第1四分位は4200万円、中央値は2億5700万円、第3四分位は5億4900

表34 ●中央競技団体の収支（全体）

	収　　入	支　　出
合　計	474億7300万円	489億2800万円
平均値	6億6900万円	6億8900万円
平均値（最大値の団体を除く）	4億3600万円	4億4100万円
中央値	2億5700万円	2億5700万円
最大値	169億4500万円	180億3600万円
最小値	400万円	540万円
団体数	71	71

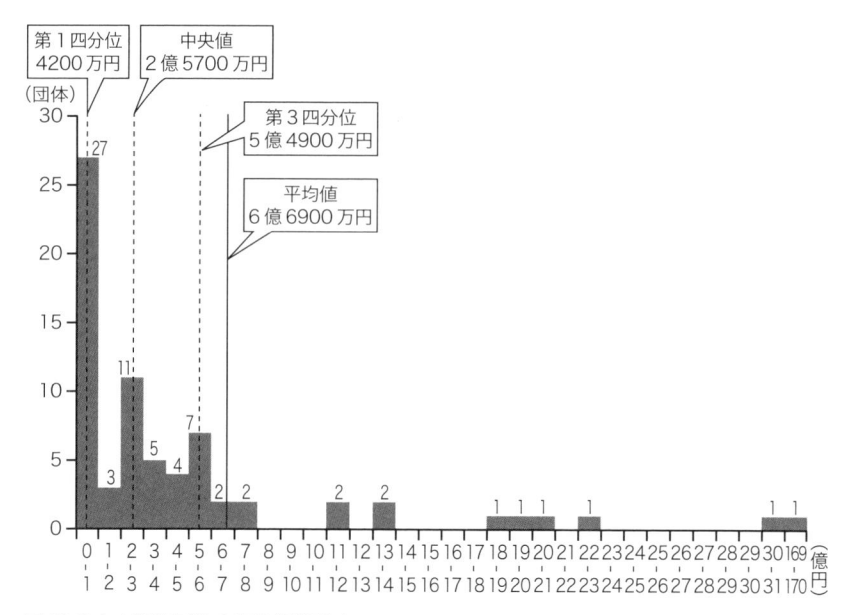

図30 ●中央競技団体の収入規模分布

万円となっている。

3. 法人格による規模の違い

　この調査を行った時点では、公益法人改革に伴い、新法人（公益あるいは一般）に移行した団体と移行前の団体とがある。これにNPO法人と任意団体と

表35●法人格別の収入規模

法 人 格	団体数	平 均 値	中 央 値
公益財団法人	21 (29.6%)	16億8900万円	5億8700万円
一般財団法人	4 (5.6%)	3億5000万円	3億2800万円
財団法人	7 (9.9%)	7億9000万円	5億5000万円
公益社団法人	15 (21.1%)	2億300万円	2億円
一般社団法人	5 (7.0%)	4700万円	900万円
社団法人	11 (15.5%)	1億2300万円	9500万円
特定非営利活動法人	6 (8.5%)	6900万円	3000万円
任意団体	2 (2.8%)	1000万円	1000万円
全 団 体	71	6億6900万円	2億5700万円

が加わるので、法人格の類型が多い。ここでは予算を収集した2012年度初めの法人格により分類している（表35）。

　中央値の大きいのは順に、公益財団法人、旧・財団法人、一般財団法人である。これに公益社団法人、旧・社団法人が続く。大まかに言えば、予算規模は財団法人、社団法人、NPO法人、任意団体の順であり、常識ないし直観に近い結果であると言えるのだろう。例外は一般社団法人で中央値が最も小さく900万円である。平均値は4700万円で任意団体よりは大きいがNPO法人を下回っている。新・公益法人への移行に際し、予算規模が小さく、おそらくは公益（税務上の優遇）のメリットが小さい旧・社団法人が「一般」を選択したものと思われる。

第4節
スポーツNGBの収支構成

1. 収支の基本的な構造

中央競技団体の収支について、科目・費目の観点から基本的な構造を示せばつぎのとおりである。

①収　入

中央競技団体の収入は図31のように、「競技者・団体からの収入」「事業収入」「補助金、助成金」「寄付金」「資産運用収入」に大別される。「競技者・団体からの収入」の内訳は年会費、登録料などであり、それぞれの競技で選手、チームあるいは地域組織などとして活動する主体が負担しているものである。これに対して「事業収入」は、競技会観戦者の入場料、協賛金、放送権料などであ

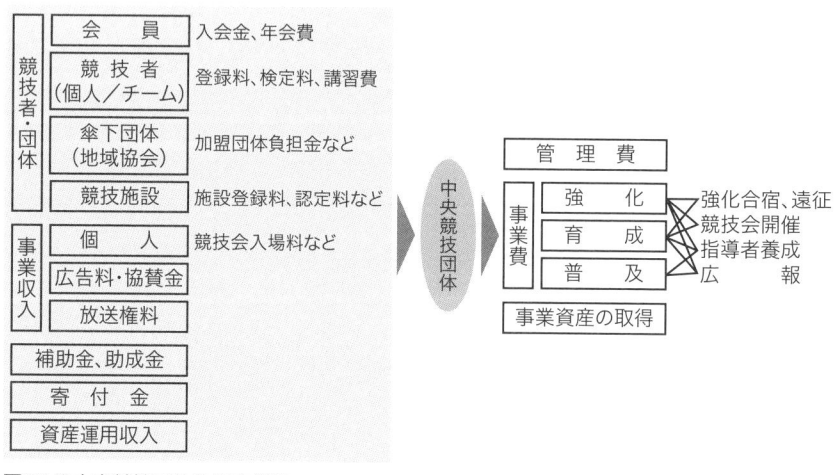

図31 ●中央競技団体の収支構造

り、当該団体が提供するサービスに対する取引の対価という性格のものである。

本書の冒頭にも示したとおり、スポーツ組織の収入の特性の1つはマイクロ・コングロマリット、すなわち、収入規模の割に収入と顧客の種別が多いことである。

②支　出

支出は大きく「管理費」と「事業費」および「資産取得支出・減価償却費」に分かれる。「事業費」の細目は団体によりさまざまであった。図31では「強化」「育成」「普及」という目的によって類型化しているが、たとえば海外遠征が強化か、それとも育成であるのかは当事者の判断による。枠組としては「合宿・遠征」「競技会開催」などのように、外形による区分を採用している団体も多く見られる。

2. 収支それぞれの費目構成

◉収　入

収入科目は、各団体の事業内容が多様であることを反映して、さまざまな科目が立てられている。また、それらの科目名は団体間で必ずしも共通のものとはなっていない。そこで収入構成の全体的な傾向を示すために、収入科目を「競技者・団体からの収入」「事業収入」「補助金・助成金」「寄付金」「資産運用収入」に分類した。さらに、いずれにも該当しない収入科目を「その他」とした。

収入科目の中では、図32のように「その他」の割合が39.6％と最も高くなっている。これは、各団体の収入科目分類が上記分類に該当しない場合、これを「その他」に含めていることによる。したがって、必ずしも構造の項で述べた区分に該当しない収入が多いというわけではない。

次いで、「事業収入」（24.0％）、「競技者・団体からの収入」（22.8％）の割合が高い。外部の財源である「補助金・助成金」は11.1％、「寄付金」はさらに低い2.3％となっている。「資産運用収入」は最も収入に占める割合が低く（0.2％）なっており、これは日本の長期にわたる低金利の影響を受けていると言えるだろう。

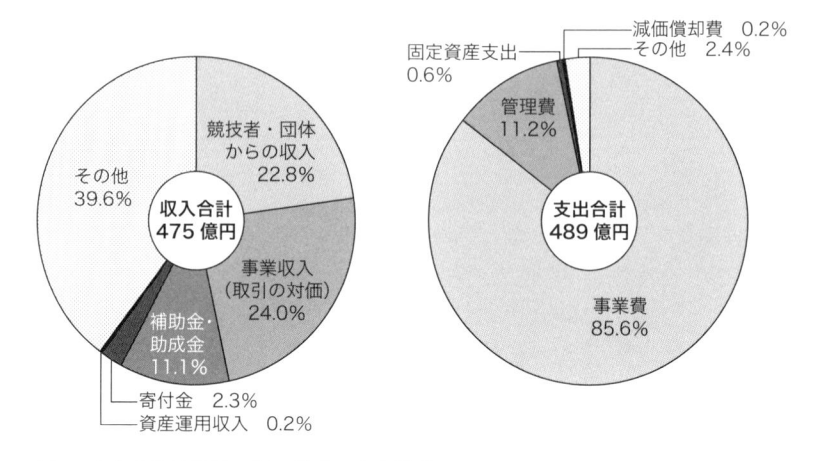

図32 ●中央競技団体の収入構成と支出構成

　また詳細は笹川スポーツ財団（2013）に譲るが、「総収入額」と、「競技者・団体からの収入割合」には負の相関（相関係数：-0.497）がある。また「総収入額」と「事業収入割合」には、強い正の相関（相関係数：0.681）がある。ここからは、競技団体の収入の増加は主として「事業収入」の増加によってもたらされ、「事業収入」の増加によって「競技者・団体からの収入」の構成比が低下すると考えられる。

⦿ 支　　出

　支出科目は収入よりさらに団体間で統一性がない。このため、事業関連の支出は一括して「事業費」としている。総支出のうち「事業費」は418億6100万円、「管理費」は54億8600万円で、総支出に占める構成比は、それぞれ85.6％、11.2％であった。

　「総支出」と「事業費の割合」、「管理費の割合」には、それぞれ正と負の相関がみられる。すなわち、総支出の大きさは事業費によるものであると言えるが、相関はそれほど強いものではない。これに対して、とくに相関が強い（相関係数：0.933）のは「総支出」と「職員数」であった。これは、事業収入を多く得ることができれば、有給の職員を雇用できることを意味している。逆に

言えば、事業の業務量が多くても事業収入が少なければ、いわゆる「手弁当」の関係者で事業を遂行していることを示していると見るべきだろう。換言すれば、事業規模（収入とは無関係な業務量）と職員数との間には、必ずしも相関がないものと考えられる。

第5節

新・公益法人の収支

　2008（平成20）年12月に施行された「公益法人制度改革関連三法」による制度改革にあわせて、従来の会計基準が見直され、新たな公益法人会計基準（通称；平成20年基準）が導入されている。この重要な改正事項の1つに、区分経理による会計表示がある。公益財団法人および公益社団法人の会計は、貸借対照表および正味財産増減計算書の内訳表において、「公益目的事業会計」「収益目的事業会計」「法人会計」の3つの会計に区分経理することが求められている。それによって、競技団体の公益目的事業、収益目的事業、法人業務に、その予算をどのように配分しているのかを知ることが可能となっている。

　本調査の回答時に公益認定を受けていた中央競技団体は、公益財団法人が21団体、公益社団法人が17団体であった。ただし、法令上は新会計基準の適用が義務づけられてはいないため、平成20年基準による予算書類を公開している団体は、それぞれ19団体、12団体であった。以下ではこの31団体の予算について、会計区分の観点から分析してみたい。

1. 収支構造（全体）

　公益財団法人、公益社団法人、およびこれをあわせたものについて、団体合計値をみたものが表36である。まずわかることは、公益会計の規模が大きいことである。公益財団法人・公益社団法人ともに、総支出の89％が「公益」である。公益法人なので当然といえば当然であろう。

⦿社団法人では法人会計が公益会計をファイナンスしている

　財団と社団で違いが見られるのは会計区分別の収支である。財団・社団ともに「公益」は赤字で「収益」が黒字である。これに対して「法人」の区分では、

表36 ●新・公益法人の会計区分別収支（合計）

			公益目的事業会計	収益事業等会計	法人会計
公益財団法人（19団体）	収入	平均値	15億5624万円	2億643万円	4492万円
		中央値	5億5400万円	65万円	3229万円
		合計	295億6865万円	39億2212万円	8億5355万円
	支出	平均値	16億7383万円	1億1389万円	9312万円
		中央値	6億56万円	415万円	4997万円
		合計	318億269万円	21億6384万円	17億6934万円
	収支合計		▲22億3403万円	17億5828万円	▲9億1579万円
公益社団法人（12団体）	収入	平均値	1億8367万円	810万円	2187万円
		中央値	8995万円	20万円	870万円
		合計	22億398万円	9722万円	2億6243万円
	支出	平均値	1億9261万円	648万円	1753万円
		中央値	1億2662万円	16万円	1367万円
		合計	23億1128万円	7781万円	2億1032万円
	収支合計		▲1億729万円	1941万円	5211万円
公益法人全体（31団体）	収入	平均値	10億2492万円	1億2966万円	3600万円
		中央値	3億9934万円	80万円	1800万円
		合計	317億7264万円	40億1934万円	11億1598万円
	支出	平均値	11億45万円	7231万円	6386万円
		中央値	4億4106万円	42万円	2905万円
		合計	341億1397万円	22億4164万円	19億7966万円
	収支合計		▲23億4133万円	17億7770万円	▲8億6367万円

　財団が赤字で社団が黒字になっている。黒字の理由は、社団法人が構成員（社員）から会費を徴収していることであろう。しかもその黒字は収益会計より大きい。すなわち、公益社団法人においては、全体としては法人会計が公益会計をファイナンスしているのである。

　これに対して、公益財団法人の法人会計は赤字である。このため、収益会計が公益会計と法人会計をファイナンスするという構造になっている。財団法人は社団法人と違い制度上の構成員を持たない。このため法人会計が黒字になりにくいのであろう。

2. 法人単位の収支構造

　では、個々の法人については同じ傾向がみられるのだろうか。以下では、同じ調査に回答した公益社団・財団法人の予算を概観してみたい。

　まずはじめに、公益、収益、法人の会計区分別および全体の収支予算をみたものが表37である。全体としては赤字予算が20法人、黒字が9、収支同額が2法人になっている。前章で述べた「収支同額原則」はもはや過去のものであまり見られないようである。新・公益法人に移行した法人については、予算策定の「近代化」が進んでいるものと理解することができるだろう。

　会計区分別にみると、以下のとおりである。

①収益会計

　収益会計を持たない法人が14ある。収益会計のある17法人の中では、黒字が15法人、赤字2法人である。収益会計の余剰は「みなし寄付」として公益会計に移すことができるのだが、それをしない（できない）法人が2あるということである。

②公益会計

　公益会計については黒字が5法人、収支同額が1法人、赤字が25法人である。収益会計を持たない法人は公益会計の黒字で法人会計の赤字を賄うことができるので、公益に黒字があってよい。とはいえやはり赤字の団体が多い。

③法人会計

　法人会計については黒字予算が14法人、収支同額が5法人、赤字が12法人である。表には示していないが、黒字予算としている法人は社団が8、財団が6である。逆に言えば、社団法人でも法人会計予算が赤字というところが4法人ある。この調査の範囲では、社団法人は一般的に法人会計が黒字（予算）だとは言えない。また財団法人の中でも、19法人中6法人が法人会計が黒字である。

　つぎに、会計区分別の収支のパターンを確認する。論理的には収益3パターン（黒、赤、なし）、公益2（黒、赤）、法人2（黒、赤）、全体2（黒、赤）で24パターンがあり得るが、実際に観察されるのは図の13パターンであった。

表37 ●新・公益法人の会計区分別収支（個別）

（法人数）

	公益	収益	法人	計
黒字	5	15	14	9
0	1	0	5	2
赤字	25	2	12	20
なし	-	14	-	-

資料：前掲資料の調査データより作成

1) 収益会計がない法人
- パターン1
  公益会計が黒字で法人会計が収支同額、全体が黒字　　　　2法人
- パターン2
  法人会計の赤字を公益の黒字で補い全体が黒字　　　　　　1法人
- パターン3
  公益会計は収支同額だが法人会計が赤字のため全体が赤字　1法人
- パターン4
  公益会計の赤字を法人会計の黒字で補い全体として黒字ないし収支同額
  　　　　　　　　　　　　　　　　　　　　　　　　　　　3法人
- パターン5
  法人会計は黒字だが公益の赤字がこれより大きく全体は赤字　2法人
- パターン6
  公益、法人ともに黒字でないため全体も赤字　　　　　　　5法人

2) 収益会計が黒字の法人
- パターン7
  公益も黒字だが法人会計が赤字で全体が赤字　　　　　　　2法人
- パターン8
  公益の赤字を収益と法人で補い全体は収支同額以上　　　　2法人
- パターン9
  公益の赤字を収益と法人で補うがそれでも全体が赤字　　　5法人
- パターン10
  公益と法人の赤字を収益の黒字で補い黒字　　　　　　　　2法人

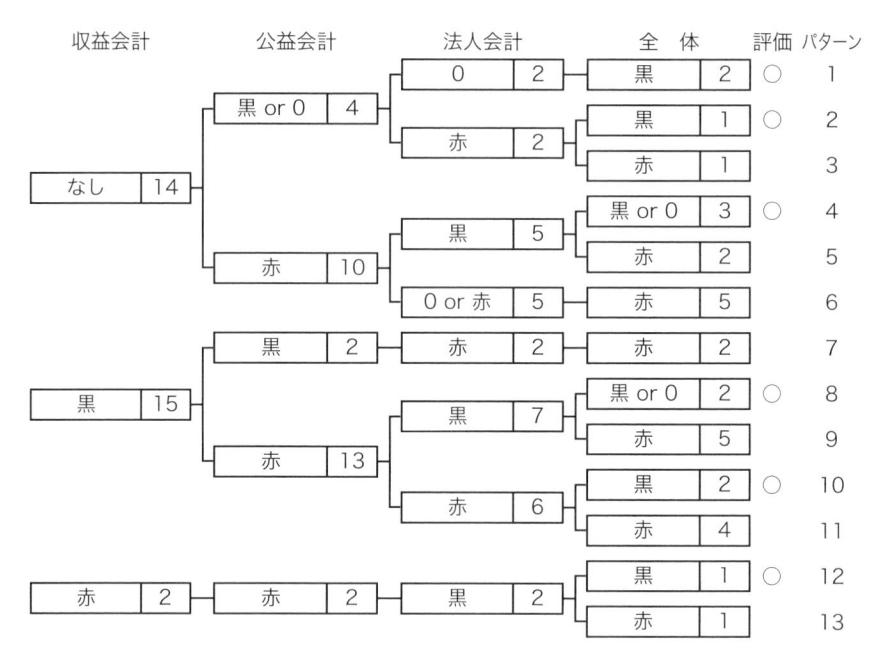

収益会計	公益会計		法人会計		全体		評価	パターン
なし 14	黒 or 0	4	0	2	黒	2	○	1
			赤	2	黒	1	○	2
					赤	1		3
	赤	10	黒	5	黒 or 0	3	○	4
					赤	2		5
			0 or 赤	5	赤	5		6
黒 15	黒	2	赤	2	赤	2		7
	赤	13	黒	7	黒 or 0	2	○	8
					赤	5		9
			赤	6	黒	2	○	10
					赤	4		11
赤 2	赤	2	黒	2	黒	1	○	12
					赤	1		13

図33 ●新・公益法人の会計区分ごとの収支のパターン

- パターン11
  公益と法人の赤字を収益の黒字で補うが全体は赤字　　　　　　4法人

3）収益会計が赤字の法人
- パターン12
  公益も赤字で法人の黒字で全体を黒字にしている　　　　　　　1法人
- パターン13
  公益も赤字で法人は黒字だが全体として赤字　　　　　　　　　1法人

　図33には評価として、全体が黒字ないし収支同額のパターンに○をつけている。1、2、4、8、10、12の6パターンが該当する。31法人中11法人である。単年度の予算計画なので、赤字を見込んでも構わないことは前の章で解説したとおりだが、一応これらの法人の予算計画は健全だと言えるだろうし、過半の法人が赤字を計画しているというのは、収支同額の必要はないとはいえ、少し

考えものかもしれない。

とはいえ重要なのはパターンであり、新・公益法人制度が想定する健全な法人のイメージは、

- 収益会計が黒字で（15法人）全体として黒字ないし収支同額（4法人）
- 収益会計がない場合は公益ないし法人会計が黒字を計上（8法人）して全体として黒字ないし収支同額（6法人）

ということになるのだろう。つまり「収益が黒字」あるいは「収益会計がなく、他の会計区分が少なくとも1つは黒字」という法人は31法人中23法人あり、これらは制度の想定に従っているのだが、全体の出来上がりが健全な法人は10しかない。とくに、収益会計を持つ法人の全体黒字（ないし収支同額）計画が少ないというのが特徴である。

この結果は、新・公益法人についての会計規則が想定した「健全な状態」から乖離している法人が多いことを示している。まだ新法人への移行から日が浅く、管理会計も試行錯誤の状態であるという法人も多いものと思われる。そのことが、上記のような計画状況の理由かもしれない。安定的な状態への移行にはまだ数年を要するのかもしれないが、財務運営と管理会計について、真剣な検討を要する団体が多いことも事実であろう。NGBにとって新・公益法人への移行は、このような検討の必要性を明らかにするものになったという点において、大きな意義があったものと思われるのである。

用　語　解　説

　本書で用いた用語、概念の中には、著者の「造語」がいくつかある。本文の中で説明していないものについて解説をしておきたい。なお著者のホームページ（http://mutolab.web.fc2.com/keywords.html）には、これらを含めた用語解説を掲示しているのであわせて参照されたい。

▶ネイバーシティ・サポーター
（neighbor city supporter）　p. 118
　サポーターはプロサッカーのチーム（クラブ）の熱心なファンを指す。bjリーグのバスケットボールならブースターである。このサポーターのうち、ホームタウンに居住するサポーターとホームタウン外に居住するサポーターを区別して把握するのがアウター・サポーター、インナー・サポーターの概念である。アウター・サポーターのうち隣接市の住民は"neighbor city supporter"と呼んでみたい。
　たとえば、サガン鳥栖（佐賀県）のサポーターで福岡県久留米市在住の人はアウター・サポーター（neighbor city supporter）である。アウター・サポーターにとって、応援するチームは「地元のチーム」ではないし当然そういう意識もない。したがって、顧客満足やチーム・アイデンティティなどについて、インナー・サポーターとは異なる点が多いものと思われる。

▶（スポーツ・スポンサーシップの）
拡張性（Extension）　p. 231
　スポーツのスポンサーは、ユニフォームなどに社名、商品名などを掲示する。この場合、ユニフォームはメディアであり、スポンサーはこのメディアに対価を支払い、社名や商品名が露出されることによる効果を期待する。
　これに対して、スポンサーが自社のホームページ、あるいは新聞の紙面広告として「わが社は△△クラブを応援しています」と掲示するのは、スポーツのチームにはスポンサー収入をもたらさないが、スポンサー企業にとってはメリットが大きい。チームが提供するメディアには量的な限界があるが、スポンサーのこのような活動については、メディアの量的な限界がないので、スポンサーはメディアコストを負担すればスポンサーメリットを「拡張」することができる。
　このような拡張性メリットはスポンサーメリットの1つなので、チームはこのメリット（＝権利）について、スポン

サーから対価を得ることを検討すべきである。また、スポンサーがこのようにして拡張性メリットを享受することは、同時にチームの知名度を掲示によって向上させることにもなるので、チームは拡張性の高いスポンサーを選ぶべきである。

▶リスク耐性　　　　　　　p. 244
　企業が大きな損失に対抗するための財務上の余力。期待損失に対して株主資本が十分大きければよい。また複合事業会社の場合、個々の事業の関連が小さければリスクが同時に顕在化する確率が極めて低くなるため株主資本の大きさに比してリスク耐性が大きい。

　近年の米国企業はROEを高めることを目的として自社株買いによって意図的に株主資本を小さくしたが、結果としてリスク耐性も低下していると言えるだろう。

▶ボトムアップ型組織統合
　(Upward Integration)　p. 256
　株式会社が組織を統合する場合、統合の主体は、資本による支配（出資）と人的支配（経営者の派遣）を行う。資金と人の流れは「上から下へ」である。

　これに対してスポーツの組織では様相が異なる。一例として種目別の全国組織を見るなら、株式会社ではないので資本による支配はそもそも見られないが、それだけでなく、全国組織から地方組織あるいはカテゴリー（実業団、大学など）別組織への人の流れもない。むしろ、これら傘下団体の経営者（理事長など）が、全国組織の理事や評議員をつとめることが多い。人の流れは「下から上へ」である。

　株式会社においても、事業部長や子会社の社長（カテゴリーの責任者）が本社の役員に就任することは一般的に見られるが、これらの人々は本社から任命されている（制度上は本社の株主が任免を決定しているが実態としては株主は候補者を承認するが候補者を選任しない）。これに対して、スポーツの全国組織の役員等をつとめる「カテゴリー代表」は、全国組織によって選任されているわけではない。多くの場合、一種の「充て職」として、カテゴリー代表が全国組織の役員等に就任する。組織統合の原理が、株式会社とスポーツの全国組織とでは180度違うということである。スポーツの組織では、統合は上方へ、ボトムアップ型で行われている。

■参考文献

クリストフ・ブロイアー（原著2007、訳書2010）ドイツに学ぶスポーツクラブの発展と社会公益性、創文企画

ゴビンダラジャン＆トリンブル（原著、訳書とも2012）リバース・イノベーション、ダイヤモンド社

クラウス・ハイネマン＆マンフレッド・シューベルト（原著1999、訳書2010）ドイツのスポーツクラブ、クラウス・ハイネマン編『ヨーロッパ諸国のスポーツクラブ』p. 103-120、市村出版

ベニー・キャメロン・ルクーター＆ジェイ・バーレサン（原著2003、訳書2011）スパイス、爆薬、医薬品、中央公論新社

武藤泰明（2007）マネジメントの最新知識　PHP研究所

武藤泰明（2008）スポーツ組織の持株会の評価—Jリーグを例に：早稲田大学スポーツ科学研究　2008、p. 147-162

武藤泰明（2012）大相撲のマネジメント　東洋経済新報社

武藤泰明（2013a）プロスポーツクラブのマネジメント（第2版）東洋経済新報社

武藤泰明（2013b）スポーツと金融　月刊金融ジャーナル　2013年1～3月号連載

武藤泰明（2013c）スポーツ・スタジアムのファイナンス　人と国土　2013年11月号

武藤泰明（2014a）スポーツによる開発：産業部門と開発部門との接点の探索　早稲田大学スポーツナレッジ研究会編「グローバル・スポーツの課題と展望」p.195-207　創文企画

武藤泰明（2014b）中央競技団体の財務をどう評価するか—評価基準と評価体制・手続について—（公財）笹川スポーツ財団（編）　入門　スポーツガバナンス　p. 33-51　東洋経済新報社

武藤泰明・吉田智彦（2014）中央競技団体における登録料の対価性について—新たな概念構築と団体調査による検証—　スポーツ産業学研究第24巻1号　p. 1-6

（社）日本プロサッカーリーグ「欧州におけるサッカースタジアムの事業構造調査」2008

西崎信男（2010）プロ・スポーツクラブへのファンの経営参加：英国サポーターズトラストの仕組み・意義　スポーツ産業学研究　第20巻第1号、p. 53-64

西崎信男（2011）プロチームスポーツとガバナンス～英国プロサッカーリーグを例に～　長崎大学学術研究成果リポジトリ　2011.03.18

西崎信男（2013）プロサッカークラブのエクイティ・ファイナンス～マンチェスター・ユナイテッドの事例に見る～　日本スポーツ産業学会第22回大会号、p. 53-54

（公財）笹川スポーツ財団（編）、武藤泰明、三浦一輝、吉田智彦、藤原直幸（2013）　中央競技団体現況調査2012年度調査報告書

ジェームズ・スロウィッキー（原著2005、訳書2009）「みんなの意見」は案外正しい　角川文庫

さくいん

▶あ

赤字補てん	203
アクティベーション	43
アニメ	97
アフリカ	139
アリーナ	143
安定株主	69
イギリス東インド会社	225
維持員	170
移籍	73
移籍金	107
一般会計	242
移動費	77
違約金	107
インフラストラクチャ資産	200
インフレ	44
ウォルト・ディズニー社	201
浦和レッズ	14, 207
売上高営業利益率	204
運転資金	245
営業権	192
営業利益	203
衛星放送	115
営利法人	23
エージェント(仲買人)	88
エコノミー・オブ・スケール	97
エンパワーメント	228
黄金株	55
欧州経済危機	54
大相撲の桟敷席	169
オーナー	29
オーナー交代	78, 213
オーナー候補	213
オーナーシップ	35
オフィシャル・スポンサー	230
オフバランス	200
親会社	29, 203

▶か

海外移籍	209
海外向け放送権料	130
外国人オーナー	76
外国人所有者	71
外国人選手	47
外国人枠	107
外部労働市場	37
価格戦略	90
拡張性：Extension	231
カタロニア	57, 219
カップ戦	46
ガバナンス	31
株価	33
株価計算(＝企業価値計算)	192
株価収益率(PER：Price Earnings Ratio)	197
株式時価総額	63, 189
株式の異動	72
株式の譲渡制限	160
株主	23, 33
株主権	36
株主構成	33
株主総会	36
借入	149
観客数	104
観客席の長期占有権	148
環境適応	227
監視	225
間接金融	33
ガンバ大阪	144
官報	29
管理会計	230
管理職	36
機会損失リスク	168
企業価値	190
企業グループ	228
企業スポーツ	32
企業買収	34
議決権	56
議決権付株式	69
期待収益率	194
貴賓室	169
寄付	145, 235
寄付税制	239
キャスティング・ヴォート	159
キャッシュフロー	24, 142
キャピタルゲイン	153
休廃部	32
競技人口	258
競技団体スポンサー	86
協賛金	82
拠出金	155
キルヒメディア	91
均等配分	130, 233

金融費用	33	
金利	149	
クラブライセンス		
	54, 234	
繰入収入	264	
繰越金	239	
繰出支出	264	
経済効果	179	
経済動機	39	
傾斜配分	130	
ケイパビリティ	200	
契約期間	164	
ケータリング	149	
決算	29	
月次決算	247	
減価償却費	149	
建設資金	167	
建設費	146	
現物出資	154	
県立陸上競技場	143	
広域回遊	181	
公益法人改革	17, 238	
公益法人制度改革関連三法		
	272	
公益法人会計基準	272	
公益目的財産	239	
降格	75	
広告効果	88	
広告代理店	213	
構成員	57, 225	
合同会社	51	
公用語	97	
ゴールデンタイム	114	
子会社株式上場	63	
国際Aマッチ	107	

国際分散投資	199	
国体	143	
国内市場	96	
国民生活時間調査	123	
国立競技場	169	
個人視聴率	123	
コストセンター	230	
固定資産	152	
固定資産取得支出	265	
固定費	25	
誤謬の再生産	195	
コミュニティの崩壊	58	
コモンウェルス(英連邦)		
	136	
ゴルフトーナメント型		
ビジネスモデル	27	
コンテンツ	43	

▶さ

再開発計画	146	
財団法人	202	
財務会計	243	
債務超過	24	
サザエさん	82	
笹川スポーツ財団	13	
サポーター	155	
サポーターズ・ダイレクト	52	
サポータートラスト	51	
サラリーキャップ	31, 47	
傘下団体	253	
産業組織	214	
シーズンチケット		
	131, 149	
シーズンチケット予約権		
	148	

時価評価	209	
指揮命令関係	225	
事業承継	192	
資金	36	
資金繰り	244	
資源価格	139	
自己資金	147	
自己資本	73	
自己資本比率	33	
自己選択メカニズム	85	
資産価値	24, 188	
自社株	33	
自社株買い	158	
施設使用料	162	
自治体	31, 154	
視聴人口	43, 103	
視聴率	82	
実施人口	258	
指定管理者制度	145	
指定寄付	239	
支配権	56	
四半期決算	247	
資本還元率	196	
資本コスト	193	
資本政策	33	
社債	33	
社団法人	20, 202	
収益還元方式	196	
集客力	147	
集権的	30	
集合知	17, 191	
収支均衡	25	
収支計算書	240	
収支相償	239	
集積地	164	

さくいん | 283

周辺人口	182
重量級マネジャー	15
ジュニアチーム	31
需要曲線	90
種類株	34
純資産	191
純資産方式	192
商業法人化	39, 192
昇降格	47
上場会社	33, 38
上場基準	65
上場廃止	50
上場要件	69
少数意見	226
少数株主問題	63
肖像権	200
商標権	200
正味財産	245
正味財産増減計算書	240
勝率	49
植民地	98
ショッピングセンター	182
所有と経営の分離	38
新規参入	77
新興企業	37
新興国市場	129
新興市場	46
スカイパーフェクTV	109
スタジアム	142
スタジアム運営会社	46
スタジアム改修	44
スタジアム整備費	147
ステイクホルダー	31
スポーツMICEコンプレックス	184
スポーツマネジャーズ・カレッジ	15
スポット広告	83
スポンサー候補	213
スポンサー収入	21
相撲案内所	169
すり合わせ	15, 228
税額控除	145
ぜいたく税	47
セーフコ・フィールド	161
セカンドキャリア・サポート	224
世帯視聴率	114
接待	169
説明責任	249
セリエA	143
先行投資	248
全国大会誘致	185
選手会	224
選手人件費	25
先進国	135
全体最適	226
センチュリーリンク・フィールド	161
戦力均衡	47
総合運動公園	180
総合型地域スポーツクラブ	58
相互会社	20, 51
増資	152
宗主国	98
相続人	155
ソシオ	131
組織経営能力	36
損益計算書	29
損益分岐点	26, 162

▶た

退会事由の制限	157
対価性	262
大河ドラマ	126
大店法	182
多言語	97
多国籍企業	232
タックス・プランニング	244
単年度決算	247
地域間競争	146
地域密着	59
チーム運営能力	37
チーム・スポンサー	106, 232
地価負担力	163
知識創造企業	228
地上波	109
知的資産	200
中央競技団体	253
中央集権	225
中心市街地	182
調達金利	197
直接金融	33
著作権	200
貸借対照表	29, 191
ディートマー・ホップ	76
提携	221
デュー・ディリジェンス	193
テレビアニメ	82
ドイツの体操クラブ	58

統括団体	252	任意団体	266	非上場会社	192
登記社団	20	ネーミングライツ		筆頭株主	35
東京ドーム	144		17, 149, 161	一株一票	51
投資回収機会	235	ネット有利子負債	199	一人一票	51
投資価値	101	年会費	230	ひな段芸人	98
投資家保護	29	年俸	13	非フルセット化	228
当日券	150	のれん代	34, 53, 199	評議員会	246
東証マザーズ	65			ヒルズボロの悲劇	43
登録人口	258	▶は		ビルバオ	219
登録料	258	バークレイズ	232	ファイナンシャル・	
独占的な事業体	262	バイエルン・ミュンヘン		フェアプレイ	54, 234
特定費用準備資金	239		16	ファンクラブ会員	149
特別会計	243, 264	売却価値	24	フーリガン	45
都市開発	178	買収防衛	55	複合開発	180
特許	200	配当	23	福利厚生	77
トップリーグ	77	配賦	244	普通株式	55, 69
ドミニカ	47	配分金	233	物価上昇	44
ドラフト	47, 215	ハコモノ	144	フットボールリーグ	45
取締役会	36	バスク	219	部分最適	226
		破綻抑止	54	富裕層	149
▶な		パブリック・ビューイング		プライムタイム	121
内国法人	70		183	ブランド価値	230
内部環境	227	バブル崩壊	144	フリーキャッシュフロー	
内部留保	245	バラエティ番組	83		193
仲間を増やす	30	バランスシート	73	プレミアリーグ	14
日本オリンピック委員会		バルセロナ	14	プロジェクト・マネジメント	
	252	番組スポンサー	82		247
日本国籍	70	番組制作費	110	プロ野球	101
日本サッカー協会	15	番宣	99	分権	225
日本相撲協会	28	非営利性	23	分権的	29
日本体育協会	184	非営利組織	202	ブンデスリーガ	14, 57
日本プロ野球機構	28	引当金	264	分配金	209
日本ワールドゲームズ協会		ビジネスモデル	24	ヘイゼルの悲劇	45
	184	比準方式	197	ペプシコ	232
入場料収入	21	非上場	34, 36	ベンチマーキング	223

変動費	26	
封建制	232	
法人格	259	
放送権料	98	
放送権料収入	21	
ホーム・アンド・アウェー		105
ホーム・グロウン・ルール		107
ホームタウン	214	
補完(Complement)	221	
補完(Subsidiarity)	228	
ポストシーズンマッチ	48	
ボスマン判決	107	
ホッフェンハイム	76	
本社所在地	70	

▶ま

マーケットリスクプレミアム		193
マイクロ・コングロマリット		22
前売券	150	
まちづくり三法	182	
マンチェスター・ユナイテッド		14, 53
みなし寄付制度	239	
民族自決	228	
民放キー局	97	
無議決権株主	69	
無形資産	34, 200	
無借金経営	33	
無料放送	87	
メインスポンサー	84	
メジャーリーグ・サッカー	161	
メセナ活動	231	
メゾレベル・アプローチ		14
メタ複合化	185	
メッセージ性	231	
メディア	43	
持株会	51	
持株会社	46	
モチベーション	228	
モノカルチャー	21	
模倣	223	

▶や

役員選任	57	
ヤマザキナビスコカップ		106
有価証券報告書	29	
有形資産	200	
優先株	69	
有利子負債	33, 199	
有料放送	87	
ユニフォームスポンサー料		104
ヨーロッパリーグ	46	
予見可能性	78	
予算準拠原則	241	
吉本（興業）	99	
予想純利益	196	

▶ら

ラウンジ	149	
ラグジュアリーシート	149	
ラグジュアリースペース		169
ラグジュアリールーム	149	
リーグ集約方式	129	
リーグ戦	75	
リスク耐性	244	
リスクテイク	38	
リクス・バッファー	245	
リスクフリーレート	193	
立地特性	163	
リバース・イノベーション		218
流通株式	65	
流通株式時価総額	68	
流動性有価証券	199	
累積赤字	235	
レアル・マドリード		22, 131
レガシー	181	
劣後債務	235	
レベニュー・シェアリング		233
連邦制	232	
露出	84	

▶わ

ワールドカップ	13	
割引（ディスカウント）		193
割引現在価値	198	
割引率	210	

▶欧文

2 Speed Economy	135	
A3	74	
ACL（アジア・チャンピオンズリーグ）		49
ASEAN	131	

BBC	45	GRP：Gross Rating Point		NBA	149
BBVA	232		84	NFL	146
bjリーグ	28	IOC	87	NGB：National Governing	
BOP（Base of Pyramid）		IR	29	Body（of sport）	253
	133	ITV	45	NPO法人	202, 266
Bose	232	JOBS法（Jumpstart Our		P. ドラッカー	30
BRICS	132	Business Startups Act）	55	PBR（Price Book-value Ratio：	
BスカイB	44	JV	60	株価純資産倍率）	191
CM投下費用	105	Jリーグ	13, 28	PFI	146
DCF(ディスカウント・キャッ		Jリーグ規約	70	ROE	33
シュフロー）法	193	Jリーグの経営情報開示資料		UEFAチャンピオンズリーグ	
DFBポカール	105		151		16, 92
EBITDA	198	KFS（Key Factor for		UEFAヨーロッパリーグ	
EFTA加盟国	107	Success）	178		93
EU	107	LLC（Limited Liability		UEFAランキング	92
EV/EBITDA倍率	197	Company）	52	USAA	232
FCバイエルン	61	LLP（Limited Liability		Voice or Exit	38
FIFA	54	Partnership）	52		
GM（ゼネラルマネジャー）		M&A	50		
	38, 232	MLB	144		

【著者紹介】
武藤泰明（むとう　やすあき）
1955年生まれ。1978年東京大学教育学部卒業、1980年同大学院教育学研究科修士課程修了。三菱総合研究所主席研究員を経て、現在、早稲田大学スポーツ科学学術院教授。博士（スポーツ科学）。

[公職等]
(独)鉄道建設・運輸施設整備支援機構特別顧問／国鉄清算事業資産処分審議会会長代理、(公社)全国民営職業紹介事業協会理事、日本スポーツ産業学会理事、(特非)日本ファイナンシャル・プランナーズ協会理事、(公財)笹川スポーツ財団スポーツ政策研究所長ほか。

[著書]
『マネジメントの最新知識』(単著、PHP研究所)、『持株会社経営の実際(第2版)』(単著、日経文庫)、『プロスポーツクラブのマネジメント(第2版)』(単著、東洋経済新報社)、『大相撲のマネジメント』(単著、東洋経済新報社)、『経営用語辞典』(編著、日経文庫)、『ファンド資本主義とは何か』(単著、東洋経済新報社)、『スポーツファイナンス』(単著、大修館書店) ほか多数。

スポーツの資金と財務（しきんざいむ）

©Muto Yasuaki, 2014　　　　　　　　NDC336／286p／21cm

初版第1刷発行――2014年10月1日

著　者	武藤泰明（むとうやすあき）
発行者	鈴木一行
発行所	株式会社 大修館書店
	〒113-8541　東京都文京区湯島2-1-1
	電話 03-3868-2651（販売部）　03-3868-2297（編集部）
	振替 00190-7-40504
	[出版情報] http://www.taishukan.co.jp/
装丁・扉デザイン	石山智博
組　版	加藤　智
印刷所	広研印刷
製本所	司製本

ISBN978-4-469-26764-8　　　Printed in Japan

Ⓡ本書のコピー、スキャン、デジタル化等の無断複製は著作権法上での例外を除き禁じられています。本書を代行業者等の第三者に依頼してスキャンやデジタル化することは、たとえ個人や家庭内での利用であっても著作権法上認められておりません。